建筑施工现场专业人员技能与实操丛书

劳务员

隋红军　主编

中国计划出版社

图书在版编目（CIP）数据

劳务员 / 隋红军主编. -- 北京 : 中国计划出版社，2016.5

（建筑施工现场专业人员技能与实操丛书）

ISBN 978-7-5182-0399-4

Ⅰ. ①劳… Ⅱ. ①隋… Ⅲ. ①建筑工程－劳务－管理 Ⅳ. ①F407.94

中国版本图书馆CIP数据核字(2016)第064179号

建筑施工现场专业人员技能与实操丛书

劳务员

隋红军　主编

中国计划出版社出版

网址：www.jhpress.com

地址：北京市西城区木樨地北里甲11号国宏大厦C座3层

邮政编码：100038　电话：（010）63906433（发行部）

新华书店北京发行所发行

北京天宇星印刷厂印刷

787mm×1092mm　1/16　13.5印张　321千字

2016年5月第1版　2016年5月第1次印刷

印数1—3000册

ISBN 978-7-5182-0399-4

定价：38.00元

《劳务员》编委会

主　编： 隋红军

参　编： 牟瑛娜　沈　璐　苏　建　周东旭

杨　杰　周　永　马广东　张明慧

蒋传龙　王　帅　张　进　褚丽丽

周　默　杨　柳　孙德弟　元心仪

宋立音　刘美玲　赵子仪　刘凯旋

前　言

随着我国国民经济的快速发展，建筑行业的日新月异，建筑规模日益扩大，建筑施工队不断地增加。加强对建筑企业劳动用工管理，提高劳务队伍职业素质，规范建设工程劳务作业分包行为，维护建筑业劳动者的合法权益，促进建筑业的健康发展，是一项系统工作，迫切需要培养一批具有专业知识和技能的施工现场劳务管理人员。

为了加强建筑工程施工现场专业人员队伍建设，规范专业人员的职业能力评价，指导专业人员的使用与教育培训，确保工程质量和安全生产，住房和城乡建设部制定了《建筑与市政工程施工现场专业人员职业标准》JGJ/T 250—2011，该标准的颁布实施，对建筑工程施工现场各专业人员的要求也越来越高。基于上述原因，我们组织编写了此书。

本书共8章和3个附录，主要内容包括劳务员基础、建筑业企业资质管理、建筑业劳务管理、劳务分包与劳动保护、劳动合同管理、劳动纠纷管理、农民工权益保护、劳务统计和劳务资料管理。本书内容充实，条理清晰，简明易懂。

本书既可作为建筑工程施工现场劳务员的参考用书，也可作为建筑工程劳务人员的培训教材。

本书编写过程中，尽管编写人员尽心尽力，但错误及不当之处在所难免，敬请广大读者批评指正，以便及时修订与完善。

编　者

2015年7月

目　　录

1 劳务员基础

1.1 劳务员的工作职责

1.1.1 劳务计划管理

随着工人维权意识和劳务管理要求的不断提高，劳务员在具体工作中主要应抓好以下几个方面工作：

（1）参与制定劳务管理计划。具体落实劳务用工管理，适度地提高企业管理要求。在现有阶段，施工企业设立劳务管理岗位，将劳务管理职责固定到人，形成劳务管理明晰化、纠纷问题有人管的格局。

（2）引导建筑业工人自我维权，逐步增强他们自我管理的意识。在建筑业，农民工是施工企业的主体，也是建筑工程的创作者，增强他们的自我维权、自我管理意识，不仅可以保障工人的权益，还能够从根本上提高施工企业的劳务管理能力。

（3）引导社会加大对建筑业农民工的关注，全面构建农民工管理和服务体系。要通过对农民工进行全方位的关怀，解决他们的居住、教育以及医疗等现实问题，使他们留得住、干得好、少顾虑。

1.1.2 务工人员管理

1. 务工人员资格审查培训

（1）负责验证劳务分包队伍资质，办理登记备案。参与劳务分包合同签订，对劳务队伍现场施工管理情况进行考核评价。

（2）负责审核劳务人员身份、资格，办理登记备案。

（3）参与组织劳务人员培训。

2. 务工人员的考勤管理

（1）考勤是发放工资的依据之一，必须指定专人负责。

（2）劳务分包项目考勤表由劳务公司负责填报，在规定日期前必须报总包企业项目部劳务管理员汇总备查。

（3）各作业班组务工人员的考勤，由经济责任人指定或委托班组长负责，务工人员互相监督核对，经责任人审查确认后，原件在规定日期前提交项目部财务入账，复制1份交给劳务管理员留存供相关部门备查。

（4）务工人员必须严格遵守项目部的劳动纪律。工作时间不迟到、早退，不得无故缺勤。请病假、事假须办理请假手续，未经同意擅自休假按旷工处理，并且连续旷工超过规定的天数的视为自行解除劳动合同处理。

（5）施工现场的务工人员必须按入场的时间、真实姓名按实考勤，不得弄虚作假，故意伪造考勤表，虚报多报人数冒领工资款，一经查实，应严厉处罚。

3. 务工人员工资发放管理

（1）为了保证务工人员工资的顺利发放，建立职工工资支付保证制度，按工程合同的规定比例存入工资保证支付账户。

（2）务工人员的工资发放，要根据出勤及完成工作量的情况，由作业班组负责编制工资发放表并报项目部审核。按月支付务工人员的工资，且工资月支付数额不得低于当地企业最低工资标准。

（3）务工人员凭身份证、劳动合同以及录用胸卡领取工资。未签订劳动合同和未持有效证件的人员，工资不予发放。

（4）实施劳务作业分包的，由劳务分包企业专（兼）职劳动管理员负责务工人员的考勤和工资发放表的编制，工资发放表和完成的工作量报公司项目部审核并存档。经核实后支付约定劳务分包工程款，并督促劳务分包单位及时并按规定要求发放务工人员的工资。

1.1.3 劳动合同管理

（1）负责或监督劳动合同的签订、变更、解除、终止。

根据《合同法》及《建筑法》的有关规定，建设工程的发包方可以将建筑工程的勘察、设计、施工、设备采购一并发包给一个工程总承包方，也可以将建筑工程勘察、设计、施工、设备采购的一项或者多项发包给一个工程总承包方。总承包人或者勘察、设计、施工承包人经发包人同意，可以将自己承包的部分工作交由第三人完成。第三人就其完成的工作成果与总承包人或者勘察、设计、施工承包人向发包人承担连带责任。但分包方将其承包的工程再分包为法律所禁止。实践中，总承包人或者分包人往往将承包的工程劳务作业部分分包给其他单位来完成。应从以下几个方面来加以区别认定分包方是违法的二次分包还是合法的劳务作业分包：

1）发包的主体不同。专业分包的发包方是建设工程发包人或者工程总承包人，分包人不能再次作为发包方进行二次分包。而劳务作业的发包方既可以是总承包人，也可以是分包人。

2）是否须经工程发包人认可不同。《建筑法》第二十九条对此有明确规定，建筑工程总承包单位可以将承包工程中的部分工程发包给具有相应资质条件的分包单位，但是除总承包合同中约定的分包外，必须经建设单位认可。也就是说分包必须经发包方认可，或者在合同中有明确约定。而对劳务作业分包法律法规并没有规定须经发包方认可。

（2）负责或监督劳务人员进出场及用工管理。

（3）参与劳务费结算。

（4）负责或监督劳务人员工资支付、公示及工资台账的建立。

1.1.4 劳动纠纷管理

（1）加强施工现场的务工人员的规范管理，尽可能减少和杜绝劳动纠纷。深入了解务工人员的思想动态，及早发现纠纷的苗头和不稳定因素，把劳动纠纷消除在萌芽状态。

（2）做好劳动纠纷预防工作，建立完善务工人员的管理台账，即施工现场务工人员考勤表、工资发放表、务工人员情况登记表。

（3）在施工现场醒目位置张挂劳动纠纷投诉电话，告知接待人姓名，确保投诉举报渠道畅通。

（4）对投诉内容受理人员应做好记录，及时查明情况，迅速做出处理，防止事态扩大。

（5）接到行业管理或相关部门投诉信息后，受理人应及时与当事人取得联系，查清劳动纠纷原因，做好协调处理工作，处理结果如实地反馈相关单位。

（6）充分发挥企业的调解会作用，尽可能把劳动纠纷做到内部消化解决，努力构建和谐社会氛围。

（7）尽力遏制无理取闹，恶意讨要工资行为，坚决打击黑社会势力的敲诈行为。

（8）对随意拖欠或克扣务工人员工资，对公司声誉造成不良影响的人员，公司将通报批评并做出相应的处罚。

1.1.5　劳动资料管理

（1）负责编制劳务队伍和劳务人员管理资料。

（2）负责汇总、整理、移交劳务管理资料。

1.2　劳务用工的基本规定

1.2.1　对劳务人员的规定

1．年龄和身体条件

（1）从事建筑业劳动的务工人员，必须是年满十六周岁以上，国家规定的正常退休年龄以下，具有劳动能力的人员；从事繁重体力劳动和接触有毒有害物质的必须年满十八周岁以上。

（2）由于建筑业的工作大多是强体力劳动，因此务工者必须身体健康。凡患有高血压、心脏病、贫血、慢性肝炎、癫痫（羊角风）等症的人不宜从事建筑业的工作。

2．务工人员上岗前应具备的岗位知识

务工人员上岗前应接受相应的岗前培训，掌握一定的技术技能，提高文明施工、安全生产及法律法规意识，以适应相应的工作岗位的需要。

（1）基本技能和技术操作规程的培训。不同行业、不同工种、不同岗位的技能培训要求各不相同。基本技能和技术操作规程的培训可以使务工者掌握一定的操作技能，满足相应岗位的基本要求。

（2）安全生产和工程质量常识培训。培训内容有建筑施工安全常识、典型事故案例分析、施工质量基本知识。通过培训，使务工人员了解施工现场主要工种和辅助工种的工作关系，熟悉本工种有关的安全操作技术规程，正确使用个人防护用品和认真落实安全防护措施，增强质量意识，确保施工安全。

（3）政策、法律法规知识培训。务工人员需要具备一些基本的法律知识，如《劳动法》、《建筑法》、《中华人民共和国安全生产法》、《建设工程安全生产管理条例》、《建设工程质量管理条例》、《治安管理处罚条例》等。了解这些法律法规能够增强务工者遵纪守法和利用法律保护自身合法权益的意识。

（4）职业道德和城市生活常识培训。这方面培训的内容包括城市公共道德、职业道德、城市生活常识等。培训的目的是增强务工者适应城市工作和生活的能力，养成良好的公民道德意识，树立建设城市、爱护城市、保护环境、遵纪守法、文明礼貌的社会风尚。

3. 职业资格证书

职业资格证书是反映劳动者具备某种职业所需要的专业知识和技能的证明，它是劳动者求职、从业的资格凭证，是用人单位招聘录用劳动者的重要依据之一，也是就业时证明劳动者技能水平的有效证件。职业资格证书与职业劳动活动密切相连，是根据特定职业的实际工作内容、特点、标准和规范等规定的技能水平确定等级，其等级分为初级工、中级工、高级工、技师和高级技师五级。从事特殊工种的人员，还必须经过专门培训并取得相应特种作业资格后才能上岗。

（1）持证上岗的制度规定。

1）管理人员，不得低于注册人数的8%，且应100%持有国家相关部门颁发的管理岗位证书。

2）管理人员配备应符合以下标准：

①法人代表、项目负责人、专职安全员必须具有安全资格证书。

②百人以上的劳务分包企业，必须配备一名专职劳务员，不足百人的可配备兼职管理人员，劳务员必须持有岗位资格证书。

3）一般技术工人、特种作业人员、劳务普工注册人员必须100%持有相应工种的岗位证书。

4）劳务分包工程队伍中的初级工、中级工、高级工均须取得相应资格证书。

（2）岗位证书的种类。

1）管理人员岗位证书。《住房和城乡建设部××岗位管理人员岗位证书》。

2）职业技能岗位证书。技术工人、普工须持《××工种国家职业资格证书》或住房和城乡建设部《××工种职业技能岗位证书》。

3）特种作业人员操作证书。

特种作业人员须持住房和城乡建设部或国家安监局颁发的《××工种特种作业人员操作证书》；

建筑行业起重设备操作人员须持住房和城乡建设部核发的《××工种建筑施工特种作业人员操作资格证》。

4）特种设备作业人员证书。特种设备作业人员须持国家质量技术监督管理局颁发的《××工种特种设备作业人员证》。

1.2.2 对劳务企业的规定

1. 资质要求

（1）根据《公司法》的相关规定，劳务企业应办理工商注册并取得《企业法人营业执照》。

(2)《建筑业企业资质管理规定》(住建部令第22号)的有关规定。

第九条 下列建筑业企业资质，由国务院住房城乡建设主管部门许可：

(一)施工总承包资质序列特级资质、一级资质及铁路工程施工总承包二级资质。

(二)专业承包资质序列公路、水运、水利、铁路、民航方面的专业承包一级资质及铁路、民航方面的专业承包二级资质；涉及多个专业的专业承包一级资质。

第十条 下列建筑业企业资质，由企业工商注册所在地省、自治区、直辖市人民政府住房城乡建设主管部门许可：

(一)施工总承包资质序列二级资质及铁路、通信工程施工总承包三级资质。

(二)专业承包资质序列一级资质(不含公路、水运、水利、铁路、民航方面的专业承包一级资质及涉及多个专业的专业承包一级资质)。

(三)专业承包资质序列二级资质(不含铁路、民航方面的专业承包二级资质)；铁路方面专业承包三级资质；特种工程专业承包资质。

第十一条 下列建筑业企业资质，由企业工商注册所在地设区的市人民政府住房城乡建设主管部门许可：

(一)施工总承包资质序列三级资质(不含铁路、通信工程施工总承包三级资质)。

(二)专业承包资质序列三级资质(不含铁路方面专业承包资质)及预拌混凝土、模板脚手架专业承包资质。

(三)施工劳务资质。

(四)燃气燃烧器具安装、维修企业资质。

第十二条 申请本规定第九条所列资质的，应当向企业工商注册所在地省、自治区、直辖市人民政府住房城乡建设主管部门提出申请。其中，国务院国有资产管理部门直接监管的建筑企业及其下属一层级的企业，可以由国务院国有资产管理部门直接监管的建筑企业向国务院住房城乡建设主管部门提出申请。

(3)《建筑业企业资质标准》(建市〔2014〕159号)分三部分：施工总承包企业资质等级标准包括12个类别(一般分为四个等级)、专业承包企业资质等级标准包括32个类别(一般分为三个等级)、劳务分包企业资质部分类别与等级，见表1-1。

表1-1 建筑业企业资质等级标准

序号	等级标准	分类
1	施工总承包企业资质等级标准分类	建筑工程施工总承包企业资质等级标准；公路工程施工总承包企业资质等级标准；铁路工程施工总承包企业资质等级标准；港口与航道工程施工总承包企业资质等级标准；水利水电工程施工总承包企业资质等级标准；电力工程施工总承包企业资质等级标准；矿山工程施工总承包企业资质等级标准；冶金工程施工总承包企业资质等级标准；石油化工工程施工总承包企业资质等级标准；市政公用工程施工总承包企业资质等级标准；通信工程施工总承包企业资质等级标准；机电工程施工总承包企业资质等级标准

续表 1－1

序号	等级标准	分类
2	专业承包企业资质等级标准分类	地基基础工程专业承包企业资质等级标准；起重设备安装工程专业承包企业资质等级标准；预拌混凝土专业承包企业资质等级标准；电子与智能化工程专业承包企业资质等级标准；消防设施工程专业承包企业资质等级标准；防水防腐保温工程专业承包企业资质等级标准；桥梁工程专业承包企业资质等级标准；隧道工程专业承包企业资质等级标准；钢结构工程专业承包企业资质等级标准；模板脚手架专业承包企业资质等级标准；建筑装修装饰工程专业承包企业资质等级标准；建筑机电安装工程专业承包企业资质等级标准；建筑幕墙工程专业承包企业资质等级标准；古建筑工程专业承包企业资质等级标准；城市及道路照明工程专业承包企业资质等级标准；公路路面工程专业承包企业资质等级标准；公路路基工程专业承包企业资质等级标准；公路交通工程专业承包企业资质等级标准；铁路电务工程专业承包企业资质等级标准；铁路铺轨架梁工程专业承包企业资质等级标准；铁路电气化工程专业承包资质等级标准；机场场道工程专业承包企业资质等级标准；民航空管工程及机场弱电系统工程专业承包企业资质等级标准；机场目视助航工程专业承包企业资质等级标准；港口与海岸工程专业承包企业资质等级标准；航道工程专业承包企业资质等级标准；通航建筑物工程专业承包企业资质等级标准；港航设备安装及水上交管工程专业承包企业资质等级标准；水工金属结构制作与安装工程专业承包企业资质等级标准；水利水电机电安装工程专业承包企业资质等级标准；河湖整治工程专业承包企业资质等级标准；输变电工程专业承包企业资质等级标准；核工程专业承包企业资质等级标准；海洋石油工程专业承包企业资质等级标准
3	建筑业劳务分包企业资质不划分类别与等级	

2．政策管理要求

（1）应具有根据相关部门要求建立“工资保证金专用账户”、“农民工工资专用账户”的证明材料。

（2）应具有劳务分包企业规模、组织架构、技术力量、施工业绩以及财务、劳资、质量、安全等管理制度等材料。

（3）劳务企业施工队长应当具有公司法人签署的项目负责人任命证书。此外，还需严格执行各省市有关规定。如北京市的规定是：工程施工队长在北京市住建委的备案信息，须领取《北京市建筑业企业劳务施工队长证书》并应当取得年度岗位培训和继续教育合格证书。

（4）企业从业人员花名册、岗位证书及特种作业人员的持证情况。

（5）劳务员应当具有住房和城乡建设部颁发的劳务员岗位证书，并应当取得年度岗位培训和继续教育合格证书。

同时，劳务企业应符合施工项目所在地建设主管部门相关管理要求，进行相关备案。

3. 人员要求

劳务分包企业施工队伍必须配备相应的管理人员，全部管理人员应100%持有国家相关部门颁发的管理岗位证书；一般技术工人、特种作业人员、劳务普工等注册人员必须100%持有相应工种的岗位证书；对于劳务分包工程队伍人数超过50人的，其中中级工比例不低于40%、高级工比例不得低于5%。

1.3 劳务员职业能力标准与评价

1.3.1 相关名词解释

（1）职业标准。在职业岗位分类的基础上，对从业人员应履行的工作职责、所需专业知识和专业技能及其考核评价的方式、方法的规范性要求。

（2）工作职责。职业岗位的工作范围和责任。

（3）专业技能。通过学习训练掌握的、运用相关知识完成专业工作任务的能力。

（4）专业知识。完成专业工作应具备的通用知识、基础知识和岗位知识。

（5）通用知识。在建筑与市政工程施工现场从事专业技术管理工作，应具备的相关法律、法规及专业技术与管理知识。

（6）基础知识。与职业岗位工作相关的专业基础理论和技术知识。

（7）岗位知识。与职业岗位工作相关的专业标准、工作程序、工作方法和岗位要求。

（8）职业能力评价。通过考试、考核、鉴定等方式，对专业人员职业能力水平进行测试和判断。

（9）施工现场专业人员。在建筑与市政工程施工现场从事技术与管理工作的人员。

（10）劳务员。在建筑与市政工程施工现场从事劳务管理计划、劳务人员资格审查与培训、劳动合同与工资管理、劳务纠纷处理等工作的专业人员。

1.3.2 职业能力标准

1. 职业能力标准的一般规定

（1）建筑与市政工程施工现场专业人员应具有中等职业（高中）教育及以上学历，并具有一定实际工作经验，且身心健康。

（2）建筑与市政工程施工现场专业人员应具备必要的表达、计算以及计算机应用能力。

（3）建筑与市政工程施工现场专业人员主要应具备以下职业素养：

1）具有社会责任感和良好的职业操守，诚实守信，严谨务实，爱岗敬业，团结协作。

2）遵守相关法律法规、标准和管理规定。

3）树立安全至上、质量第一的理念，坚持安全生产、文明施工。

4）具有节约资源、保护环境的意识。

5）具有终生学习理念，不断学习新知识、新技能。

（4）建筑与市政工程施工现场专业人员、工作责任，标准规定分为“负责”、“参与”两个层次。

1）“负责”表示行为实施主体是工作任务的责任人和主要承担人。

2）“参与”表示行为实施主体是工作任务的次要承担人。

（5）建筑与市政工程施工现场专业人员教育培训的目标要求，《建筑与市政工程施工现场专业人员职业标准》JGJ/T 250—2011 规定，专业知识的认知目标要求分为“了解”、“熟悉”以及“掌握”三个层次。

1）“了解”是最低水平要求，是指对所列知识有一定的认识和记忆。

2）“熟悉”是次高水平要求，包括能记忆所列知识，并能对所列知识加以叙述和概括。

3）“掌握”是最高水平要求，包括能记忆所列知识，并能对所列知识加以叙述和概括，同时能运用知识分析和解决实际问题。

2．劳务员职业能力标准要求

（1）劳务员的工作职责。劳务员的工作职责见表 1－2。

表 1－2 劳务员的工作职责

序号	职责	主要内容
1	劳务管理计划	参与制定劳务管理计划
		参与组建项目劳务管理机构和制定劳务管理制度
2	资格审查培训	负责验证劳务分包队伍资质，办理登记备案；参与劳务分包合同签订，对劳务队伍现场施工管理情况进行考核评价
		负责审核劳务人员身份、资格，办理登记备案
		参与组织劳务人员培训
3	劳动合同管理	参与或监督劳务人员劳动合同的签订、变更、解除、终止及参加社会保险等工作
		负责或监督劳务人员进出场及用工管理
		负责劳务结算资料的收集整理，参与劳务费的结算
		参与或监督劳务人员工资支付、负责劳务人员工资公示及台账的建立
4	劳务纠纷处理	参与编制、实施劳务纠纷应急预案
		参与调解、处理劳务纠纷和工伤事故的善后工作
5	劳务资料管理	负责编制劳务队伍和劳务人员管理资料
		负责汇总、整理、移交劳务管理资料

（2）劳务员应具备的专业技能。劳务员应具备的专业技能见表1-3。

表1-3 劳务员应具备的专业技能

序号	专业技能	主要内容
1	劳务管理计划	能够参与编制劳务需求及培训计划
2	资格审查培训	能够验证劳务队伍资质
		能够审验劳务人员身份、职业资格
		能够对劳务分包合同进行评审，对劳务队伍进行综合评价
3	劳动合同管理	能够对劳动合同进行规范性审查
		能够核实劳务分包款、劳务人员工资
		能够建立劳务人员个人工资台账
4	劳务纠纷处理	能够参与编制劳务人员工资纠纷应急预案，并组织实施
		能够参与调解、处理劳资纠纷和工伤事故的善后工作
5	劳务资料管理	能够编制、收集、整理劳务管理资料

（3）劳务员应掌握的专业知识。劳务员应掌握的专业知识见表1-4。

表1-4 劳务员应掌握的专业知识

序号	专业知识	主要内容
1	通用知识	熟悉国家工程建设相关法律法规
		了解工程材料的基本知识
		了解施工图识读的基本知识
		了解工程施工工艺和方法
		熟悉工程项目管理的基本知识
2	基础知识	熟悉流动人口管理和劳动保护的相关规定
		掌握信访工作的基本知识
		了解人力资源开发及管理的基本知识
		了解财务管理的基本知识
3	岗位知识	熟悉与本岗位相关的标准和管理规定
		熟悉劳务需求的统计计算方法和劳动定额的基本知识
		掌握建筑劳务分包管理、劳动合同、工资支付和权益保护的基本知识
		掌握劳务纠纷常见形式、调解程序和方法
		了解社会保险的基本知识

1.3.3 职业能力评价

1．劳务员职业能力评价的一般要求

（1）建筑与市政工程施工现场专业人员的职业能力评价，采取专业学历、职业经历以及专业能力评价相结合的综合评价方法。其中专业能力评价采用专业能力测试方法。

（2）专业能力测试主要包括专业知识和专业技能测试，应重点考查运用相关专业知识和专业技能解决工程实际问题的能力。

（3）建筑与市政工程施工现场专业人员参加职业能力评价，其施工现场职业实践年限应符合表1－5的规定。

表1－5 施工现场职业实践最少年限（年）

岗位名称	土建类本专业专科及以上学历	土建类相关专业专科及以上学历	土建类本专业中职学历	土建类相关专业中职学历	非土建类中职以上学历
施工员、质量员、安全员、标准员、机械员	1	2	3	4	—
材料员、劳务员、资料员	1	2	3	4	4

（4）建筑与市政工程施工现场劳务员专业能力测试的内容，应符合本章1.3.2节中“2．劳务员职业能力标准要求”的规定。

（5）建筑与市政工程施工现场专业人员专业能力测试，专业知识部分应采取闭卷笔试方式；专业技能部分应以闭卷笔试方式为主，具备条件的可部分采用现场实操测试。专业知识考试时间宜为2小时，专业技能考试时间宜为2.5小时。

（6）建筑与市政工程施工现场专业人员专业能力测试，专业知识和专业技能考试均采取百分制。专业知识和专业技能考试成绩同时合格，方为专业能力测试合格。

（7）已通过施工员、质量员职业能力评价的专业人员，参加其他岗位的职业能力评价，可免试部分专业知识。

（8）建筑与市政工程施工现场专业人员的职业能力评价，应由省级住房和城乡建设行政主管部门统一组织实施。

（9）对专业能力测试合格，且专业学历和职业经历符合规定的建筑与市政工程施工现场专业人员，颁发职业能力评价合格证书。

2．劳务员专业能力测试权重

劳务员专业能力测试权重应符合表1－6的规定。

表1－6 劳务员专业能力测试权重

项　次	分　类	评价权重
专业技能	劳务管理计划	0.10
	资格审查校训	0.20
	劳动合同管理	0.40
	劳务纠纷处理	0.20
	劳务资料管理	0.10
	小计	1.00
专业知识	通用知识	0.20
	基础知识	0.40
	岗位知识	0.40
	小计	1.00

1.4 劳务员的招聘与培训

1.4.1 劳务员的招聘

1. 招录条件

(1) 能认真贯彻执行党的路线、方针、政策，坚持四项基本原则。

(2) 遵纪守法，无不良行为记录。

(3) 为保障员工健康权益，原则上招录劳务人员的年龄限制，应根据国家和地区相关法律法规来确定。

(4) 确定招录人员性质。

(5) 身体健康、能适应工作岗位对身体条件的要求。

(6) 满足岗位说明书中任职资格的要求。

(7) 符合国家法律、法规规定的其他用工条件。

劳务员工必须提供相关学历、工作经验证明，经人力资源部查证符合录用条件的，方可录用。

2. 招聘需求

各部门依据实际经营情况，确实需要增加招聘劳务员工的，由部门向人力资源部递交《招聘申请表》，经人力资源部和总经理审批通过后实施招聘。

3. 需求审核

对于劳务员工的招聘需求应经过严格审核。

4. 招聘程序

(1) 人力资源部发布招聘信息。

（2）应聘者应填写应聘登记表，并提供相关材料。

（3）面试。

（4）面试结果呈报总经理审批。

（5）为录用劳务员工办理相关手续。

5. 保荐责任

被推荐人经规定的招聘程序考核后确定拟录用的，推荐人应对被推荐人的品格、诚信等方面承担道义责任。

1.4.2 劳务员的录用

1. 录用原则

为使员工招聘工作健康顺利地进行，在招聘过程中，应遵循以下原则：

（1）公开招聘原则。将招聘单位、种类、数量、报考的资格、条件，考试的科目、方法、时间和地点，均以登报或其他方式向社会公布，公开进行。

（2）相互竞争原则。通过考试、考核等竞争手段，鉴别优劣，确定人选。

（3）平等对待原则。对所有应聘者一视同仁，不拘一格地选择、录用各方面的优秀人才。

（4）量才使用原则。根据应聘者能力大小、本领高低，适应工作强度或难度、工种要求等，区别对待，做到人尽其才，用其所长，职得其人。

（5）全面考查原则。对应聘者从品德、知识、技能、智力、心理、工作经验和过往业绩等方面进行全面考试、考核和考查，以判断应聘者能否切实履行岗位工作职责，以及发展前途如何。

（6）择优录取原则。根据应聘者考试和考核成绩，做出全面考核结论，并根据录用标准“优胜劣汰”，从中选择优秀者录取。

（7）注重效率原则。根据不同的招聘要求，灵活选用适当的招聘形式，用尽可能低的招聘成本录用高素质的员工。

（8）守法运作原则。员工招聘必须遵守劳动法等国家法令、法规和政策法规。

2. 人员录用的决策标准

人员录用有哪几种录用决策的标准及其特点：

（1）以人为标准。既从人的角度，按每人得分最高的一项给其安排职位，这样做可能出现同时多人在该项职位上得分都最高，结果因只能选择一个而使优秀人才拒之门外。

（2）以职位为标准。既从职位的角度出发，每样职位都挑选最好的人来做，但这样可能导致一个人同时被好几个职位选中。

（3）以双向选择为标准。由于单纯以人为标准和以职位为标准均有欠缺，因此结合使用这两种方法，双向选择，这样的结果有可能并不是最好的人去做每一项职位，也不是每个人都安排到其得分最高的职位上去，但因其平衡了两方面的因素，又是现实的，总体看效率是好的。

3. 员工录用表

员工录用表见表1－7。

表1－7 员工录用表

××××××有限公司员工录用表

身份证号码：□□□□□□□□□□□□□□□□□□□□□□

<table>
<tr><td>姓名</td><td></td><td>性别</td><td></td><td>民族</td><td></td><td>年龄</td><td></td></tr>
<tr><td>学历</td><td></td><td>专业</td><td></td><td>职称</td><td></td><td>政治面貌</td><td></td></tr>
<tr><td>家庭住址</td><td colspan="3"></td><td>联系电话</td><td colspan="3"></td></tr>
<tr><td>录用部门</td><td colspan="3"></td><td>录用岗位</td><td colspan="3"></td></tr>
<tr><td colspan="8">工作内容及岗位职责（用人部门负责人填写）：</td></tr>
<tr><td colspan="8">用人部门意见：
负责人签字：
日期：　年　月　日</td></tr>
<tr><td colspan="8">人事管理：
部门定员：____人；现有总人数：____人；岗位定员____人；现有人数____人。
签字：
日期：　年　月　日</td></tr>
<tr><td colspan="8">薪资管理：（核定岗位工作标准）
录用后薪资标准：________元/月；
试用期：________月；试用期工资________元/月；
起薪日期：____年____月____日。
签字：
日期：　年　月　日</td></tr>
<tr><td colspan="8">审批意见</td></tr>
<tr><td colspan="4">分管人事副总</td><td colspan="4">总经理</td></tr>
<tr><td colspan="4"></td><td colspan="4"></td></tr>
</table>

1.4.3 劳务员的培训

为了加强对员工劳动保护、安全生产基本知识的教育和安全技术培训，进一步提高员工的安全防范意识和安全防护技能及法制水平，使员工自觉遵守项目安全生产规章制度，掌握安全操作规程，增强自我保护意识，减少和消除不安全行为，保证项目实现安全生产，特制定本制度。

1. 基本要求

严格执行国家、地方、行业及企业对员工安全教育培训的有关规定，适时组织员工和特种作业人员的教育培训工作。

（1）工程项目经理、主管安全生产的副经理（安全总监）、总工（技术负责人）、专职安全管理人员应该经建设行政主管部门或者其他有关部门考核合格方可任职，即必须参加规定课时和规定内容的安全教育培训及年度考核，持有效的安全生产资格证件（三类人员证）上岗。

（2）作业人员进入新的岗位或者新的施工现场前，必须进行安全生产教育培训。未经教育培训或者教育培训考核不合格的人员，不得上岗作业。

（3）对转场和变换工种的人员必须进行转场和变换工种的安全教育。

2. 安全教育形式

项目部安全教育分为项目部、施工作业队（班组）两级教育和特殊工种安全教育三种形式。

3. 项目部安全教育

由项目部办公室和安全管理部门负责，主要对项目管理人员进行安全生产法规、标准规范及规章制度、安全生产管理和技术、应急救援预案和事故案例教育等，时间每季度不少于1次，每年累计不少于30学时。主要内容包括：

（1）党和国家及地方有关安全生产方针、政策、法规、标准、规章制度、法制观念和要求。

（2）业主和局及公司安全生产管理办法及各项规章制度和要求。

（3）工程项目施工特点、重大危险源（风险）的识别分布及主要管理和技术控制措施。

（4）项目部安全生产规章制度和安全纪律及文明施工要求。

（5）项目应急救援预案基本内容和典型的事故案例及应吸取的教训。

安全培训教育可采用集中培训和分散学习两种形式，由安全管理部门负责人组织编制年度培训计划，报分管安全领导审批，按计划实施，培训教材可选用国家有关部门认可的专用教材，也可由安全管理部门负责人组织自行编制培训教材，选用或自编教材应涵盖主要培训内容。每次培训均形成《安全培训教育记录》、培训教材、考试试卷和培训人员成绩单，上述记录由项目安全管理部门保留备案。

4. 施工作业队（班组）安全教育

由项目安全管理部门组织现场作业队长（班组长）和安全员负责，主要对现场管理人员包括施工现场负责人、技术干部、领工员、工班长、施工现场带班人员、现场安全员、防护员、驻站联络员、看护员等关键岗位人员进行安全生产法规标准的教育，安全生产管理和技术、岗位职责、应急救援预案和事故案例的教育、对全体现场事故操作人员进行现场安全注意事项、安全技术操作规程、本工种使用的机械设备、工具的性能和安全使用要求、个人防护用品的正确使用方法等。主要内容包括：

（1）项目部施工生产基本情况，包括现场环境、施工特点，可能存在不安全因素的危险作业部位及必须遵守的事项。

（2）施工现场安全管理规章制度。

（3）安全生产纪律和文明施工要求。

（4）本岗位的主要职责、潜在的风险、安全技术操作规程和安全注意事项等。

（5）防护用品发放标准及防护用品、用具使用的基本知识。

（6）冬雨季、汛期、节假日前后、工种转换等专题安全教育。

（7）新技术、新工艺、新设备和新材料应用时的安全操作方法和新岗位安全知识教育。

（8）与本岗位有关的应急救援预案和典型事故案例教育。

安全培训教育可采用集中培训和分散学习两种形式，由安全管理部门负责人组织编制年度培训计划，报项目分管安全领导审批后按计划实施，培训教材可选用国家有关部门认可的专用教材，也可由安全管理部门负责人组织自行编制培训教材，选用或自编教材应涵盖主要培训内容。每次培训均形成《安全培训教育记录》、培训教材、考核试卷和培训人员成绩单，上述记录由项目安全管理部门保留备案。

5．特殊工种培训教育

电工、电焊工、架子工、起重工、爆破工、特种设备司机、场内机动车驾驶员等特殊工种必须进行专业安全教育和操作技能培训，考核合格取得特种作业操作证后方可上岗，没有取得操作证不得上岗从事特种作业。对特种作业人员的培训、取证及复审等工作严格执行国家及地方政府有关部门规定。上岗前需经项目物设和安全管理部门再培训，对从事特种作业人员要进行经常性的安全教育，培训教育主要内容：

（1）学习掌握本工种作业的基本知识。

（2）本岗位职责、特种作业存在的不安全因素、隐患和安全注意事项、曾发生过的典型事故案例及应吸取的教训。

（3）特种作业岗位的安全技术要领、安全操作技能和规定，防范事故的措施。

（4）各种特种作业对环境条件、员工身体素质、技术素质的具体要求，安全防护用品和设备的配置、维修和正确使用方法等。

（5）与本岗位有关的应急救援预案的现场应急处理措施等。

安全培训教育可采用集中培训的形式，由项目物设和安全管理部门负责人组织编制年度培训计划，报项目分管安全领导审批。培训教材可选用国家有关部门认可的专用教材，也可由项目工程技术、物设、安全管理部门组织自行编制培训教材，选用或自编教材应涵盖主要培训内容。每次培训均形成《安全培训教育记录》、培训教材、考核试卷和培训人员成绩单。上述记录由项目物设和安全管理部门两家保存。未经培训考核合格的特种作业人员不得上岗作业。

6. 安全教育培训要求

(1) 各作业（班组）要认真开展班前安全讲话等活动，活动内容要有针对性，并做好教育记录。

(2) 工程项目出现以下几种情况时，项目经理应及时安排有关部门和人员对施工人员进行安全生产教育：

1) 因故改变安全操作规程。

2) 实施重大和季节性安全技术措施。

3) 更新仪器、设备和工具，推广新工艺、新技术。

4) 发生因工伤亡事故、机械损坏事故及重大未遂事故。

5) 出现其他不安全因素、安全生产环境发生了变化。

(3) 认真开展日常的安全教育和安全活动（如安全周、安全月、百日安全无事故活动），坚持经常化、形式多样化（如板报、宣传栏、录像、讲座、知识竞赛等），讲究实际效果。

(4) 项目必须建立各级、各类人员安全教育培训档案，坚持全体人员（包括外协劳务队伍人员）的安全继续教育，确保关键岗位和关键人员持证上岗。

2 建筑业企业资质管理

2.1 概　　述

2.1.1 建筑业企业资质管理的概念

根据原建设部发布的《建筑业企业资质管理规定》（住建部令第22号）的规定，建筑业企业是指从事土木工程、建筑工程、线路管道设备安装工程的新建、扩建、改建等施工活动的企业。

《建筑业企业资质管理规定》就建筑业企业资质明确规定：建筑业企业应当按照其拥有的资产、主要人员、已完成的工程业绩和技术装备等条件申请建筑业企业资质，经审查合格，取得建筑业企业资质证书后，方可在资质许可的范围内从事建筑施工活动。

2.1.2 建筑业企业资质管理的类别和等级

建筑业企业资质分为施工总承包、专业承包和劳务分包三个序列。

1. 施工总承包资质的企业

取得施工总承包资质的企业（以下简称施工总承包企业），可以承接施工总承包工程。施工总承包企业可以对所承接的施工总承包工程内各专业工程全部自行施工，也可以将专业工程或劳务作业依法分包给具有相应资质的专业承包企业或劳务分包企业。

2. 专业承包资质的企业

取得专业承包资质的企业（以下简称专业承包企业），可以承接施工总承包企业分包的专业工程和建设单位依法发包的专业工程。专业承包企业可以对所承接的全部专业工程自行施工，也可以将劳务作业依法分包给具有相应资质的劳务分包企业。

3. 劳务分包资质的企业

取得劳务分包资质的企业（以下简称劳务分包企业），可以承接施工总承包企业或专业承包企业分包的劳务作业。

施工总承包资质、专业承包资质、劳务分包资质序列按照工程性质和技术特点分别划分为若干资质类别。各资质类别按照规定的条件划分为若干资质等级。建筑业企业资质等级标准和各类别等级资质企业承担工程的具体范围，由国务院建设主管部门会同国务院有关部门制定。

2.2 建筑业企业资质等级标准

2.2.1 施工总承包企业资质等级标准

1. 施工总承包企业特级资质标准

根据《施工总承包企业特级资质标准》（建市〔2007〕72号），建筑业企业申请特级资质，应具备的条件见表2-1。

表2-1 申请特级资质的条件及企业承包工程范围

序号	申请条件		企业承包工程范围
1	企业资信能	1. 企业注册资本金3亿元以上； 2. 企业净资产3.6亿元以上； 3. 企业近三年上缴建筑业营业税均在5000万元以上； 4. 企业银行授信额度近三年均在5亿元以上	1. 取得施工总承包特级资质的企业可承担本类别各等级工程施工总承包、设计及开展工程总承包和项目管理业务； 2. 取得房屋建筑、公路、铁路、市政公用、港口与航道、水利水电等专业中任意一项施工总承包特级资质和其中两项施工总承包一级资质，即可承接上述各专业工程的施工总承包、工程总承包和项目管理业务及开展相应设计主导专业人员齐备的施工图设计； 3. 取得房屋建筑、矿山、冶炼、石油化工、电力等专业中任意一项施工总承包特级资质和其中两项施工总承包一级资质，即可承接上述各专业工程的施工总承包、工程总承包和项目管理业务及开展相应设计主导专业人员齐备的施工图设计；
2	企业主要管理人员和专业技术人员要求	1. 企业经理具有10年以上从事工程管理工作经历； 2. 技术负责人具有15年以上从事工程技术管理工作经历，且具有工程序列高级职称及一级注册建造师或注册工程师执业资格；主持完成过两项及以上施工总承包一级资质要求的代表工程的技术工作或甲级设计资质要求的代表工程或合同额2亿元以上的工程总承包项目； 3. 财务负责人具有高级会计师职称及注册会计师资格； 4. 企业具有注册一级建造师（一级项目经理）50人以上； 5. 企业具有本类别相关的行业工程设计甲级资质标准要求的专业技术人员	
3	科技进步水平	1. 企业具有省部级（或相当于省部级水平）及以上的企业技术中心； 2. 企业近三年科技活动经费支出平均达到营业额的0.5%以上； 3. 企业具有国家级工法3项以上；近五年具有与工程建设相关的、能够推动企业技术进步的专利3项以上，累计有效专利8项以上，其中至少有一项发明专利； 4. 企业近十年获得过国家级科技进步奖项或主编过工程建设国家或行业标准； 5. 企业已建立内部局域网或管理信息平台，实现了内部办公、信息发布、数据交换的网络化；已建立并开通了企业外部网站；使用了综合项目管理信息系统和人事管理系统、工程设计相关软件，实现了档案管理和设计文档管理	

续表 2－1

序号		申 请 条 件	企业承包工程范围
4	代表 工程业绩	代表工程按专业细分为房屋建筑工程、公路工程、铁路工程、港口与航道工程、水利水电工程、电力工程、矿山工程、冶炼工程、石油化工工程、市政公用工程。其中，房屋建筑工程施工总承包企业特级资质标准代表工程业绩如下： 近五年承担过下列5项工程总承包或施工总承包项目中的3项，且工程质量合格： 1. 高度在100m以上的建筑物； 2. 28层以上的房屋建筑工程； 3. 单体建筑面积5万m^2以上的房屋建筑工程； 4. 钢筋混凝土结构单跨30m以上的建筑工程或钢结构单跨36米以上的房屋建筑工程； 5. 单项建安合同额2亿元以上的房屋建筑工程	4. 特级资质的企业，限承担施工单项合同额3000万以上的房屋建筑工程

2. 施工总承包（房屋建筑工程）一级资质标准

申请一级资质的条件及企业承包工程范围见表2－2。

表2－2 申请一级资质的条件及企业承包工程范围

<table>
<tr><th>序号</th><th colspan="2">申 请 条 件</th><th>企业承包工程范围</th></tr>
<tr><td>1</td><td>企业近五年承担过下列6项中的4项以上工程的施工总承包或主体工程承包，且工程质量合格</td><td>1. 25层以上的房屋建筑工程；
2. 高度100m以上的构筑物或建筑物；
3. 单体建筑面积3万m^2以上的房屋建筑工程；
4. 单跨跨度30m以上的房屋建筑工程；
5. 建筑面积10万m^2以上的住宅小区或建筑群体；
6. 单项建安合同额1亿元以上的房屋建筑工程</td><td rowspan="5">可承担单项建安合同额不超过企业注册资本金5倍的下列房屋建筑工程的施工：
1. 40层及以下、各类跨度的房屋建筑工程；
2. 高度240m及以下的构筑物；
3. 建筑面积20万m^2及以下的住宅小区或建筑群体</td></tr>
<tr><td>2</td><td colspan="2">企业经理具有10年以上从事工程管理工作经历或具有高级职称；总工程师具有10年以上从事建筑施工技术管理工作经历并具有本专业高级职称；总会计师具有高级会计职称；总经济师具有高级职称。
企业有职称的工程技术和经济管理人员不少于300人，其中工程技术人员不少于200人；工程技术人员中，具有高级职称的人员不少于10人，具有中级职称的人员不少于60人。企业具有的一级资质项目经理不少于12人</td></tr>
<tr><td>3</td><td colspan="2">企业注册资本金5000万元以上，企业净资产6000万元以上</td></tr>
<tr><td>4</td><td colspan="2">企业近三年最高年工程结算收入2亿元以上</td></tr>
<tr><td>5</td><td colspan="2">企业具有与承包工程范围相适应的施工机械和质量检测设备</td></tr>
</table>

3. 施工总承包（房屋建筑工程）二级资质标准

申请二级资质的条件及企业承包工程范围见表2－3。

表2－3 申请二级资质的条件及企业承包工程范围

<table>
<tr><th>序号</th><th colspan="2">申请条件</th><th>企业承包工程范围</th></tr>
<tr><td>1</td><td>企业近5年承担过下列6项中的4项以上工程的施工总承包或主体工程承包，且工程质量合格</td><td>1. 12层以上的房屋建筑工程；
2. 高度50m以上的构筑物或建筑物；
3. 单体建筑面积1万m²以上的房屋建筑工程；
4. 单跨跨度21m以上的房屋建筑工程；
5. 建筑面积5万m²以上的住宅小区或建筑群体；
6. 单项建安合同额3000万元以上的房屋建筑工程</td><td rowspan="5">可承担单项建安合同额不超过企业注册资本金5倍的下列房屋建筑工程的施工：
1. 28层及以下、单跨跨度36m及以下的房屋建筑工程；
2. 高度120m及以下的构筑物；
3. 建筑面积12万m²及以下的住宅小区或建筑群体</td></tr>
<tr><td>2</td><td colspan="2">企业经理具有8年以上从事工程管理工作经历或具有中级以上职称；技术负责人具有8年以上从事建筑施工技术管理工作经历并具有本专业高级职称；财务负责人具有中级以上会计职称。
企业具有职称的工程技术和经济管理人员不少于150人，其中工程技术人员不少于100人；工程技术人员中具有高级职称的人员不少于2人，具有中级职称的人员不少于20人。
企业具有的二级资质以上项目经理不少于12人</td></tr>
<tr><td>3</td><td colspan="2">企业注册资本金2000万元以上且企业净资产2500万元以上</td></tr>
<tr><td>4</td><td colspan="2">企业近三年最高年工程结算收入8000万元以上</td></tr>
<tr><td>5</td><td colspan="2">企业具有与承包工程范围相适应的施工机械和质量检测设备</td></tr>
</table>

4. 施工总承包（房屋建筑工程）三级资质标准

申请三级资质的条件及企业承包工程范围见表2－4。

表2－4 申请三级资质的条件及企业承包工程范围

<table>
<tr><th>序号</th><th colspan="2">申请条件</th><th>企业承包工程范围</th></tr>
<tr><td>1</td><td>企业近5年承担过下列5项中的3项以上工程的施工总承包或主体工程承包，工程质量合格</td><td>1. 6层以上的房屋建筑工程；
2. 高度25m以上的构筑物或建筑物；
3. 单体建筑面积5000m²以上的房屋建筑工程；
4. 单跨跨度15m以上的房屋建筑工程；
5. 单项建安合同额500万元以上的房屋建筑工程</td><td>可承担单项建安合同额不超过企业注册资本金5倍的下列房屋建筑工程的施工：
1. 14层及以下、单跨跨度24m及以下的房屋建筑工程；</td></tr>
</table>

续表 2-4

序号	申请条件	企业承包工程范围
2	企业经理具有5年以上从事工程管理工作经历；技术负责人具有5年以上从事建筑施工技术管理工作经历并具有本专业中级以上职称；财务负责人具有初级以上会计职称。 企业有职称的工程技术和经济管理人员不少于50人，其中工程技术人员不少于30人；工程技术人员中，具有中级以上职称的人员不少于10人。 企业具有的三级资质以上项目经理不少于10人	2. 高度70m及以下的构筑物； 3. 建筑面积6万 m^2 及以下的住宅小区或建筑群体
3	企业注册资本金600万元以上，企业净资产700万元以上	
4	企业近3年最高年工程结算收入2400万元以上	
5	企业具有与承包工程范围相适应的施工机械和质量检测设备	

注：房屋建筑工程是指工业、民用与公共建筑（建筑物、构筑物）工程。工程内容包括地基与基础工程，土石方工程，结构工程，屋面工程，内、外部的装修装饰工程，给水排水、供暖、电器、卫生洁具、通风、照明、消防、防雷等安装工程。

2.2.2 专业承包企业资质等级标准

专业承包企业资质等级标准应参照《建筑业企业资质等级标准》（建市〔2014〕159号），地基基础工程、消防设施工程、防水防腐保温工程的等级标准见表2-5。

表 2-5 专业承包企业资质等级标准

序号	项目	等级标准		
		一级	二级	三级
1	地基基础工程	1. 企业资产：净资产2000万元以上； 2. 企业主要人员： (1) 一级注册建造师不少于6人； (2) 技术负责人具有10年以上从事工程施工技术管理工作经历，且具有工程序列高级职称或一级注册建造师或注册岩土工程师执业资格；结构、岩土、机械、测量等专业中级以上职称人员不少于15人，且专业齐全； (3) 持有岗位证书的施工现场管理人员不少于30人，且施工员、质量员、安全员、机械员、造价员等人员齐全；	1. 企业资产：净资产1000万元以上； 2. 企业主要人员： (1) 注册建造师不少于6人； (2) 技术负责人具有8年以上从事工程施工技术管理工作经历，且具有工程序列高级职称或一级注册建造师或注册岩土工程师执业资格；结构、岩土、机械、测量等专业中级以上职称人员不少于10人，且专业齐全； (3) 持有岗位证书的施工现场管理人员不少于20人，且施工员、质量员、安全员、机械员、造价员等人员齐全；	1. 企业资产：净资产400万元以上； 2. 企业主要人员： (1) 注册建造师不少于3人； (2) 技术负责人具有5年以上从事工程施工技术管理工作经历，且具有工程序列高级职称或一级注册建造师或注册岩土工程师执业资格；结构、岩土、机械、机械等专业中级以上职称人员不少于8人，且专业齐全；

续表 2-5

序号	项目	等级标准		
		一 级	二 级	三 级
1	地基基础工程	(4) 经考核或培训合格的桩机操作工、电工、焊工等技术工人不少于30人; 3. 企业工程业绩 近5年承担过下列4类中的2类工程的施工，工程质量合格: (1) 25层以上民用建筑工程或高度100m以上构筑物的地基基础工程; (2) 刚性桩复合地基处理深度超过18m或深度超过8m的其他地基处理工程; (3) 单桩承受设计荷载3000kN以上的桩基础工程; (4) 开挖深度超过12m的基坑围护工程	(4) 经考核或培训合格的桩机操作工、电工、焊工等技术工人不少于20人; 3. 企业工程业绩：近5年承担过下列4类中的2类工程的施工，工程质量合格。 (1) 12层以上民用建筑工程或高度50m以上构筑物的地基基础工程; (2) 刚性桩复合地基处理深度超过12m或深度超过6m的其他地基处理工程; (3) 单桩承受设计荷载2000kN以上的桩基础工程; (4) 开挖深度超过9m的基坑围护工程	(3) 持有岗位证书的施工现场管理人员不少于10人，且施工员、质量员、安全员、机械员、造价员等人员齐全; (4) 经考核或培训合格的桩机操作工、电工、焊工等技术工人不少于20人; (5) 技术负责人（或注册建造师）主持完成过本类别资质二级以上标准要求的工程业绩不少于2项
2	消防设施工程	1. 企业资产：净资产1000万元以上; 2. 企业主要人员: (1) 机电工程专业一级注册建造师不少于5人; (2) 技术负责人具有10年以上从事工程施工技术管理工作经历，且具有工程序列高级职称；暖通、给水排水、电气、自动化等专业中级以上职称人员不少于10人，且专业齐全; (3) 持有岗位证书的施工现场管理人员不少于20人，且施工员、质量员、安全员、机械员、造价员等人员齐全; (4) 经考核或培训合格的中级工以上技术工人不少于30人; 3. 企业工程业绩：近5年承担过2项单体建筑面积4万m^2以上消防设备工程（每项工程均包含火灾自动报警系统、自动灭火系统和防烟系统）的施工，工程质量合格	1. 企业资产：净资产600万元以上; 2. 企业主要人员: (1) 机电工程专业一级注册建造师不少于3人; (2) 技术负责人具有8年以上从事工程施工技术管理工作经历，且具有工程序列高级职称；暖通、给水排水、电气、自动化等专业中级以上职称人员不少于6人，且专业齐全; (3) 持有岗位证书的施工现场管理人员不少于15人，且施工员、质量员、安全员、机械员、造价员等人员齐全; (4) 经考核或培训合格的中级工以上技术工人不少于20人; (5) 技术负责人（或注册建造师）主持完成过本类别以及资质标准要求的工程业绩不少于2项	—

续表 2－5

序号	项目	等级标准		
		一 级	二 级	三 级
3	防水防腐保温工程	1．企业资产：净资产1000万元以上； 2．企业主要人员： （1）技术负责人具有8年以上从事工程施工技术管理工作经历，且具有工程序列中级及以上或注册建造师执业资格；工程序列中级以上职称和注册建造师合计不少于15人，且结构、材料或化工等专业齐全； （2）持有岗位证书的施工现场管理人员不少于15人，且施工员、质量员、安全员、机械员、造价员等人员齐全； （3）经考核或培训合格的防水工、电工、油漆工、抹灰工等技术工人不少于30人； 3．企业工程业绩：近5年承担过2类中的1类工程的施工，工程质量合格。 （1）单向合同额200万元以上的建筑防水工程1项或单项合同额150万元以上的建筑防水工程3项； （2）单项合同额500万元以上的防腐保温工程2项	1．企业资产：净资产400万元以上； 2．企业主要人员： （1）技术负责人具有5年以上从事工程施工技术管理工作经历，且具有工程序列中级及以上或注册建造师执业资格；工程序列中级以上职称和注册建造师合计不少于3人，且结构、材料或化工等专业齐全； （2）持有岗位证书的施工现场管理人员不少于10人，且施工员、质量员、安全员、机械员、造价员等人员齐全； （3）经考核或培训合格的防水工、电工、油漆工、抹灰工等技术工人不少于15人； （4）技术负责人（或注册建造师）主持完成过本类别资质一级标准的工程业绩不少于2项	—

2.3 建筑业企业资质申请和审批

2.3.1 建筑业企业资质申请

建筑业企业可以申请一项或多项建筑业企业资质；申请多项建筑业企业资质的，应当选择等级最高的一项资质为企业主项资质。

1．建筑业企业首次申请或者增项申请

建筑业企业首次申请或者增项申请建筑业企业资质，应当提交以下材料：

（1）建筑业企业资质申请表及相应的电子文档。

（2）企业法人营业执照副本。

（3）企业章程。

（4）企业负责人和技术、财务负责人的身份证明、职称证书、任职文件及相关资质标准要求提供的材料。

（5）建筑业企业资质申请表中所列注册执业人员的身份证明、注册执业证书。

（6）建筑业企业资质标准要求的非注册的专业技术人员的职称证书、身份证明及养老保险凭证。

（7）部分资质标准要求企业必须具备的特殊专业技术人员的职称证书、身份证明及养老保险凭证。

（8）建筑业企业资质标准要求的企业设备、厂房的相应证明。

（9）建筑业企业安全生产条件有关材料。

（10）资质标准要求的其他有关材料。

企业首次申请或增项申请建筑业企业资质，不考核企业工程业绩，其资质等级按照最低资质等级核定。

已取得工程设计资质的企业首次申请同类别或相近类别的建筑业企业资质的，可以将相应规模的工程总承包业绩作为工程业绩予以申报，但申请资质等级最高不超过其现有工程设计资质等级。

2．申请资质升级

建筑业企业申请资质升级的，应当提交以下材料：

（1）建筑业企业首次申请建筑业企业资质，应当提交的所有材料。

（2）企业原资质证书副本复印件。

（3）企业年度财务、统计报表。

（4）企业安全生产许可证副本。

（5）满足资质标准要求的企业工程业绩的相关证明材料。

3．资质证书及申请资质证书变更

建筑业企业资质证书分为正本和副本，正本一份，副本若干份，由国务院建设主管部统一印制，正、副本具备同等法律效力。资质证书有效期为5年。资质有效期届满，企业需要延续资质证书有效期的，应当在资质证书有效期届满60日前，申请办理资质延续手续。

对在资质有效期内遵守有关法律、法规、规章、技术标准，信用档案中无不良行为记录，且注册资本、专业技术人员满足资质标准要求的企业，经资质许可机关同意，有效期延续5年。

建筑业企业在资质证书有效期内名称、地址、注册资本、法定代表人等发生变更的，应当在工商部门办理变更手续后30日内办理资质证书变更手续。

由国务院建设主管部门颁发的建筑业企业资质证书，涉及企业名称变更的，应当向企业工商注册所在地省、自治区、直辖市人民政府建设主管部门提出变更申请，省、自治区、直辖市人民政府建设主管部门应当自受理申请之日起2日内将有关变更证明材料报国务院建设主管部门，由国务院建设主管部门在2日内办理变更手续。

前款规定以外的资质证书变更手续，由企业工商注册所在地的省、自治区、直辖市人民政府建设主管部门或者设区的市人民政府建设主管部门负责办理。省、自治区、直辖市人民政府建设主管部门或者设区的市人民政府建设主管部门应当自受理申请之日起2日内办理变更手续，并在办理资质证书变更手续后15日内将变更结果报国务院建设主管部门备案。

涉及铁路、交通、水利、信息产业、民航等方面的建筑业企业资质证书的变更，办理变更手续的建设主管部门应当将企业资质变更情况告知同级有关部门。

申请资质证书变更，应当提交以下材料：

（1）资质证书变更申请。

（2）企业法人营业执照复印件。

（3）建筑业企业资质证书正、副本原件。

（4）与资质变更事项有关的证明材料。

企业改制的，除提供前款规定资料外，还应当提供改制重组方案、上级资产管理部门或者股东大会的批准决定、企业职工代表大会同意改制重组的决议。

2.3.2 建筑业企业资质审批

1. 国务院建设主管部门审批

下列建筑业企业资质的许可，由国务院建设主管部门实施：

（1）施工总承包序列特级资质、一级资质。

（2）国务院国有资产管理部门直接监管的企业及其下属一层级的企业的施工总承包二级资质、三级资质。

（3）水利、交通、信息产业方面的专业承包序列一级资质。

（4）铁路、民航方面的专业承包序列一级、二级资质。

（5）公路交通工程专业承包不分等级资质，城市轨道交通专业承包不分等级资质。

申请前款所列资质的，应当向企业工商注册所在地省、自治区、直辖市人民政府建设主管部门提出申请。其中，国务院国有资产管理部门直接监管的企业及其下属一层级的企业，应当由国务院国有资产管理部门直接监管的企业向国务院建设主管部门提出申请。

省、自治区、直辖市人民政府建设主管部门应当自受理申请之日起20日内初审完毕，并将初审意见和申请材料报国务院建设主管部门。

国务院建设主管部门应当自省、自治区、直辖市人民政府建设主管部门受理申请材料之日起60日内完成审查，公示审查意见，公示时间为10日。其中，涉及铁路、交通、水利、信息产业、民航等方面的建筑业企业资质，由国务院建设主管部门送国务院有关部门审核，国务院有关部门在20日内审核完毕，并将审核意见送往国务院建设主管部门。

2. 企业工商注册所在地省、自治区、直辖市人民政府建设主管部门审批

下列建筑业企业资质许可，由企业工商注册所在地省、自治区、直辖市人民政府建设主管部门实施：

（1）施工总承包序列二级资质（不含国务院国有资产管理部门直接监管的企业及其

下属一层级的企业的施工总承包序列二级资质)。

(2) 专业承包序列一级资质（不含铁路、交通、水利、信息产业、民航方面的专业承包序列一级资质)。

(3) 专业承包序列二级资质（不含民航、铁路方面的专业承包序列二级资质)。

(4) 专业承包序列不分等级资质（不含公路交通工程专业承包序列和城市轨道交通专业承包序列的不分等级资质)。

前款规定的建筑业企业资质许可的实施程序由省、自治区、直辖市人民政府建设主管部门依法确定。

省、自治区、直辖市人民政府建设主管部门应当自做出决定之日起30日内，将准予资质许可的决定报国务院建设主管部门备案。

3. 企业工商注册所在地设区的市人民政府建设主管部门审批

下列建筑业企业资质许可，由企业工商注册所在地设区的市人民政府建设主管部门实施：

(1) 施工总承包序列三级资质（不含国务院国有资产管理部门直接监管的企业及其下属一层级的企业的施工总承包三级资质)。

(2) 专业承包序列三级资质。

(3) 劳务分包序列资质。

(4) 燃气燃烧器具安装、维修企业资质。

前款规定的建筑业企业资质许可的实施程序由省、自治区、直辖市人民政府建设主管部门依法确定。

企业工商注册所在地设区的市人民政府建设主管部门应当自做出决定之日起30日内，将准予资质许可的决定通过省、自治区、直辖市人民政府建设主管部门，报国务院建设主管部门备案。

4. 不予批准企业的资质升级申请和增项申请

取得建筑业企业资质的企业，申请资质升级、资质增项，在申请之日起前一年内有下列情形之一的，资质许可机关不予批准企业的资质升级申请和增项申请：

(1) 超越本企业资质等级或以其他企业的名义承揽工程，或允许其他企业或个人以本企业的名义承揽工程的。

(2) 与建设单位或企业之间相互串通投标，或以行贿等不正当手段谋取中标的。

(3) 未取得施工许可证擅自施工的。

(4) 将承包的工程转包或违法分包的。

(5) 违反国家工程建设强制性标准的。

(6) 发生过较大生产安全事故或者发生过两起以上一般生产安全事故的。

(7) 恶意拖欠分包企业工程款或者农民工工资的。

(8) 隐瞒或谎报、拖延报告工程质量安全事故或破坏事故现场、阻碍对事故调查的。

(9) 按照国家法律、法规和标准规定需要持证上岗的技术工种的作业人员未取得证书上岗，情节严重的。

(10) 未依法履行工程质量保修义务或拖延履行保修义务，造成严重后果的。

(11) 涂改、倒卖、出租、出借或者以其他形式非法转让建筑业企业资质证书。

(12) 其他违反法律、法规的行为。

2.4 建筑业企业资质监督管理

2.4.1 资质动态监管

资质动态监管需提供的资料

1. 建筑业企业资质申请表

建筑业企业资质申请表（一式二份）。

2. 建筑业企业资质申请附件材料

建筑业企业资质申请附件材料（装订成册）。

(1) 综合资料（第一册）：

1）企业法人营业执照副本（复印件、验原件）。

2）企业资质证书副本（复印件、验原件）。

3）企业章程。

4）企业近三年建筑业行业同济报表（复印件、验原件）。

5）企业经审计的近三年财务报表（复印件、验原件）。

6）企业法定代表人任职文件、身份证明（复印件、验原件）。

7）企业经理和技术、财务负责人的身份证明、职称证书、任职文件（复印件、验原件），及相关资质标准要求的技术负责人代表工程业绩证明材料。

8）机械设备购置发票或租赁合同，办公场所证明材料。

9）企业安全生产许可证（复印件、验原件）。

(2) 人员材料（第二册）：

1）《建筑业企业申请表》中所列注册人员的身份证明，注册证书并加盖执业印章（复印件、验原件）。

2）建筑业企业资质标准要求的非注册的专业技术人员的职称证明、身份证明（复印件、验原件），养老保险凭证。

3）部分资质标准要求企业必须具备的特殊专业人员的职称证书，身份证明和养老保险凭证，以及反映其他专业资格的证书或相关的证明材料。

(3) 工程业绩材料（第三册）：

1）工程合同、中标通知书。

2）符合国家规定建设工程验收证明材料（备案表）或质量核查试验材料。

3）上述材料无法反映技术指标的，还应提供反映技术指标要求的工程照片或图纸，工程决算材料等。

4）代表工程业绩每项用彩色页面分开，并标明每项代表的是哪项业绩。

以上三册附件材料分别用 A4 白色纸（软封面、封底），逐页编写页码，并有表明页码的总目录及说明，卷内每类材料分别用彩色纸分隔，并按规定顺序装订。

2.4.2 记分标准与积分处理

1. 记分标准和记分

北京市住建委依据法律、法规、规章和规范性文件的规定，制定《北京市建筑业企业违法违规行为记分标准》（以下简称《记分标准》），并可根据法律法规和政策变化适时予以补充调整。

市和区县住建委在对企业、人员违法违规行为进行处罚、处理时，应依据《记分标准》在执法文书上记分。

（1）记分周期从每年1月1日起至12月31日止，记分周期届满，企业和人员的年度积分清零，重新记分。

企业被降低资质等级后，企业当前积分清零；项目负责人和专职安全员被暂停执业资格或暂扣相应证书的，人员当前积分清零。

（2）市和区县住建委应于做出行政处罚或处理决定的当日内将对企业、人员的处罚、处理情况和记分情况上传至企业资质和人员资格动态监管平台。

（3）市住建委通过企业资质及人员资格动态监管平台对企业、人员的违法违规信息进行汇总和整理，并依照有关规定在指定媒体予以公示。

企业、人员可以通过监管平台，及时查询自身积分情况。

2. 企业积分处理

（1）企业积分达到8分时，市住建委对企业提出书面警示，并提示市建设系统及有关协会在组织企业评优活动时，对该企业的资格慎重考评。

单项工程项目积分达到8分时，市住建委提示市建设系统及有关协会在组织工程评优活动时，对该工程项目的资格慎重考评。

（2）企业积分达到16分时，市住建委在有形建筑市场公示企业违法违规行为信息，提示招标人在选择投标人时予以慎重考虑，并依法限制企业申请资质升级和增项。

（3）企业积分达到24分时，市住建委将企业的违法违规行为和处罚或处理结果在动态监管信息平台上予以公示，同时依法核查企业安全生产条件和资质条件。企业安全生产条件经核查不达标的，责令三十日内改正，并依法暂扣安全生产许可证。企业资质条件经核查不达标的，责令三个月内改正，改正期间企业不得承揽新工程。

（4）企业积分达到30分时，市住建委依法核查企业的安全生产条件和资质条件；核查不达标的，依法降低资质等级或者吊销企业资质证书、安全生产许可证。

上述处理措施中，依法应当由住建部、省建设行政主管部门进行资质降级、吊销资质证书和暂扣、吊销安全生产许可证的，由市住建委将企业违法违规行为信息和处理建议报告住建部或者抄送企业注册地的省级建设行政主管部门。在上述部门做出处罚或处理决定前，限制企业在北京承揽新工程。

市住建委建立企业定期讲评制度。在每季度第一个月内，市住建委对企业积分达到8分以上（含8分）的企业负责人进行动态监管工作讲评。

3. 人员积分处理

根据人员积分，市和区县住建委对企业负责人、项目负责人和专职安全生产管理人员分别进行如下处理：

（1）企业负责人。

1）企业负责人积分达到 16 分时，市住建委约谈企业负责人并要求其参加不少于三天的专业学习，并进行考核。

2）企业负责人积分达到 24 分时，市住建委将该企业违法违规行为及处罚、处理结果等信息通报该企业注册地工商行政管理部门；该企业属于国有资产管理委员会（以下简称国资委）管理的，函告国资委；同时在指定媒体上予以公示。

（2）项目负责人。

1）项目负责人积分达到 4 分时，由工程所在地区县住建委对该项目负责人提出书面警示，同时市住建委提示市建设系统及有关协会在组织项目负责人评优活动时，对该人员的资格慎重考评。

2）项目负责人积分达到 8 分时，由工程所在地区县住建委对该项目负责人进行约谈，并要求其参加不少于两天的专业学习，并经考核合格后再上岗。

3）项目负责人积分达到 12 分时，市住建委建议企业撤换该项目负责人，并将项目负责人违法违规行为在有形建筑市场和指定媒体上公示，同时依法对该项目负责人行为进行监督检查。对于本市颁发证书的项目经理和注册的建造师，发现应当暂扣、撤销注册证书或者吊销项目经理证书的情形时，依法办理；对于非本市颁发证书的项目经理和注册的建造师，将其违法违规行为信息和处理建议抄送其发证机关或注册机关，在上述机关做出处罚或处理决定前，禁止其作为项目负责人在京承揽工程。

（3）专职安全生产管理人员。

1）专职安全生产管理人员积分达到 2 分时，由工程所在地区县建委组织其参加不少于一天的专业学习，并经考核合格后再上岗。

2）专职安全生产管理人员积分达到 4 分时，由工程所在地区县住建委建议项目负责人撤换该人员，同时依法对该专职安全生产管理人员行为进行监督检查；发现应当暂扣、撤销相关证书的情形时，依法办理。

3 建筑业劳务管理

3.1 建筑业劳务管理相关知识

3.1.1 流动人口管理

1. 流动人口从业管理

中华人民共和国国务院令第370号《无照经营查处取缔办法》由2002年12月18日国务院第67次常务会议通过，要求任何单位和个人不得违反法律、法规的规定，从事无照经营。

对于依照法律、法规规定，须经许可审批的涉及人体健康、公共安全、安全生产、环境保护以及自然资源开发利用等的经营活动，许可审批部门必须严格依照法律、法规规定的条件和程序进行许可审批。工商行政管理部门必须凭许可审批部门颁发的许可证或者其他批准文件办理注册登记手续，核发营业执照。

2. 流动人口享有的权益

流动人口享有的权益主要有以下几点：

(1) 享有就业、生活和居住的城镇公共服务的权益。

(2) 享有社会保障的权益。

(3) 享有在流入地就业的权益。

(4) 享有子女平等接受义务教育权益。

(5) 享有改善居住条件的权益。

(6) 享有医疗保障的权益。

(7) 享有计划生育服务的权益。

(8) 享有就业服务和培训的权益。

(9) 享有参与政治活动的权益。

3. 流动人口权益的保障

目前我国已经初步形成了包括社会救助、社会保险、社会福利、优抚安置以及住房保障等多层次的社会保障体系框架。

然而，现行的社会保障制度基本上是以城镇人口为基础的，流动人口的社会保障仍然处于初步探索阶段。妥善解决流动人口的社会保障问题，是社会和谐的不可或缺的因素。

由于流动人口具有很高的流动性，从现实和可操作性的角度上讲，流动人口权益保障体系的构件不可能一步到位，因此，为了确保流动人口与城市户籍人口一样，享受公平的社会保障待遇，应建立内容多元化的社会保险体系，真正接触流动人口在工伤、医疗、事业、养老以及相关方面的后顾之忧。

4. 政府部门对流动人口管理职责

政府部门对流动人口的主要管理职责见表3-1。

表3-1 政府部门对流动人口的管理职责

序号	管理职责	内容
1	公安机关负责对流动人口的户籍管理和治安管理	1. 办理暂住户口登记，签发和查验“暂住证”； 2. 对流动人口中3年内有犯罪记录的和有违法犯罪嫌疑的人员进行重点控制； 3. 对出租房屋、施工工地、路边店、集贸市场、文化娱乐场所等流动人口的落脚点以及活动场所，进行治安整顿和治安管理； 4. 依法严厉打击流窜犯罪活动，建立健全的社会治安防范网络； 5. 协助民政部门开展收容遣送工作； 6. 与有关部门一起疏导“民工潮”
2	劳动部门负责对流动就业人员的劳动管理与就业服务	1. 为流动就业人员提供就业信息和职业介绍、就业训练、社会保险等服务； 2. 对施工单位招聘使用的外地人员、个人流动就业情况进行调控和管理； 3. 办理“外出就业登记卡”和“外来人员就业证”； 4. 对用人单位和职业介绍机构遵守有关法规的情况进行劳动监察，维护劳动力市场秩序； 5. 依法处理用人单位与外来务工经商人员有关的劳动争议，保护双方的合法权益； 6. 负责疏导“民工潮”
3	建设部门	1. 负责对成建制施工队伍和工地的管理以及流动人口聚集地的规划管理，协助有关部门落实流动人口管理的各项措施； 2. 负责小城镇的开发建设，促进农村剩余劳动力的就地就近转移； 3. 负责对房屋出租的管理和市容、环境卫生的监察

3.1.2 人力资源开发与管理

1. 人力资源管理及其内容

（1）人力资源管理的概念。人力资源是与自然资源、物质资源或信息资源相对应的概念，有广义与狭义之分。广义的人力资源是指以人的生命为载体的社会资源，凡是智力正常的人都是人力资源。狭义的人力资源是指智力和体力劳动能力的总称，也可以理解为是为社会创造物质文化财富的人。

人力资源管理是围绕着充分开发人力资源效能的目标，对人力资源的取得、开发、保持和利用等方面所进行的管理活动的总称。通过人力资源管理，可以实现最大限度地发挥员工的主观能动性和有效技能，达到人尽其才，才尽其能，最终实现组织利润最大化的目标。

（2）人力资源管理的内容。

1）人力资源规划。通过制定这一规划，一方面保证人力资源管理活动与企业的战略方向和目标相一致，另一方面保证人力资源管理活动的各个环节相互协调，避免相互冲突。同时，在实施此规划时，还必须在法律和道德观念方面创造一种公平的就业机会。

2）岗位设计与岗位分析。这是人力资源管理中的一项重要的工作。通过对工作任务的分解，根据不同的工作内容，设计为不同的岗位，规定每个岗位应承担的职责和工作条件、工作要求等，这样可使企业吸引和保持合格的员工。

3）招聘计划。企业就所需招聘的人员的数量和质量做出计划，如果企业现有员工数大于所需数，则企业可制定出裁员计划；如果企业现有人数不足，则可制定招聘计划。

4）招聘。这是为企业补充所缺员工而采取寻找和发现符合工作要求的申请者的办法。

5）选择。企业挑选最合适的求职者，并录用安排在一定职位上。

6）个人发展计划。这是根据员工个人性格、气质、能力、兴趣、价值观等特点，同时结合组织的需要，为员工制定一个事业发展的计划，并为之不断开发员工的潜能。

7）绩效评价。通过考核员工工作绩效，及时做出信息反馈，奖优罚劣，进一步提高和改善员工的工作绩效。

8）培训与开发。通过培训提高员工个人、群体和整个企业的知识、能力、工作态度和工作绩效，进一步开发员工的智力潜能。

9）工资福利。根据员工工作绩效的大小和优劣，企业给予不同的报酬和奖励。

10）劳动关系。劳动关系是企业管理者与员工之间的相互关系。企业管理者与企业内有组织的员工群体之间应依据《劳动法》的规定就工资、福利及工作条件等问题进行谈判，协调劳动关系。

11）安全与保健。为保障员工的健康，减少污染，减少工伤和死亡事故的发生所必须采取的措施。

2. 人员招聘与录用

（1）招聘原则。

1）公开原则。把招聘的单位、招聘的种类、数量、要求、规格的资格条件以及考试方法均向社会公开。这样做不仅可以大范围地广招贤才，而且有助于形成公平竞争的氛围，使招聘单位确实招到德才兼备的优秀人才。此外，在社会的监督下，还可以防止不正之风。

2）平等原则。对待所有的应聘者应该一视同仁，不得人为地制造不平等条件。在我国的一些招聘启事中经常可以看到关于年龄、性别的明确限制，这在国外是违反法律的，国外法律规定用工不得有种族、性别、年龄歧视。企业作为招聘单位就应努力为人才提供公平竞争的机会，不拘一格地吸纳各方面的优秀人才。

3）竞争原则。人员招聘需要各种测试方法来考核和鉴别人才，根据测试结果的优劣来选拔人员。靠领导的目测或凭印象，往往带有很大的主观片面性和不确定性。因此，必须制定科学的考核程序、录用标准，才能真正选到良才。

4）全面原则。录用前的考核应兼顾德、才、能等诸方面因素。因为一个人的素质不仅取决于他的智力水平、专业技能，还与他的人格、思想等因素密切相关。我国公务员的考试内容就是根据全面考核人才的原则制定的，涉及职业倾向、个性倾向、认知能力等多方面的考察项目。

5）量才原则。招聘录用时，必须做到"人尽其才"、"用其所长"、"职得其人"。认真考虑人才的专长，量才录用，量职录用。有的招聘单位盲目地要求高学历、高职称，不考虑拟招聘岗位的实际需求，结果花费了大量人力物力招聘来的，用不了多久就都"孔雀东南飞"了。要知道，招聘最终的目的是每一岗位上用人都是最合适、最经济，并能达到组织整体效益最优。

（2）招聘程序。

1）确定招聘需求，制定招聘计划。首先必须根据本组织目前的人力资源分布情况及未来某时期内组织目标的变化，分析从何时起本组织将会出现人力资源的缺口，是数量上的缺口，还是层次上需要提升。这些缺口分布在哪些部门，数量分布如何，层次分布是怎样的。根据对未来情况的预测和对目前情况的调查来制定一个完整的招聘计划。拟定招聘的时间、地点、欲招聘人员的类型、数量、条件、具体职位的具体要求、任务，以及应聘后的职务标准及薪资等。

2）组建招聘小组。对许多企业，招聘工作是周期性或临时性的工作，因此，应该有专人来负责此项工作，在招聘时成立一个专门的临时招聘小组，该小组一般应由招聘单位的人事主管以及用人部门的相关人员组成。专业技术人员的招聘还必须由有关专家参加，如果是招聘高级管理人才，一般还应有经济管理等相关方面的专家参加，以保证全面而科学地考察应聘人员的综合素质及专项素质。招聘工作开始前应对有关人员进行培训，使其掌握政策、标准，并明确职责分工，协同工作。

3）确立招聘渠道，发布招聘信息。根据欲招聘人员的类别、层次以及数量，确定相应的招聘渠道。一般可以通过有关媒介（如专业报纸、杂志、电台、电视、大众报刊）发布招聘信息，或去人才交流机构招聘，或者直接到大中专院校招聘应届毕业生。

4）甄别录用。一般的筛选录用过程是：根据招聘要求，审核应聘者的有关材料，根据从应聘材料中获得的初步信息安排各种测试，包括笔试、面试、心理测试等，最后经高级主管面试合格，办理录用手续。在一些高级人员的招聘过程中，往往还要对应聘者进行个性特征、心理健康水平，以及管理能力、计算机水平模拟测试等。

5）工作评估。人员招聘进来以后，应对整个招聘工作进行检查、评估，以便及时总结经验，纠正不足。评估结果要形成文字材料，供下次参考。此外，在新录用人员试用一段时间后，要调查其工作绩效，将实际工作表现与招聘时对其能力所做的测试结果做比较，确定相关程度，以判断招聘过程中所使用的测试方法的信度和效度，为测试方法的选择和评价提供科学的依据。

（3）人员录用。当应聘者经过了各种筛选关后，最后一个步骤就是录用与就职。有不少企业由于不重视录用与就职工作，新员工在录用后对企业和本职工作连起码的认识都没有就直接走上了工作岗位，这不仅会给他们今后的工作造成一定的困难，而且会使员工产生一种人生地不熟的感觉，难以唤起新员工的工作热情，这对企业是不利的。为此，企业应认真做好这项工作。

3. 绩效管理

完整意义上的绩效管理由绩效计划、绩效跟进、绩效考核和绩效反馈四方面组成。

（1）绩效计划。绩效计划是整个绩效管理系统的起点，它是指在绩效周期开始时，由上级和员工一起就员工在绩效考核周期内的绩效目标、绩效过程和手段等进行讨论并达成一致。当然，绩效计划并不是只在绩效周期开始时才会进行，它往往会随着绩效周期的推进不断做出相应的修改。

（2）绩效跟进。绩效跟进是指在整个绩效周期内，通过上级和员工之间持续的沟通来预防或解决员工实现绩效时可能发生的各种问题的过程。

（3）绩效考核。员工的绩效考核就是通过科学的方法和客观的标准，对职工的思想、品德、工作能力、工作成绩、工作态度、业务水平以及身体状况等进行评价。

（4）绩效反馈。绩效反馈是指通过一定的方式将员工的考核与评价结果向员工本人传达、沟通和说明，使员工客观地认识自我，制定改进措施。

4. 薪酬管理

薪酬管理与企业发展是相辅相成的。一方面，薪酬管理的目的是为了在保障员工的基本生活的同时，充分激励、发挥员工的能力，实现企业战略发展所需要的核心竞争力；另一方面，企业核心竞争力的发挥将促进企业发展，为薪酬管理提供有力的支持。

（1）有效的薪酬管理应遵循的原则。有效的薪酬管理应遵循以下原则：

1）对外具有竞争力原则——支付相当于或高于劳动力市场一般薪酬水平的薪酬。

2）对外具有公正性原则——支付相当于员工工作价值的薪酬。

3）对员工具有激励性原则——适当拉开员工之间的薪酬差距。

（2）薪酬管理的目标：

1）吸引和留住企业需要的优秀员工。

2）鼓励员工提高工作所需的技能。

3）鼓励员工高效率地工作。

4）创造企业所希望的文化氛围。

5）控制运营成本。

5. 福利

福利实际上是一个十分庞大的体系。员工福利可分为社会保险福利和用人单位集体福利两大类。

（1）社会保险福利。社会保险福利是为了保障员工的合法权利，由政府统一管理的福利措施。它主要包括基本养老保险、基本医疗保险、失业保险、工伤保险等。

（2）用人单位集体福利。用人单位集体福利是指用人单位为了吸引人才或稳定员工而自行为员工采取的福利措施，见表3-2。

表 3－2　用人单位的集体福利

序号	分类	内　容
1	经济性福利	1. 住房性福利：以成本价向员工出售住房、房租补贴等； 2. 交通性福利：为员工免费购买电、汽车月票或地铁月票，用班车接送员工上下班； 3. 饮食性福利：免费供应午餐、慰问性的水果等； 4. 教育培训性福利：员工的脱产进修、短期培训等； 5. 医疗保健型性福利：免费为员工进行例行体检，或者打预防针等； 6. 有薪节假日：节日、假日以及事假、探亲假、带薪休假等； 7. 文化旅游性福利：为员工过生日而办的活动，集体的旅游，体育设施的购置； 8. 金融性福利：为员工购买住房提供的低息贷款； 9. 其他生活性福利：直接提供的工作服； 10. 津贴和补贴； 11. 企业补充保险与商业保险
2	非经济性福利	1. 咨询性服务：比如免费提供法律咨询和员工心理健康咨询等； 2. 保护性服务：平等就业权利保护（反对性别、年龄歧视等）、隐私权保护等； 3. 工作环境保护：比如实行弹性工作时间，缩短工作时间，员工参与民主化管理等

6. 保险管理

保险管理见表 3－3。

表 3－3　保险管理内容

<table>
<tr><td rowspan="3">福利</td><td colspan="3">社会保险福利</td></tr>
<tr><td rowspan="2">用人单位
集体福利</td><td>经济性福利</td><td>住房性福利、交通性福利、饮食性福利、教育培训性福利、医疗保健性福利、有薪节假日、金融性福利、其他生活性福利、津贴和补贴</td></tr>
<tr><td>非经济性福利</td><td>咨询性服务、保护性服务、工作环境保护</td></tr>
<tr><td colspan="4">企业补充养老保险和补充医疗保险</td></tr>
</table>

7. 人员培训

员工培训是指在将组织发展目标和员工个人发展目标相结合的基础上，有计划、有系统地组织员工从事学习和训练，增长员工的知识水平，提高员工的工作技能，改善员工的工作态度，激发员工的创新意识，最大限度地使员工的个人素质与工作需求相匹配，使员工能胜任目前所承担的或将要承担的工作与任务的人力资源管理活动。

（1）建筑企业职业培训的内容。建筑企业职业培训的内容见表3-4。

表3-4 建筑业企业职业培训内容

分类	内容
管理人员培训	岗位培训：是对一切从业人员，根据岗位或职务对其具备的全面素质的不同需要，按照不同的劳动规范，本着“干什么学什么，缺什么补什么”的原则进行的培训活动（包括对企业经理的培训，对项目经理的培训，对基层管理人员和土建、装修、水暖、电器工程的培训及对其他岗位的业务、技术干部的培训）
	继续教育：包括建立以“三总师”为主的技术、业务人员继续教育体系，采取按系统、分层次、多形式的方法，对具有中专以上学历的管理人员进行继续教育
	学历教育：主要是有计划选派部分管理人员到高等院校深造。培养企业高层次专门管理人才和技术人才，毕业后回本企业继续工作
工人培训	班组长培训：即按照国家建设行政主管部门制定的班组长岗位规范，对班组长进行培训，通过培训最终达到班组长100%持证上岗
	技术工人等级培训：按照建设部颁发的《工人技术等级标准》和劳动部颁发的有关工人技师评聘条例，开展中、高级工人应知应会考评和工人技师的评聘
	特种作业人员的培训：根据国家有关特种作业人员必须单独培训、持证上岗的规定，对企业从事电工、塔式起重机驾驶员等工种的特种作业人员进行培训，保证100%持证上岗
	对外埠施工队伍的培训：按照省、市有关外地务工人员必须进行岗前培训的规定，企业对所使用的外地务工人员进行培训，颁发省、市统一制发的外地务工人员就业专业训练证书

（2）培训的管理。企业领导及主管教育培训的职能部门要按照“加强领导、统一管理、分工负责、通力协作”的原则，长期坚持、认真做好培训工作，做到思想、计划、组织、措施四落实，使企业的职工培训制度化、正规化。

1）思想落实，即提高广大干部群众对职工教育培训工作的认识，使各级领导从思想上真正认识到职工教育培训的重要性，就像抓生产一样，认真抓好职工教育。

2）计划落实，就是根据企业的实际情况，制定职工教育的长远规划和近期具体实施计划，因地、因时、因人制宜地落实规划。按干部、技术人员、工人所从事的业务类型，分门别类地组织学习，进行岗位培训。

3）组织落实，即要有专门的机构和人员从事职工教育的领导和管理工作，建立能动的教育运行机制，从组织上保证职工教育工作有人抓、有人管。

4）措施落实，就是要有一定的物质条件，教育用房、实验设备、师资配备、经费来源等必须切实解决。

3.1.3 工程财务管理

1. 财务管理的目标

财务管理是指企业合理地组织财务活动，正确地处理财务关系，从价值角度对资金运行进行科学的统筹安排，控制投入与产出、耗费与盈亏，使企业资产得以高效地运行。财务管理是企业管理的一个重要组成部分，其实质就是企业理财。

财务管理是有关资金的获得与有效使用的管理工作。财务管理的目标，取决于企业的总目标，并且受财务管理自身特点的制约。企业管理的目标可以概括为生存、发展和获利。为实现企业目标，就要求企业通过财务管理筹集企业发展所需要的资金，通过合理、有效地使用资金使企业获利，力求保持以收抵支和偿还到期债务的能力，减少破产的风险，使企业能够长期、稳定地生存下去。并以此来判断一项财务决策是否符合企业目标。

企业财务管理的目标可以表述为股东财富最大化，或称企业价值最大化。股东创办企业的目的是扩大财富，它们是企业的所有者，企业价值最大化就是股东财富最大化。企业的价值在于它能给所有者带来未来报酬，包括获得股利和出售其股权换取现金。股票价格的高低代表了投资大众对公司价值的客观评价，反映了资本和获利之间的关系，反映了每股盈余及其风险的大小。

按照不同出资者的企业形式，企业价值可以表述为：独资企业的企业价值可以表述为出资者出售企业可以得到的现金；合伙企业的企业价值可以表述为合伙人转让其财产份额可以得到的现金；公司企业的企业价值可以表述为股东转让其股份可以得到的现金，已经上市的股份公司，其股票价格代表了企业价值。总之，企业的价值是其出售的价格，而个别股东的财富是其拥有股份转让时所得的现金。

2. 成本费用

成本费用的构成见表3－5。

表3－5 成本费用的构成

工程成本	人工费：是指直接从事工程施工的工人（包括施工现场制作构件工人，施工现场水平、垂直运输等辅助工人，但不包括机械工人）的工资和职工福利费
	材料费：是指在施工过程中所耗用的、构成工程实体或有助于工程形成的各种主要材料、外购结构件成本，以及施工周转材料的摊销和租赁费
	施工机具使用费：是指建筑施工过程中使用施工机械所发生的费用和按规定支付的施工机械进出场费用等（包括：机上操作人员工资，燃料、动力费，机械运行、修理费，替换工具及部件费，润滑剂擦拭材料费，安装、拆卸及辅助设施费，养路费，牌照税，使用外单位施工机械租赁费，办公费，差旅交通费，劳动保护费）
	企业管理费：是指企业所属施工单位，如分公司、项目经理部等，为组织和管理施工生产活动所发生的各项费用（包括：临时设施摊销费，施工单位管理人员工资，职工福利费，管理部门用固定资产折旧费，修理费，工具、用具使用费，办公费，差旅交通费，劳动保护费）

续表 3－5

期间费用	管理费用：是指企业行政管理部门，即公司总部为组织管理企业施工生产经营活动所发生的各项费用［包括：行政管理人员工资、职工福利费、折旧费、修理费、低值易耗品摊销、办公费、差旅费、工会经费、职工教育经费、劳动保险费、待业保险费、董事会费、咨询费、审计费、诉讼费、绿化费、税金、土地使用费、技术转让费、技术开发费、无形资产摊销、业务招待费、计提的坏账准备金和存货的跌价准备、存货盘亏毁损和报废（减盘盈）损失，以及其他有关的管理费等］
	财务费用：是指企业为筹集施工生产经营所需资金而发生的各项费用，包括施工生产经营期间发生的利息费用（扣减利息收入）、支付金融机构的手续费用、汇兑损益，以及企业筹资发生的其他财务费用等

3．收入和利润

（1）收入。

1）收入的分类。收入的分类主要可以参照表3－6。

表3－6 收入的分类

序号	分类依据	类 型
1	按收入的性质分类	销售商品收入
		提供劳务收入
		让渡资产使用权收入
		建造（施工）合同收入
2	按企业营业的主次分类	主营业务收入
		其他业务收入

2）收入的确认。收入的确认是指收入入账的时间。收入的确认主要应解决以下两个问题：

①定时：是指收入在什么时候记入账册。

②计量：指以什么金额登记，是按总额法，还是按净额法，劳务收入按完工百分比法，还是按完成合同法。

收入的确认主要包括产品销售收入的确认和劳务收入的确认。另外，还包括提供他人使用企业的资产而取得的收入（如利息、使用费以及股利等）。

（2）利润。

1）利润的构成。在进行利润分配之前，首先需要计算出企业在一定时期内实现的利润总额，再扣减企业应向国家缴纳的所得税额，计算税后净利润。建筑企业利润是企业施工生产经营成果的集中体现，也是衡量企业施工生产经营管理业绩的主要指标。建筑企业利润总额是企业在一定时期内生产经营的最终成果，主要包括营业利润、投资净收益以及营业外收支净额。而净利润则是由利润总额减去应纳所得税额之后计算所得。

利润的计算公式为：

$$利润总额 = 营业利润 + 投资净收益 + 营业外收支净额 \quad (3-1)$$

$$净利润 = 利润总额 - 应纳所得税额 \quad (3-2)$$

2）利润分配的原则。一般来说，企业取得的利润总额，可在扣除应纳所得税后进行利润分配。分配利润应遵循的原则见表3-7。

表3-7 利润的分配原则

序号	分配原则	内容
1	遵守国家各项财经法规的原则	要求企业在进行利润分配时应严格遵循国家各项财经法规，依法纳税，确保国家利益不受侵犯
2	盈利确认原则	要求企业欲进行利润分配，当年必须有可以确认的利润，或有累计未分配利润及留存收益，若企业当年无账面利润或没有留存收益，则不能进行利润分配
3	资本金保全原则	从根本上保证了企业未来生存发展的资金，为企业的经营起保护作用
4	保护债权人权利原则	要求企业分配利润前应先清偿所有到期债务，而不能故意拖欠债权人债务进行利润分配，伤害债权人权益
5	应兼顾企业所有者、经营者和职工的利益	利润分配政策的合理与否，直接关系到企业所有者、经营者和职工的利益，所以利润分配既要考虑上述几方面的共同利益，但也应考虑各方面的局部利益，以协调好各方面的近期利益与企业发展的关系，合理确定提取盈余公积金、公益金和分配给投资者利润的金额
6	要有利于增强企业发展能力，并处理好企业内部几类与消费的关系	企业利润分配政策应有利于增强企业的发展能力，这要求企业利润分配要贯彻积累优先原则，合理确定提取盈余公积金、公益金和分配给投资者利润的比例，以促进企业健康发展

3）利润的分配。企业实现的净利润应按照有关规定进行分配，其分配顺序见表3-8。

表3-8 利润的分配顺序

序号	分配顺序	内容
1	弥补以前年度亏损	按照税法的规定，企业发生的年度亏损，可以用下一纳税年度所得税前的利润弥补；下一纳税年度的所得不足弥补的，可以逐年延续弥补。延续弥补最长不得超过5年，5年后用税后利润弥补

续表 3-8

序号	分配顺序	内容
2	提取企业公积金	企业当期实现的净利润，加上年初未分配利润（或减去年初未弥补的亏损）和其他转入后的余额，为可供分配的利润。企业可供分配的利润，按照下列顺序进行分配： 1. 提取法定盈余公积金：法定盈余公积金的提取比例，一般为当年实现净利润的 10%，但以前年度累积的法定盈余公积金达到注册资本的 50% 时，可以不再提取。 2. 提取法定公益金：法定公益金的提取比例一般为当年实现净利润的 5% ~10%
3	向投资者分配的利润或股利	可供分配的利润减去应提取的法定盈余公积金、法定公益金后，即为可供投资者分配的利润。可供投资者分配的利润，按照下列顺序进行分配： 1. 应付优先股股利：应付优先股股利是指企业按照利润分配方案分配给优先股股东的现金股利。 2. 提取任意盈余公积金：任意盈余公积金是指企业经股东大会或类似机构批准按照规定的比例从净利润中提取的盈余公积金。任意盈余公积金与法定盈余公积金的区别就在于其提取比例由企业自主决定。 3. 应付普通股股利：应付普通股股利是指企业按照利润分配方案分配给普通股股东的现金股利。企业分配给投资者利润，也在本项目核算。 4. 转作资本（或股本）的普通股股利，转作资本（或股本）的普通股股利是指企业按照利润分配方案以分派股票股利的形式转作的资本（或股本）。企业以利润转增的资本，也在本项目核算
4	未分配利润	可供投资者分配的利润，经过上述分配后，所余部分为未分配利润（或未弥补亏损）。未分配利润可留待以后年度进行分配。企业如发生亏损，可以按规定由以后年度利润进行弥补。企业未分配的利润（或未弥补的亏损）应当在资产负债表的所有者权益项目中单独反映

3.2 建筑业劳务管理专业技能

3.2.1 人力资源配置计划

1. 人力资源配置计划编制依据

（1）人力资源配备计划。人力资源配备计划阐述人力资源在何时、以何种方式加入和离开项目小组。人员计划可能是正式的，也可能是非正式的，可能是十分详细的，也可能是框架概括型的。

（2）资源库说明。可供项目使用的人力资源情况。

（3）制约因素。外部获取时的招聘惯例、招聘原则和程序。

2．人力资源配置计划编制内容

（1）研究制定合理的工作制度与运营班次，根据类型和生产过程特点，提出工作时间、工作制度和工作班次方案。

（2）研究确定各类人员应具备的劳动技能和文化素质。

（3）研究员工配置数量，根据精简、高效的原则和劳动定额，提出配备各岗位所需人员的数量，技术改造项目，优化人员配置。

（4）研究测算劳动生产率。

（5）研究测算职工工资和福利费用。

（6）研究提出员工选聘方案，特别是高层次管理人员和技术人员的来源和选聘方案。

3．人力资源配置计划编制方法

（1）按劳动定额定员，根据工作量或生产任务量，按劳动定额计算生产定员人数。

（2）按岗位计算定员，根据设备操作岗位和每个岗位需要的工人数计算生产定员人数。

（3）按设备计算定员，即根据机器设备的数量、工人操作设备定额和生产班次等计算生产定员人数。

（4）按比例计算定员，按服务人数占职工总数或者生产人员数量的比例计算所需服务人员的数量。

（5）按劳动效率计算定员，根据生产任务和生产人员的劳动效率计算生产定员人数。

（6）按组织机构职责范围、业务分工计算管理人员的人数。

3.2.2 农民工培训管理

1．农民工技能培训示范工程

为认真贯彻落实《国务院关于做好当前经济形势下就业工作的通知》（国发〔2009〕4号）和《财政部、人力资源社会保障部关于就业专项资金使用管理及有关问题的通知》（财社〔2008〕269号）、《人力资源和社会保障部、财政部关于进一步规范农村劳动者转移就业技能培训工作的通知》（人社部发〔2009〕48号）精神，促进农民工稳定就业，住房和城乡建设部、人力资源和社会保障部决定继续实施建筑业农民工技能培训示范工程。

具体内容包括总则、项目申报、培训的组织和管理、考核验收和鉴定、培训鉴定补贴、监督检查。

2．农民工安全教育培训

（1）安全教育的内容。安全是生产赖以正常进行的前提，安全教育又是安全管理工作的重要环节，是提高全员安全素质、安全管理水平和防止事故发生从而实现安全生产的重要手段。

安全教育主要包括安全生产思想教育、知识教育、技能教育和法制教育四个方面的内容。

1）安全生产思想教育。安全生产思想教育的目的是为安全生产奠定思想基础。通常从加强思想认识、仿真政策和劳动纪律教育等方面进行。

①思想认识和方针政策的教育：一是提高各级管理人员和广大职工群众对安全生产重要意义的认识。从思想上、理论上认识社会主义制度下搞好安全生产的重要意义，以增强关心人、保护人的责任感，树立牢固的群众观点；二是通过安全生产方针、政策教育提高各级技术、管理人员和广大职工的政策水平，使他们正确、全面地理解党和国家的安全生产方针、政策并严肃认真地执行。

②劳动纪律教育：主要是使广大职工懂得严格执行劳动纪律对实现安全生产的重要性，企业的劳动纪律是劳动者进行共同劳动时必须遵守的法则和秩序。

2）安全生产知识教育。企业所有职工必须具备安全生产基本知识。因此，全体职工都必须接受安全生产知识教育和每年按规定学时进行安全培训。

3）安全生产技能教育。安全生产技能教育就是结合本工种专业特点，为实现安全操作、安全防护所必须具备的基本技术知识要求（表3－9）。

表3－9 安全生产技术教育培训表

工程名称：××工程 编号：×××

<table>
<tr><td>姓名</td><td colspan="2">×××</td><td colspan="2">填表时间</td><td>××年×月×日</td></tr>
<tr><td>单位部门（班组）</td><td colspan="3">××××××</td><td>级别</td><td>××</td></tr>
<tr><td>职务</td><td>××</td><td>性别</td><td>×</td><td>年龄</td><td>××</td></tr>
<tr><td>教育培训
主要内容</td><td colspan="5">1. 本项目职业健康安全生产状况及施工条件；
2. 施工现场中危险部位的防护措施及典型事故案例；
3. 本项目的职业健康安全管理体系、规定及制度</td></tr>
<tr><td>考核鉴定</td><td colspan="5">合格
鉴定人：×××鉴定日期：××年×月×日</td></tr>
<tr><td>备注</td><td colspan="5"></td></tr>
</table>

4）安全生产法制教育。安全生产法制教育（表3－10）就是要采取各种有效形式，对全体职工进行安全生产法规的法制教育，从而提高职工遵法、守法的自觉性，以达到安全生产的目的。

表3－10 安全生产法制教育记录

工程名称：××工程　　　　　　　　　　　　　　　　编号：×××

主讲单位（部门）	×××	主讲人	×××
受教育工种（部门）	×××	人数	×××
教育内容： 记录教育过程中的全部具体内容。 通常有以下内容：国家、省市及有关部门制定的安全生产方针、政策、法规和企业的安全规章制度等。 比如：《建筑法》有关“安全生产管理”部分。 《建筑施工安全检查标准》JGJ 56—2011。 企业安全生产教育制度。			
受教育者（签名）×××、×××、×××、×××、×××、×××、×××、××× 记录人：×××			

（2）安全教育的形式。

1）新工人“三级安全教育”。三级安全教育是企业必须坚持的安全生产基本教育制度。对新工人（包括新招收的合同工、临时工、学徒工、农民工及实习和代培人）必须进行公司、项目、作业班组三级安全教育，时间不得少于40小时。

三级安全教育由安全、教育和劳资等部门配合组织进行。经教育考试合格者才准许进入生产岗位；不合格者必须补课、补考。对新工人的三级安全教育情况，要建立档案（表3－11）。新工人经历一个阶段后还应进行重复性的安全再教育，加深安全感性、理性知识的意识。三级安全教育的主要内容见表3－12。

表3－11　职工“三级安全教育”记录卡

工程名称：　　　　　　　　　　　　　　　　　　　　　　　　编号：

姓名		出生年月	××年×月×日	文化程度	
部门		工种		入场日期	××年×月×日
三级全教育内容				教育人	受教育人
姓名		出生年月	××年×月×日	文化程度	
公司教育				签名：×××	签名：×××
				××年×月×日	
工程处（队、项目）教育				签名：×××	签名：×××
				××年×月×日	
班组教育				签名：×××	签名：×××
				××年×月×日	

表3－12　三级安全教育的主要内容

序号	项　目	内　容
1	公司进行安全基本知识、法规、法制教育	党和国家的安全生产方针、政策
		安全生产法规、标准和法制观念
		本单位施工（生产）过程及安全生产规章制度，安全纪律
		本单位安全生产形势、历史上发生的重大事故及应吸取的教训
		发生事故后如何抢救伤员、排险、保护现场和及时进行报告
2	项目进行现场规章制度和遵章守纪教育	本单位（工区、工程处、车间、项目）施工（生产）特点及施工生产安全基本知识
		本单位（包括施工、生产场地）安全生产制度、规定及安全注意事项
		本工种的安全技术操作规程
		机械设备、电气安全及高处作业等安全基本知识
		防火、防雷、防尘、防爆知识及紧急情况安全处置和安全疏散知识
		防护用品发放标准及防护用具、用品使用的基本知识

续表 3－12

序号	项　目	内　容
3	班组安全生产教育由班组长主持，或由班组安全员及指定技术熟练、重视安全生产的老工人进行本工种岗位安全操作及班组安全制度、纪律教育	本班组作业特点及安全操作规程
		班组安全活动制度及纪律
		爱护和正确使用安全防护装置（设施）及个人劳动防护用品
		本岗位易发生事故的不安全因素及其防范对策
		本岗位的作业环境及使用的机械设备、工具的安全要求

2）转场安全教育。新转入施工现场的工人必须进行转场安全教育，教育时间不得少于8小时，教育内容包括：

①本工程项目安全生产状况及施工条件。

②施工现场中危险部位的防护措施及典型事故案例。

③本工程项目的安全管理体系、规定及制度。

3）变换工种安全教育。凡改变工种或调换工作岗位的工人必须进行变换工种安全教育（表3－13）；变换工种安全教育时间不得少于4小时，教育考核合格后方准上岗。教育内容包括：

①新工作岗位或生产班组安全生产概况、工作性质和职责。

②新工作岗位必要的安全知识，各种机具设备及安全防护设施的性能和作用。

③新工作岗位、新工种的安全技术操作规程。

④新工作岗位容易发生事故及有毒有害的地方。

⑤新工作岗位个人防护用品的使用和保管。

一般工种不得从事特种作业。

表3－13　变换工种安全教育记录表

工程名称：　　　　　　　　　　　　　　　　　　　　　　编号：＿＿＿＿

原工种		变换工种		人数	
安全教育内容：					
教育人签名		受教育者签名		×××、×××、×××	
教育实践	××年×月×日				

4）特种作业安全教育。从事特种作业的人员必须经过专门的安全技术培训，培训记录表见表 3－14。经考试合格取得操作证后方准独立作业。特种作业的类别及操作项目见表 3－15。

表 3－14 特种作业人员安全技术培训记录表

编号：______

项目名称			培训工种	
听课人数	应到人数		授课地点	培训办公室
	实到人数		授课时间	××年×月×日
教育培训内容				
听课单位负责人签字：×××				
授课人签字：×××				
授课时间：××年×月×日				

表 3－15 特种作业的类别及操作项目

序号	项 目	内 容
1	电工作业	①用电安全技术；②低压运行维修；③高压运行维修；④低压安装；⑤电缆安装；⑥高压值班；⑦超高压值班；⑧高压电气试验；⑨高压安装；⑩继电保护及二次仪表整定
2	金属焊接作业	①手工电弧焊；②气焊、气割；③CO_2气体保护焊；④手工钨极氩弧焊；⑤埋弧自动焊；⑥电阻焊；⑦钢材对焊（电渣焊）；⑧锅炉、压力容器焊接
3	起重机械作业	①塔式起重机操作；②汽车式起重机驾驶；③桥式起重机驾驶；④挂钩作业；⑤信号指挥；⑥履带式起重机驾驶；⑦轨道式起重机驾驶；⑧垂直卷扬机操作；⑨客运电梯驾驶；⑩货运电梯驾驶；⑩施工外用电梯驾驶
4	登高架设作业	①脚手架拆装；②起重设备拆装；③超高处作业
5	厂内车辆机动驾驶	①叉车、铲车驾驶；②电瓶车驾驶；③翻斗车驾驶；④汽车驾驶；⑤摩托车驾驶；⑥拖拉机驾驶；⑦机械施工用车（推土机、挖掘机、装载机、压路机、平地机、铲运机）驾驶；⑧矿山机车驾驶；⑨地铁机车驾驶

有下列疾病或生理缺陷者，不得从事特种作业：

①器质性心脏血管病。包括风湿性心脏病、先天性心脏病（治愈者除外）、心肌病、心电图异常者。

②血压超过160/90mmHg，低于86/56mmHg。

③精神病、癫痫病。

④重症神经官能症及脑外伤后遗症。

⑤晕厥（近一年有晕厥发作者）。

⑥血红蛋白男性低于90%，女性低于80%者。

⑦肢体残废，功能受限者。

⑧慢性骨髓炎。

⑨报考驾驶大型车身高不足155cm的；驾驶小型车身高不足150cm的。

⑩耳全聋及发声不清者；厂内机动车驾驶听力不足5m者。

⑪色盲。

⑫双眼裸视力低于0.4，矫正视力不足0.7者。

⑬活动性结核（包括肺外结核）。

⑭支气管哮喘（反复发作者）。

⑮支气管扩张（反复感染、咯血）。

对特种作业人员的培训、取证及复审等工作严格执行国家、地方政府有关规定。对从事特种作业的人员要进行经常性的安全教育，时间为每月1次，每次教育4小时。教育内容为：

①特种作业人员所在岗位的工作特点，可能存在的危险、隐患和安全注意事项。

②特种作业岗位的安全技术要领及个人防护用品的正确使用方法。

③本岗位曾发生的事故案例及经验教训。

5）班前安全活动交底（班前讲话）。班前安全讲话作为施工队伍经常性安全教育活动之一，各作业班组长于每班工作开始前（包括夜间工作前）必须对本班组全体人员进行不少于15分钟的班前安全活动交底。班组长要将安全活动交底内容记录（表3－16）在专用的记录本上，各成员在记录本上签名。

表3－16 班前安全活动交底记录

工程名称： 编号：______

班组（工种）		出勤人数		作业部位		×月×日 星期×
工作内容及安全交底内容						
作业检查发现问题及处理意见	安全员：×××					
班组负责人					天气	

班前安全活动交底的内容应包括：

①本班组安全生产须知。

②本班工作中的危险点和应采取的对策。

③上一班工作中存在的安全问题和应采取的对策。

在特殊性、季节性和危险性较大的作业前，责任工长要参加班前安全讲话并对工作中应注意的安全事项进行重点交底。

6）周一安全活动。周一安全活动作为施工项目经常性安全活动之一，每周一开始工作前应对全体在岗工人开展至少1小时的安全生产及法制教育活动（表3－17）。活动形式可采取看录像、听报告、分析事故案例、图片展览、急救示范、智力竞赛、热点辩论等形式进行。工程项目主要负责人要进行安全讲话，主要内容包括：

①上周安全生产形势、存在的问题及对策。

②最新安全生产信息。

③重大和季节性的安全技术措施。

④本周安全生产工作的重点、难点和危险点。

⑤本周安全生产工作的目标和要求。

表3－17 周一安全生产教育记录表

工程名称： 编号：

施工单位		日期	××年×月×日 星期×	天气	
本周注意事项： 主讲人： 记录人：					

7）季节性施工安全技术教育。进入雨期及冬期施工前，在现场经理的部署下，由各区域责任工程师负责组织本区域内施工的分包队伍管理人员及操作工人进行专门的季节性施工安全技术教育，时间不少于2小时。

8）节假日安全教育。节假日前后应特别注意各级管理人员及操作者的思想动态，有意识、有目的地进行教育，稳定他们的思想情绪，预防事故的发生。

9）特殊情况安全教育。施工项目出现以下几种情况时，工程项目经理应及时安排有关部门和人员对施工工人进行安全生产教育，时间不少于2小时。

①因故改变安全操作规程。

②实施重大和季节性安全技术措施。

③更新仪器、设备和工具，推广新工艺、新技术。

④发生因工伤亡事故、机械损坏事故及重大未遂事故。

⑤出现其他不安全因素，安全生产环境发生了变化。

3.2.3 建筑工人安全技术操作培训

建筑工人安全技术操作培训见表3－18。

表3－18 建筑工人安全技术操作培训

序号	项目	内容
1	施工现场	参加施工的工人（包括学徒工、实习生、代培人员和民工）要熟知工种的安全技术操作规程。在操作中应坚守工作岗位，严禁酒后操作
		电工、焊工、司炉工、爆破工、起重机司机、打桩司机和各种机动车辆司机，必须经过专门训练，考试合格发给操作证后，方准独立操作
		正确使用个人防护用品和安全防护措施，进入施工现场，必须戴好安全帽，禁止穿拖鞋或光脚，在没有防护设施的情况下高空、悬崖和陡坡施工必须系安全带，上下交叉作业有危险的出入口要有防护棚或其他隔离设施，距地面2m以上作业要有防护栏杆、挡板或安全网。安全帽、安全带、安全网要定期检查，不符合要求的严禁使用
		施工现场的脚手架、防护设施、安全标志和警告牌不得擅自拆动，需要拆动的要经工地负责人同意
		施工现场的洞、坑、沟、升降口、漏斗等危险处，应有防护设施或明显标志
		施工现场要有交通指示标志，交通频繁的交叉路口，应设指挥；火车道口两侧，应设落杆；危险地区，要悬挂“危险”或“禁止通行”牌，夜间设红灯示警
		工地行驶斗车、小平车的轨道坡度不得大于3%，铁轨终点应有车挡，车辆的制动闸和挂钩要完好可靠
		坑槽施工，应经常检查边壁土质稳固情况，发现有裂缝、疏松或支撑走动，要随时采取加固措施，根据土质、沟深、水位、机械设备重量等情况确定堆放材料和施工机械坑边距离，往坑槽运材料应用信号联系
		调配酸溶液，应先将酸缓慢的注入水中，搅拌均匀，严禁将水倒入酸中。贮存酸液的容器应加盖和设有标志
		做好女工在月经、怀孕、生育和哺乳期间的保护工作，女工在怀孕期间对原工作不能胜任时，根据医生的证明，应调换轻便工作

续表 3－18

序号	项　目	内　容
2	机电设备	机械操作要束紧袖口，女工发辫要挽入帽内
		机械和动力机的机座必须稳固，转动的危险部位要安设防护装置
		工作前必须检查机械、仪表、工具等，确认完好方准使用
		电气设备和线路必须绝缘良好，电线不得与金属物绑在一起，各种电动机具必须按规定接地接零，并设置单一开关，还有临时停电或停工休息时，必须拉闸加锁
		施工机械和电气设备不得带病运行和超负荷作业。发现不正常情况应停机检查，不得在运行中修理
		电气、仪表和设备试运转，应严格按照单项安全技术措施运行，运转时不准清洗和修理，严禁将头手伸入机械行程范围内
		在架空输电线路下面工作应停电，不能停电时，应有隔离防护措施；起重机不得在架空输电线下面工作，通过架空输电线路应将起重臂落下；在架空输电线路一侧工作时，不论在任何情况下，起重臂、钢丝绳或重物等与架空输电线路的最近距离应不小于表 3－19 规定
		行灯电压不得超过 36V，在潮湿场所或金属容器内工作时，行灯电压不得超过 12V
		受压容器应有安全阀、压力表，并避免曝晒、碰撞，氧气瓶严防沾染油脂；乙炔发生气、液化石油气，必须有防止回火的安全装置
		X 光或 γ 射线探伤作业区，非操作人员不准进入
		从事腐蚀、粉尘、放射性和有毒作业，要有防护措施，并进行定期检查
3	高空作业	从事高空作业要定期体检，经医生诊断，凡患高血压、心脏病、贫血病、癫痫病以及其他不适于高空作业的，不得从事高空作业
		高空作业衣着要灵便，禁止穿硬底和带钉易滑的鞋
		高空作业所用材料要堆放平稳，工具应随手放入工具袋内，上下传递物体禁止抛掷
		遇有恶劣气候（如风力在六级以上）影响施工安全时，禁止进行露天高空、起重和打桩作业
		梯子不得缺档，不得垫高使用，梯子横档间距以 30cm 为宜，使用时上端要扎牢，下端应采取防滑措施；单面梯与地面夹角以 60°～70°为宜，禁止两人同时在梯上作业，如需接长使用，应绑扎牢固；人字梯底脚应拉牢；在通道处使用梯子，应有人监护或设置围栏

续表 3－18

序号	项　目	内　容
3	高空作业	没有安全防护措施，禁止在屋架的上弦、支撑、桁条、挑架的挑梁和半固定的构件上行走或作业，高空作业与地面联系，应设通信装置，并有专人负责
		乘人的外用电梯、吊笼，应有可靠的安全装置，除指派的专业人员外，禁止攀登起重臂、绳索和随同运料的吊笼吊装物上下
4	季节施工	暴雨台风前后，要检查工地临时设施、脚手架、机电设备、临时线路，发现倾斜、变形、下沉、漏雨、漏电等现象，应及时修理加固，有严重危险的，立即排除
		高层建筑、烟囱、水塔的脚手架及易燃、易爆、仓库和塔吊、打桩机等机械应设临时避雷装置；对机电设备的电气开关，要有防雨、防潮设施
		现场道路应加强维护；斜道和脚手板应有防滑措施
		夏季作业应调整作息时间，从事高温工作的场所，应加强通风和降温措施
		冬期施工使用煤炭取暖，应符合防火要求和指定专人负责管理，并有防止一氧化碳中毒的措施

表 3－19　输电线路电压允许与输电线路的最近距离

输电线路电压（kV）	1 以下	1～20	35～110	150～220
允许与输电线路的最近距离（m）	2.5	3	5	7

3.2.4　劳务用工实名制管理

实名制管理是指现场施工的劳务分包队伍的企业资质证书、安全生产许可证、企业营业执照等资料真实有效，劳务队伍进场人员的各种证件、劳动合同、工资表和考勤表等资料与实际作业人员一一对应，并以此按工时或工程量进行结算，及时支付劳务工资。

劳务工人实名制管理是在贯彻实施国务院《关于切实解决建设领域拖欠工程款问题的通知》（国办发〔2003〕94 号）的过程中，由各地方工程建设行政主管部门和建筑企业提出的。根据住房和城乡建设部《关于进一步加强建筑市场监管工作的意见》（建市〔2011〕86 号），施工总承包企业要以工程项目为单位落实劳务人员实名管理制度，要配置专人对劳务分包单位的劳动统计、出工考勤、工资发放进行监管，并处理劳务人员的举报投诉。用工单位要设置专人对劳务人员身份信息、劳动合同、工资发放、持证上岗、工伤保险、意外伤害险等情况进行规范管理。

1. 劳务工人实名制管理的作用

（1）实名制管理能有效减少和避免发生劳务纠纷。通过实名制管理，对规范总分包单位双方的用工行为，杜绝非法用工和劳资纠纷，维护农民工合法权益，具有一定的积极作用。

（2）通过实名制数据公示，公开劳务分包单位企业人员考勤状况，公开每一个农民工的出勤状况，避免或减少因工资和劳务费的支付而引发的纠纷隐患或恶意讨要事件的发生。

（3）通过实名制管理卡的金融功能的使用，可以简化企业工资发放程序，避免农民工因携带现金而产生的不安全，为农民工提供了极大的便利。

（4）实名制管理有利于做好劳动力统计与计划工作。通过实名制数据采集，能及时掌握、了解施工现场的人员状况，有利于工程项目施工现场劳动力的管理和调剂。

（5）通过实名制方式，为项目经理部施工现场劳务作业的安全管理、治安保卫管理提供第一手资料。

2. 实名制管理的内容和重点

（1）总承包、专业承包企业实名制管理的内容和职责。

1）劳务员要做好劳务管理工作，内业资料的收集、整理以及归档。其资料的内容如下：

①企业法人营业执照。

②资质证书。

③建筑企业档案管理手册。

④安全生产许可证。

⑤项目施工劳务人员动态统计表。

⑥劳务分包合同。

⑦交易备案登记证书。

⑧劳务人员备案通知书。

⑨劳动合同书。

⑩身份证复印件。

⑪岗位技能证书复印件。

⑫月度考勤表。

⑬月度工资发放表等。

2）总承包、专业承包企业应设置劳务管理机构和劳务员，制定劳务管理制度。

3）总承包企业劳务员根据劳务分包单位提供的劳务人员信息资料，逐一核对是否持有身份证、劳动合同以及岗位技能证书，不具备以上条件的人员不得使用，不允许其进入施工现场。

4）项目经理部劳务员负责项目日常劳务管理和相关数据的收集统计工作，建立劳务费、农民工工资结算兑付情况统计台账，检查监督劳务分包单位对农民工工资的支付情况，对劳务分包单位在支付农民工工资中存在的问题，应要求其限期整改。

5）项目经理部的劳务员要严格按照劳务管理相关规定，加强对现场的监控，规范分包单位的用工行为，确保其合法用工。依据实名制要求，监督劳务分包企业做好劳务人员的劳动合同签订、人员增减变动台账。

（2）劳务分包企业实名制管理的内容和重点。

1）劳务分包企业应设置劳务管理机构和劳务员，制定劳务管理制度。劳务员应持有岗位证书，切实履行劳务管理的职责。

2）劳务分包单位的劳务员在进场施工前，应按实名制管理要求，将进场施工人员花名册、身份证原件、劳务分包合同文本以及岗位技能证书原件及时报送总承包企业，由总承包企业审核后，留存相关资料复印件备案。

3）劳务员要做好劳务管理工作内业资料的收集、整理以及归档。其资料的内容如下：

①企业法人营业执照。

②资质证书。

③建筑企业档案管理手册。

④安全生产许可证。

⑤项目施工劳务人员动态统计表。

⑥劳务分包合同。

⑦交易备案登记证书。

⑧劳务人员备案通知书。

⑨劳动合同书。

⑩身份证复印件。

⑪岗位技能证书复印件。

⑫月度考勤表。

⑬月度工资发放表等。

3．实名制管理的程序

（1）施工现场封闭管理。项目部按照相关要求，将施工现场分为施工区和生活区，并进行独立的封闭管理。项目部进出大门24小时设立安全保卫人员，负责核实进入人员。初次进入施工现场的人员，首先进入生活区，安全保卫人员要对其进行登记管理，务工人员的登记内容包括：本人姓名、身份证号、籍贯、所属单位（队伍），并出示本人身份证明，由其所在分包单位现场负责人签认后，方可进入生活区。无法提供上述登记内容、无身份证明或无所在单位负责人签认的，一律不得进入项目从事施工。安全保卫人员登记后，要将登记人员及时上报项目部安全保卫负责人，通知项目部劳务管理人员核对人员花名册。

（2）进场人员花名册管理。进场人员花名册是实名制管理的基础。项目部劳务管理人员必须要求外施队伍负责人在工人进场前，统一按照主管部门规定的格式制作花名册，报项目部劳务管理人员审验。对于新进场人员，项目部劳务管理人员应根据进场人员登记，及时与花名册核对，对于与花名册不符的人员，应要求外施队伍负责人按实际进场人员调整人员花名册，确保进入生活区人员与花名册相一致。劳务分包单位同时应配备持有行政主管部门颁发的《劳务员岗位证书》的专兼职劳务员，以配合总承包单位的劳务管理人员共同做好实名制管理工作。

（3）入场安全教育管理。由项目部安全管理人员对进场人员进行入场安全教育，组织学习有关法律法规、管理规定，进行安全知识答卷，对新进场人员进行考核。安全生产教育必须以答卷形式进行考试，考试合格后方可上岗，否则清退出场。参加安全教育的人员必须与花名册中人员相一致，不得代笔，凡未进行安全教育或考核不合格的人员，必须予以清退。

(4) 身份证与暂住证管理。

1) 身份证。凡进入现场的人员，必须提供身份证复印件，由项目部安全管理人员及劳务员留存。没有身份证的必须从户口所在地公安部门开具证明，以证明其身份。无身份证或身份证明的一律不得进入施工现场。项目部劳务管理人员应与安全管理人员及时沟通，保证花名册中人员均持有身份证明。

2) 暂住证。在进行入场教育工作的同时，项目部劳务员应督促协助外施队伍及时到派出所办理暂住证。

(5) 劳动合同签订管理。凡进入施工现场的务工人员，其所在单位必须提供与务工人员签订的劳动合同，劳动合同必须符合行政主管部门提供的最新合同范本样式。项目劳务管理人员必须督促、检查进场的分包企业（用人单位）与每位务工人员签订劳动合同，并留存备案。与务工人员签订的劳动合同必须与花名册相一致，劳动合同签订不得代笔，代笔的视为未签订劳动合同。凡未签订劳动合同的人员，劳务管理人员必须限分包企业（用人单位）在3日内与每位务工人员签订劳动合同，并留存备案。

(6) 岗位证书管理。项目部劳务管理人员必须要求施工队伍负责人在人员进场后3日内，将务工人员上岗证书进行审验，劳务分包合同签订后7日内办理人员注册备案手续。劳务管理人员必须按照现场花名册审核务工人员持证上岗情况，督促无证人员进行相关培训，及时上报人员上岗证书审验手续。对于无证人员，劳务员应要求施工队伍负责人必须在相应时间内安排对其进行培训并取得相关岗位职业资格证书，否则按非法用工予以处罚。施工队伍应在取得证书后及时办理证书审验，劳务员须将务工人员岗位证书以复印件形式进行存档。

(7) 工作卡、床头卡管理。

1) 由项目部行政后勤管理人员负责落实务工人员工作卡、床头卡发放工作。务工人员具备身份证或身份证明、持有岗位证书及签订劳动合同，完成入场安全教育后，行政后勤管理人员根据进场花名册，为务工人员办理工作卡、床头卡，并与实际进场人员进行核对。每间工人宿舍要按住宿情况，根据“双卡”填写宿舍表。工作卡、床头卡、宿舍表根据人员流动情况随时办理和修改。出现务工人员工作卡、床头卡丢失情况，施工队伍负责人应在3日内为务工人员重新办理工作卡、床头卡，否则将视为非法用工予以处罚。

2) 务工人员必须佩戴胸卡，由保安人员登记后方可进出项目部大门。如无胸卡人员离开项目部大门外出，必须持有劳务分包单位负责人签认的出门条，并进行登记后方可离开。属于撤场人员的，安全保卫人员登记后，要将登记人员及时上报项目部安全保卫负责人，通知项目劳务员核减人员花名册。

(8) 施工区人员管理。对于进入施工区的务工人员必须具备身份证或身份证明、持有岗位证书及签订劳动合同，完成入场安全教育、办理“双卡”后，由项目部信息录入人员根据各外施队伍具备上述条件的务工人员花名册，进行统一编号，并通过身份识别设备进行信息采集。外施队伍现场负责人要根据项目部统一要求，指定专人负责组织本队伍人员完成信息采集工作。完成信息采集的务工人员，方可进入施工区进行上岗作业。

（9）考勤表与工资表管理。

1）劳务分包企业劳务员负责建立每日人员流动台账，掌握务工人员的流动情况，为项目部提供真实的基础资料。项目部劳务员必须要求施工队伍负责人每日上报现场实际人员人数，施工队伍负责人必须对上报人数签字确认，劳务管理人员对比记录人员流动情况。每周要求施工队伍负责人上报施工现场人员考勤，由项目部劳务管理人员与现场花名册进行核对，确定人员增减情况，对于未在花名册中的人员，要求施工队伍负责人按规定办理相关手续。

2）项目部每次结算劳务费时，劳务员必须要求施工队伍负责人提供务工人员工资表，并留存备案。工资表中人员必须与考勤表中人员相一致，且必须由务工人员本人签字、施工队伍负责人签字和其所在企业盖章，方可办理劳务费结算。项目部根据施工队伍负责人所提供的工资表，按时向务工人员的实名制卡内支付工资。

3.3 建筑业劳务管理计划

3.3.1 施工劳动力的类型和结构特点

1. 施工劳动力的类型

建筑业施工劳动力的类型主要有以下三种：

（1）企业自有工人。

（2）聘用外来劳务企业工人。

（3）使用劳务派遣工人。

2. 施工劳动力的结构特点

施工劳动力的结构特点见表3－20。

表3－20 施工劳动力的结构特点

序号	特　点	内　容
1	总承包企业自有劳动力少，使用劳务分包企业劳动力多	现阶段，建筑施工企业实行管理层与作业层“两层分离”的用工体制，总承包企业只在关键工种、特殊工种保留企业自有一线作业工人，施工现场一线的工人以劳务分包企业劳动力为主，总承包企业只派出相关管理人员和技术骨干监督、管理工作
2	城镇劳动力少，农村劳动力多	建筑业目前属于“脏、累、险、差”的劳动密集型行业，多年来难于从城镇招收建筑业工人，同时由于使用农民工的成本低廉，使大量农村剩余劳动力成为建筑业工人的主要来源

续表 3－20

序号	特　点	内　容
3	长期工少，短期工多	这是由于建筑施工劳动的流动性和间断性引起的。在不同地区之间流动施工时，招聘的工人都是短期的合同工或临时工，聘用期最长为该建筑产品的整个施工期。通常是按各分部、分项工程的技术要求雇用不同工种和不同技术等级的工人，有时甚至可能按工作日或工时临时雇用工人。对于管理人员、技术人员、各工种的技术骨干，聘用期会相对较长
4	高技能工人少，一般技工和普工多	这是由于建筑生产总体技术水平不高和劳动技能要求不均衡决定的。建筑施工劳动的许多方面一般技工和普工即可胜任。即使对技术要求较高的工种，也常常需要一定数量的普工做一些辅助工作。只有少数工种，如电工、电焊工、测量工、装饰工等高技能工人的比重相对高一些
5	女性工人少，男性工人多	由于建筑业的劳动强度和作业方式的特殊性，是不适宜妇女从事的行业。妇女适宜在建筑业从事一些辅助性工作、后勤服务工作，但这些工作岗位的比例有限，一般不超过10%，与社会上其他行业妇女的平均就业率相差甚远

3.3.2 编制劳务用工需求量计划

1．劳动力需求量的预测

编制劳务用工需求量计划包括劳务用工需求量的预测、劳务用工的相关计算方法、劳务用工需求量计划表。

（1）劳务用工需求量预测的原则。

1）劳务需求预测应以劳动定额为依据。

2）劳务需求预测应围绕企业（项目）的施工组织设计中工程项目的开、竣工日期和施工部位及工程量，测算具体劳务需求的工种和数量。

（2）劳动力需求的预测计算方法。

1）依据项目工期进度安排，确定工程部位所需的工种以及各个工种的具体劳务人员的需求数量。

2）根据企业（项目）跨年度和在施项目的劳务使用情况，测算可供给的劳务企业的工种、数量，从而计算出企业（项目）的劳务净需求。如某工种的劳务净需求为正数，则需引进新的劳务企业或施工队伍；反之，则过剩，需要精简或调剂。

3）在掌握劳务人员余缺并确定劳务净需求的基础上，编制劳务需求计划。

2．劳动力需求计划的编制原则和要求

（1）劳动力需求计划的编制原则。劳动力需求计划的编制原则主要有以下几点：

1）控制人工成本，实现企业劳动力资源市场化的优化配置。

2）符合企业（项目）施工组织设计和整体进度要求。

3）根据企业需要遴选专业分包、劳务分包队伍，提供合格劳动力，以确保工程进度及工程质量、安全生产。

4）依据国家及地方政府的法律法规对分包企业的履约及用工行为实施监督管理。

（2）劳动力需求计划的编制要求。

1）要保持劳动力均衡使用。劳动力使用不均衡，不仅会给劳动力调配带来困难，还会出现过多、过大的需求高峰，同时也增加了劳动力的管理成本，还会带来住宿、交通、饮食以及工具等方面的问题。

2）根据工程的实物量和定额标准分析劳动需用总工日，确定生产工人、工程技术人员的数量和比例，以便对现有人员进行调整、组织和培训，以确保现场施工的劳动力到位。

3）要准确计算工程量和施工期限。劳动力管理计划的编制质量，不仅与计算的工程量的准确程度有关，而且与工期计划得合理与否有直接的关系。工程量越准确，工期越合理，劳动力使用计划越准确。

3. 劳动力总量需求计划的编制方法

（1）劳动力总量需求计划的编制程序。确定建筑工程项目劳动力的需求量，是劳动力管理计划的重要组成部分，它不仅决定了劳动力的招聘计划、培训计划，而且直接影响其他管理计划的编制。劳动力需求计划的编制程序见表 3－21。

表 3－21 劳动力总量需求计划的编制程序

序号	程序	内容
1	确定劳动效率	确定劳动力的劳动效率，是劳动力需求计划编制的重要前提，只有确定了劳动力的劳动效率，才能制定出科学、合理的计划。建筑工程施工中，劳动效率通常用“产量/单位时间”或“工时消耗量/单位工作量”来表示 在一个工程中，分项工程量通常是确定的，它可以通过图纸和工程量清单的规范计算得到，而劳动效率的确定却十分复杂。在建筑工程中，劳动效率可以在《劳动定额》中直接查到，它代表社会平均先进水平的劳动效率。但在实际应用时，必须考虑到具体情况，如环境、气候、地形、地质、工程特点、实施方案的特点、现场平面布置、劳动组合、施工机具等，进行合理调整
2	确定劳动力投入量	劳动力投入量也称劳动组合或投入强度，在劳动力投入总工时一定的情况下，假设在持续的时间内，劳动力投入强度相等，而且劳动效率也相等，在确定每日班次及每班次的劳动时间时，可计算： $$劳动投入量=\frac{劳动力投入总工时}{班次/日\times 工时/班次\times 活动持续时间} \quad (3-3)$$ $$劳动投入量=\frac{工程量\times 工时消耗量\times 单位工程量}{班次/日\times 工时/班次\times 活动持续时间} \quad (3-4)$$

续表 3-21

序号	程序	内容
3	人力资源需求计划的编制	1. 在编制劳动力需要量计划时，由于工程量、劳动力投入量、持续时间、班次、劳动效率、每班工作时间之间存在一定的变量关系，因此，在计划中要注意它们之间的相互调节 2. 在工程项目施工中，经常安排混合班组承担一些工作包任务，此时，不仅要考虑整体劳动效率，还要考虑到设备能力和材料供应能力的制约，以及与其他班组工作的协调 但是，混合班组在承担工作包（或分部工程）时，劳动力的投入并非是均值的。例如基础混凝土浇捣时，如采用顺序施工，则劳动力投入如图3-1（a）所示，而如果采用两个阶段流水施工，则劳动力投入如图3-1（b）所示。而专业投入的不均衡性更大。由于劳动效率没有变化，所以两图上面积（即代表劳动力总投入量）应是相等的。 3. 劳动力需要量计划中还应包括对现场其他人员的使用计划，如为劳动力服务人员（如医生、厨师、司机等）、工地警卫、勤杂人员、工地管理人员等，可根据劳动力投入量计划按比例计算，或根据现场实际需要安排

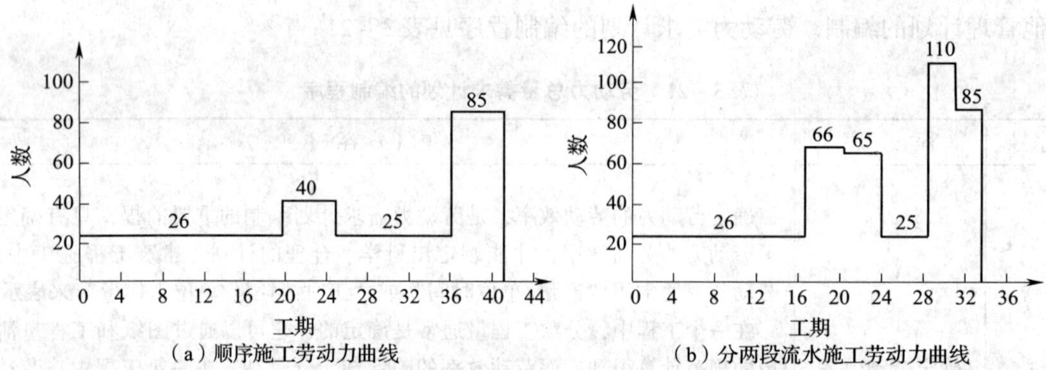

（a）顺序施工劳动力曲线　（b）分两段流水施工劳动力曲线

图3-1　施工劳动力曲线

（2）劳动力总量需求计划的编制方法。劳动力总量需求计划编制的主要方法见表3-22。

表3-22　劳动力总量需求计划的编制方法

序号	编制方法	内容
1	经验比较法	与同类项目进行模拟比较计算。可用产值人工系数或投资人工系数来比较计算。在资料比较少的情况下，仅具有施工方案和生产规模的资料时可用这种方法
2	分项综合系数法	利用实物工程量中的综合人工系数计算总工日。例如，机械挖土方，平时定额为0.2工时/立方米；设备安装，大型压缩机安装为20工时/吨
3	概算定额法	用概（预）算中的人工含量计算劳动力需求总量

3.3.3 劳务用工需求量计算和编制表格

1. 劳务用工需求量的计算方法

(1) 平均人数计算。

计算公式如下：

平均人数 = 用工所需日历工日数 ÷ 月度日历日数 (3-5)

(2) 计划平均人数，计划工资总额和计划实际用工的计算。

计算公式如下：

计划平均人数 = 计划用工总工日 ÷ 计划工期天数 (3-6)

计划工资总额 = 计划用工总工日 × 工日单价 (3-7)

计划实际用工 = 计划用工总工日 ÷ 计划劳动生产率指数 (3-8)

(3) 计划工人劳动生产率、计划工资总额和计划平均工资的计算。

计算公式如下：

计划工人劳动生产率 = 计划施工产值 ÷ 计划平均人数 (3-9)

计划工资总额 = 计划施工产值 × 百元产值系数 (3-10)

计划平均工资 = 计划工资总额 ÷ 计划平均人数 (3-11)

(4) 劳动定额完成情况指标的计算。

1) 指标1：执行定额面指标。

执行定额面指标是指工人中执行定额工日占全部作业工日的比重。鼓励有条件执行定额的尽量执行定额。

全部作业工日：指出勤工日中扣除开会、出差以及学习等非生产工日以及停工工日后的生产作业工日，包括全日加班工日。计算公式如下：

全部作业工日 = 制度内实际作业工日 + 加班工日 (3-12)

制度内实际作业工日 = 出勤工日 - 停工工日（非生产工日） (3-13)

执行定额工日是指全部作业工日中，按定额考核工效，计发奖金或计件工资的实际工日数。计算公式如下：

执行定额工日 = 全部作业工日 - 未执行定额工日 (3-14)

执行定额面是指执行定额工日占全部作业工日的比重。计算公式如下：

执行定额面 = 执行定额工日 ÷ 全部作业工日 ×100% (3-15)

2) 指标2：定额完成程度指标。

定额完成程度指标是指完成定额工日与实用工日相比的比率，比率越高，定额完成情况越好。

完成定额工日是指本期完成的实际验收工程量按劳动定额计算的所需定额工日数。计算公式如下：

完成定额工日数 = Σ（完成工作量 × 劳动定额） (3-16)

劳动定额完成程度 = 完成定额工日数 ÷ 全部作业工日数 ×100% (3-17)

2. 劳务用工需求量的编制表格

(1) 劳务用工需求量计划的主要内容。

劳务用工需求量计划的内容主要应包括以下两大部分：

1）项目部劳动力计划编制的主要内容。

①根据企业（项目）工程组织设计的开竣工时间和具体施工部位及工程量，工程安排所需劳务企业或施工队伍。

②按工期进度要求及实际劳务需求，编制工程施工部位劳务需求计划表。

③根据劳务净需求的新增部分，制定具体的补充或调剂计划。

④劳务净需求涉及引进新的劳务企业或施工队伍时，劳务需求计划应包括：

a. 引进劳务企业或施工队伍的资质类别、等级、规模以及引进的渠道，通过资质审核、在施工程考察、劳务分包招投标、分包合同签订、分包合同及分包劳务人员备案等具体内容。

b. 引进企业或施工队伍进场的具体时间以及入场安全教育培训和住宿管理等内容。

2）公司劳动力需求计划编制的主要内容。总承包企业的劳务主管部门应依据本公司生产部门的年度、季度、月度生产计划，制定劳动力招用、管理和储备的计划草案，汇总本公司各项目部计划需求后形成公司的《劳务管理工作计划表》予以实施，并根据现场生产需要进行动态调整。

（2）劳务用工需求计划表。劳务用工需求计划表见表3－23。

表3－23 劳务用工需求计划表

序号	工程项目名称	需求队伍类型	需求时限	需求队伍人数	落实人数	缺口人数	解决途径
1							
2							
3							
合 计							

3.3.4 劳动力计划平衡方法

1. 劳动力负荷曲线

一个施工项目从准备、开工、土建、安装以及竣工各阶段所需设计人员、采购人员、施工人员包括各工种工人和管理人员的数量都不相等，而且时间也不同。根据资源耗用规律，人力需要量是从少到多，逐渐形成相对平稳的高峰，然后逐渐减少。这一规律，可采用函数$f(x)$来表示，该函数曲线所描述的就是劳动力动员直方图的包络曲线，可称为劳动力负荷曲线，曲线有线点的坐标值的表格形成就是劳动力动员计划。

（1）制动劳动力负荷曲线的原始条件。

1）施工项目的工程范围、工作规范、工程设计以及施工设计。

2）施工项目所在地区的环境条件；项目的分布、分项工程量。

3）项目总体施工统筹计划。

4）设备材料的交货方式、交货时间、供货状态等。

这些条件在施工准备阶段往往是不可能完全具备，因此应根据所掌握的资料，运用不同的方法制定劳动力负荷曲线。

(2) 劳动力负荷曲线的绘制方法。

1) 类比法。分析已经几类的各种类型项目在不同规模下劳动力计划和实际耗用劳动力的高峰系数、高峰持续系数、平均系数以及高峰期人数，以及各工种的数据等。列出实施项目与类比项目间的差异，计算出类比系数（如规模系数、投资比例系数、建安估算值比例系数)。根据计算出的类比系数，结合实际经验进行修正，绘制出劳动力动态直方图和劳动力负荷曲线。

2) 标准（典型）曲线法。当绘制企业各项目劳动力符合曲线数据不足时，可以采用此法，即套用已有的同类项目标准（典型）劳动力负荷曲线，根据现有项目情况加以修正。

2. 劳动力计划平衡

(1) 为使劳动力计划平衡，主要注意以下几点：

1) 劳动力计划要具体反映出各月、各工种的需求人数，计划逐月累计投入的总人数、高峰人数、高峰持续时间、高峰系数以及总施工周期。

2) 劳动力计划要编制企业按月需求的各工种总计划人数，分施工项目的阅读计划使用劳动力总人数等。

3) 劳动力计划通常采用表格的形式表达。其指定方法与劳动力需求总量计划直方图基本相同，只是按工种分别计算，汇总制表。

(2) 编制年度劳动力平衡计划步骤。

1) 年度劳动力需求预测。根据单位发展的要求，对将来某个时期内，单位所需职工的数量和质量进行预测，进而确保人员补充计划方案，实施教育培训方案。劳动力需求预测是单位制定人力计划的核心和前提条件。预测的基础是单位发展规划和年度预算。对劳动力需求预测要持动态的观点，考虑到劳动效率的提高、工作方法的改进及自动化水平的提高等变化因素。

预测的两种方法：一是经验估计法：经验估计法就是根据管理者的经验，结合本单位特点，对劳动力需求加以预测。二是工作研究预测法：这种方法就是通过工作研究，来计算完成某项工作或某项服务的工时定额和劳动定额，确定单位劳动力需求。

2) 年度劳动力供给预测。为满足单位劳动力的需求，在将来某个时期，从其内部和外部所能得到的劳动力数量和质量进行预测。劳动力供给预测一般包括以下几方面内容：

①分析单位目前的劳动力状况，如技术知识水平、工种、年龄构成等，了解劳动力的现状。

②分析目前劳动力流动的情况及其原因，预测将来劳动力流动的态势，以便采取相应的措施，避免不必要的流动或及时给予替补。

③掌握劳动力提拔和内部调动的情况，保证工作和职务的连续性。

④分析工作条件（如作息制度、轮班制度等）的改变和出勤率的变动对劳动力供给的影响。

⑤掌握劳动力的供给来源和渠道。劳动力可以来源于内部（如富余劳动力的安排、劳动力潜力的发挥等），也可来自于外部。

3）劳动力的供给预测。对劳动力供给进行预测，还必须把握影响劳动力供给的主要因素，从而了解劳动力供给的基本状况。影响劳动力供给的具体因素如下：

①单位所在地和附近地区的人口宽度。

②其他单位对劳动力的需求状况。

③当地的就业水平、就业观念。

④当地的科技文化教育水平。

⑤所在地对人们的吸引力。

⑥单位本身对人们的吸引力。

⑦当地临时工的供给状况。

⑧当地的住房交通、生活条件。

4）单位劳动力的供求平衡。在对单位劳动力的需求和供给进行预测之后，就要着手进行劳动力需求和供给的平衡，从而发现劳动力供求之间的缺口，采取措施加以消除。

劳动力的供求平衡是制定单位人力计划的一项重要内容。单位劳动力的供求平衡不仅有劳动力需求供给总量上的平衡，更重要的是要有劳动力的素质、类别等供求结构上的平衡。为做到劳动力供求平衡，必须对劳动力潜力进行分析，从数量上消除人浮于事的人力浪费的现象，从质量上提高劳动力的素质，充分发挥现有劳动力的潜力。

3.3.5 编制劳务管理计划

劳务管理计划是企业劳务管理人员根据企业自身施工生产需要和劳动力市场供需状况所制定的，从数量和质量方面确保施工进度和工程质量所需劳动力的筛选、引进和管理的计划。

1. 劳务管理计划的主要内容

劳务管理计划应围绕国家、地方政府行政部门对施工企业及劳务分包管理规定和企业（项目）的施工组织设计要求，制定具体工程项目所需劳动力的审核、筛选、组织、培训以及日常监督管理计划，主要包括：

（1）人员的配备计划。根据工程项目的开、竣工日期和施工部位及工程量。拟定具体施工作业人员的工种、数量以及筛选、组织劳动力进场或调剂的具体时间、渠道和措施。

（2）教育培训计划。对参与项目施工人员进行安全、质量和文明施工教育的措施。

（3）考核计划。对分包企业的分包合同的履约情况、管理制度的建立健全及执行情况、劳动合同签约情况以及劳务人员的工资发放情况等劳动用工行为的考核办法和措施。

（4）应急预案。施工现场劳动力短缺、停工待料、劳动纠纷等突发事件处理的应急预案。

2. 劳务管理的过程

劳务管理的过程如图 3－2 所示。

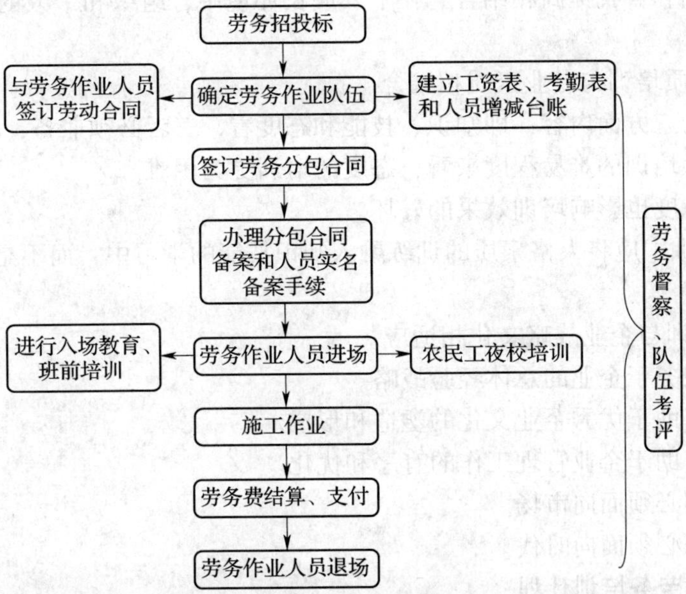

图 3-2 劳务管理流程图

3.3.6 编制劳务培训计划

建筑业是吸纳农村劳动力转移就业的重要行业，但建筑业农民工就业状况不稳定、技能水平低等问题尚未得到根本解决，需要落实企业责任，创新培训方法。健全培训机制，推进建筑业农民工培训工作。

培训计划是从组织的战略出发，在全面、客观的培训需求分析基础上做出的对培训时间、培训地点、培训者、培训对象、培训方式和培训内容等的预先系统设定。

1. 劳务培训计划的编制原则

培训计划的制定是一个复杂的系统工程。制订之前有许多需要考虑的因素，这些因素直接影响培训计划的质量和效果，计划编制的基本原则有：

(1) 注重系统性原则。

1) 全员性。一方面，全员都是受训者；另一方面，全员都是培训者。

2) 全方位性。全方位性主要体现在培训的内容丰富宽广，满足不同层次的需求。

3) 全程性。企业的培训过程贯穿与员工职业生涯的始终。

(2) 理论与实践相结合的原则。

1) 符合企业要求的培训目的。培训的根本目的是为了提高广大员工在生产中解决具体问题的能力，从而提高企业的效益。

2) 发挥学员学习的主动性。理论与实践相结合的原则决定培训时要积极发挥学员的主动性，强调学员的参与和合作。

(3) 培训与提高相结合的原则。

1) 全员培训的重点提高相结合。全员培训就是有计划、有步骤地对在职的各级各类、人员都进行培训，这是提高员工素质的必由之路。

2）组织培训和自我提高相结合。在个人成长环境中，组织和个人的因素都是相当重要的。

（4）人格素质培训与专业素质相结合。

1）从培训的三方面内容，即知识、技能和态度看，三者必须兼备，缺一不可。

2）其次，从培训的难易程度来看，态度的培训更为困难。

3）员工的态度也影响培训效果的好坏。

总之，在培训中应将人格素质的训练融入知识技能的学习中，而不是与现实脱节，成为一种形式主义。

（5）人员培训与企业战略文化相适应。

1）培训应服务于企业的总体经验战略。

2）培训应有助于优秀企业文化的塑造和形成。

3）培训应有助于企业管理工作的有序和优化。

4）人员培训必须面向市场。

5）人员培训必须面向时代。

2. 如何编制劳务培训计划

培训计划必须满足组织及员工两方面的需求，兼顾组织资源条件及员工素质基础，并充分考虑人才培养的超前性及培训结果的不确定性。不同的企业，培训计划的内容不一样。

3. 劳务培训计划的主要内容

建筑业务工人员的培训主要形式可分为分必修课和自选课。必修课主要是：当前城市建设管理的形势和任务；建设职工（相应岗位从业人员）职业道德规范和市民守则；外来从业人员有关政策、建设行业文明施工、安全生产有关常识和法律法规；融入城市生活的文明行为和文明礼仪、个人卫生保健、疾病预防等基本知识；计划生育管理、社会综合治理和有关法律常识；针对工程建设需要的施工技术、操作技能、质量管理标准规范；工程项目建设的重要意义，工程、工地创建的目标要求等课程。自选课因工地而宜，即随着形势发展的新变化。工程进展的新要求，农民工出现的新问题及企业自身需要的内容等设置相应课程。有条件的项目，也可根据农民工的不同层次和需求，开设或组织农民工参加高层次的岗位和学历培训。

建筑业农民工教育培训主要围绕砌筑工、木工、架子工、钢筋工、混凝土工、抹灰工、建筑油漆工、防水工、管道工、电工、电焊工、装饰装修工、中小型建筑机械操作工等14个建筑业关键工种开展。包括安全生产常识、职业基础知识和岗位操作技能、普法维权知识、日常城市生活培训等，其中，岗位操作技能训练可依托施工现场根据生产实际组织进行。

（1）安全生产培训。“安全生产”这个概念，一般意义上讲，是指在社会生产活动中，通过人、机、物料、环境、动物的和谐运作，使生产过程中潜在的各种事故风险和伤害因素始终处于有效控制状态，切实保护劳动者的生命安全和身体健康。也就是说，为了使劳动过程在符合安全要求的物质条件和工作秩序下进行的，防止人身伤亡财产损失等生产事故，消除或控制危险有害因素，保障劳动者的安全健康和设备设施免受损坏、环境免受破坏的一切行为。

安全生产是安全与生产的统一，其宗旨是安全促进生产，生产必须安全。搞好安全工作，改善劳动条件，可以调动职工的生产积极性；减少职工伤亡，可以减少劳动力的损失；减少财产损失，可以增加企业效益，无疑会促进生产的发展；而生产必须安全，则是因为安全是生产的前提条件，没有安全就无法生产。

（2）岗位技能培训。

（3）新工艺、新工法和施工技术专题培训。

（4）普法维权培训，包括以下主要内容：

1）《劳动合同法》相关法律知识。

2）劳务分包合同知识。

3）房屋建筑与市政基础设施工程劳务管理。

4）农民工应当掌握的保障工资收入与取得经济补偿的相关法律知识问答。

5）女职工和未成年工特殊保护权益。

6）务工人员发生工伤如何维护合法权益。

7）务工人员获得法律援助的办法和途径。

（5）城市生活常识培训：

1）交通安全知识。

2）生活安全知识。

3）文明礼仪常识。

4）发生违反治安法规行为，影响首都和谐稳定的有关处罚规定。

4. 培训的主要形式

建筑业务工人员教育培训主要通过以下三种形式进行：

（1）入场教育和日常现场教育。

（2）农民工夜校。

（3）开展技术大比武活动。

4 劳务分包与劳动保护

4.1 劳 务 分 包

4.1.1 劳务分包管理的概念和形式

1. 概念

劳务分包是指施工单位或者专业分包单位将其承包工程的劳务作业发包给劳务分包单位完成的活动。即甲施工单位承揽工程后，自己购买施工材料，然后另外请乙劳务单位负责找工人进行施工，然而，还是由甲单位组织施工管理。

劳务分包是现在施工行业的普遍做法，法律在一定范围内允许。然而，禁止劳务公司将承揽到的劳务分包再转包或者分包给其他的公司。禁止主体工程劳务分包，主体工程的完成具有排他性、不可替代性。

2. 形式

（1）自带劳务承包。自带劳务承包是指企业内部正式职工经过企业培训考核合格成为工长，劳务人员原则上由工长招募，人员的住宿、饮食以及交通等由企业统一管理，工资由企业监督工长发放或由工长编制工资发放表由企业直接发放。

公司将所承建的部分工程通过签订承包合同的形式，交由本公司职工具体承包施工，该承包人自招工人，就形式而言，工程由承包人负责施工与管理，工人的报酬也是由承包人支付，这似乎在承包人与工人之间已形成了劳务关系。然而，该承包人系公司的职工，是以公司的名义履行承包合同并与他人发生法律关系，故该承包合同属于内部承包合同。承包经营属企业内部经营管理方式的变化，不产生施工合同履行主体变更问题。该承包人招用工人行为应视为公司的行为，被招用的工人与公司之间存在劳动关系，与承包人之间则不存在劳务关系。

（2）零散的劳务承包。零散的劳务承包是指企业临时用工，通常是为了一个工程项目而临时招用工人。

承包人的法律地位不应等同于分包人，而是根据受劳务作业方有无用工资格分别界定为劳动关系或劳务关系，即劳动者或劳务地位。理由为承包人仅仅是工费承包，并且通常从事的是工程中单一工种的作业，其个人收入与施工效益直接挂钩，但对工程项目的承建不进行独立管理，也不对工程质量承担终身责任，仅对发包人承担“合格”的质量责任。承包人在提供劳务期间属临时性质的劳务人员，对施工期间发生的伤害事故、质量安全问题均不能承担责任。

（3）成建制的劳务分包。成建制的劳务分包是指以企业的形态从施工总承包企业或专业承包企业处分项、分部或单位工程地承包劳务作业。该劳务承包实质属于工程分包性质，承包人地位等同于分包人地位。

可见自带劳务承包、零散的劳务承包，一定程度上可以说是临时用工，劳务作业分包含义只能包括成建制的劳务分包，对其他两种情形不能等同。

3. 专业工程分包与劳务作业分包的区别

现行法规、行政法规对专业工程分包规定十分严格，对劳务作业分包的规定则十分宽松，导致许多施工承包企业都变相把建设工程肢解以后以劳务作业的名义，或者把专业工程以劳务作业的名义进行分包。因此，区分“专业工程分包”与“劳务作业分包”在实践中显得十分重要。区分专业工程分包和劳务作业分包的关键有两点：

(1) 区分工程施工与劳务作业。工程施工合同的履行过程是“将劳动和建筑材料等物化到建筑产品的过程”，而且承包人要对施工的工程质量、安全、工期负责，即通常所说的包工、包料、包技术、包质量、包安全、包工期；但劳务工作是“将简单劳动从复杂劳动剥离出来单独进行施工的劳动”，劳务作业承包人提供的仅仅是劳务，不负责投入建筑材料，且只对其劳务质量、安全及工期负责。如果分包工程发包人与分包工程承包人签订《劳务作业分包合同》，但约定分包工程承包人包工、包料、包质量、包工期，那就是名为“劳务作业分包”，实为“专业工程”或“肢解工程”分包。

(2) 区分专业工程与劳务作业。

1) 可以分包的“专业工程”，建设部在《专业承包企业资质等级标准》中已有规定。

2) 可以分包的“劳务作业”，建设部在《建筑业劳务分包企业资质标准》中也有规定。只有分包合同约定的分包对象属于《建筑业劳务分包企业资质标准》中规定的劳务作业，才属于劳务作业分包；如果分包合同约定的分包对象是《专业承包企业资质等级标准》中规定的“专业工程”，那就属于名为合法的“劳务作业分包”，实为违法的“专业工程分包”。

4.1.2 劳务招投标管理

1. 劳务招投标交易的特点

劳务分包是指施工总承包或专业承包企业将其承包或分包工程中的劳务作业，发包给具有相应劳务分包资质的企业完成的活动。与施工总承包、专业承包项目招投标工作相比，劳务分包招投标工作具有如下特点：

(1) 劳务分包项目的标的额小、项目数量大。大量劳务分包项目的标的额都在十几万、几十万或数百万。不像总承包或专业承包项目的标的额动辄上千万甚至若干亿元。但劳务分包项目的数量却远远大于总承包项目和专业承包项目的数量。由于通常采用的是分部或分段招标发包，在总承包交易中心招标发包的一个项目到了劳务交易中心后，就演变成了若干个劳务分包项目。这给劳务分包招投标管理服务机构和人员增大了工作负荷。

(2) 劳务分包项目投标报价复杂。施工总承包或专业承包项目的投标报价由于有主管部门的多年规范与指导，执行的基本上是现行的工程量清单方式，采用的是人工、材料、机具、管理等费用的包干方式进行发承包。劳务分包由于没有预决算的审查与审计，各总承包单位根据自身的情况和多年的管理形成多种形式的劳务分包投标报价方式。一种是定额预算直接费中人工费加适量管理费的报价方式；另一种是定额工日单价乘以总工日报价方式；还有就是平方米单价乘以总面积的报价方式。另外，由于招标范围的不同，报价也不一样。有纯人工费的招标，也有人工费加部分小型机具和生产辅料等不同的组合报价。这些都为劳务分包招投标工作的开展增加了难度。

(3) 劳务分包招投标操作周期短。按照相关规定要求，完成一个总承包工程项目招标投标过程的法定时效为107天，这个时间作为总承包工程是允许的，也是可行的。但总承包企业未在总承包市场中标获得工程，不允许其进行劳务分包招标，因此如果其一旦在总承包市场中标获得工程，建设单位会要求其马上进场施工，而不会给其3个月的时间进行劳务分包的招标，这就使得劳务分包的操作周期必然缩短。

2. 劳务招投标工作内容

(1) 劳务分包招标文件条款应当包括以下内容：

1) 投标人资格预审情况。

2) 工程概况。

3) 现场情况简介。

4) 招标要求。

5) 投标报价要求。

6) 劳务费的结算与支付。

7) 投标须知。

8) 开标须知。

9) 附件。

10) 补充条款。

(2) 劳务分包投标文件条款应当包括以下内容：

1) 投标函。

2) 投标授权书。

3) 承诺书。

4) 劳务投标书。

5) 报价明细表。

6) 拟派劳务人员情况。

7) 同类施工业绩。

8) 公司等级资质材料。

9) 质量管理措施。

10) 安全控制措施。

3. 劳务招投标管理工作流程

劳务招投标管理工作流程如图4-1所示。

4.1.3 劳务分包合同管理

1. 劳务分包合同订立的主体

劳务作业发包时，发包人、承包人应当依法订立劳务分包合同。

(1) 劳务作业发包人是指发包劳务作业的施工总承包或专业承包企业，劳务作业发包人不得将劳务作业发包给个人或者不具备与所承接工程相适应的资质等级以及未取得安全生产许可证的企业。

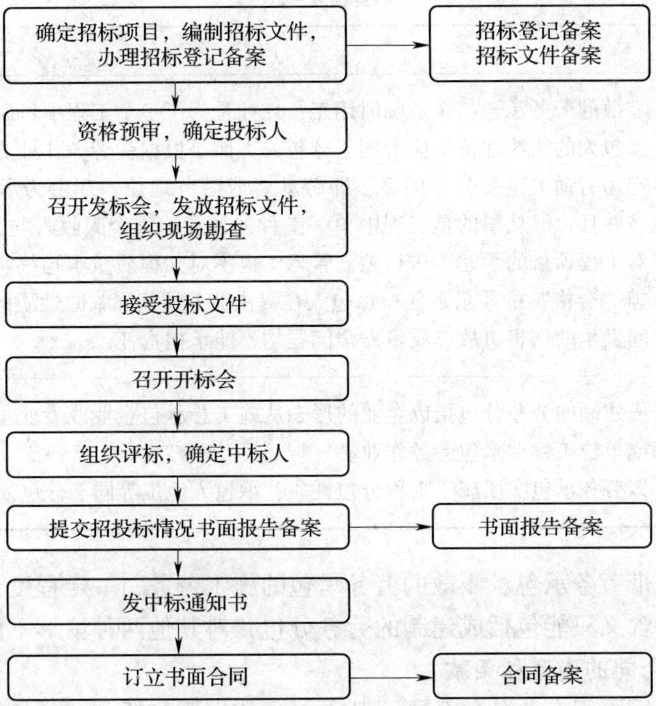

图4－1 劳务招投标管理工作流程图

（2）劳务作业承包人是指承揽劳务作业的具有与所承接工程相适应的资质等级并取得安全生产许可证的劳务分包企业。劳务作业承包人不得将所承接的劳务作业转包给其他企业或个人。

（3）建设单位不得直接将劳务作业发包给劳务分包企业或个人。

2．劳务分包合同的形式

劳务分包合同的主要形式见表4－1。

表4－1 劳务分包合同的形式

序号	形式	内容
1	自带劳务承包	自带劳务承包是指企业内部正式职工经过企业培训考核合格成为工长，劳务人员原则上由工长招募，人员的住宿、饮食、交通等由企业统一管理，工资由企业监督工长发放或由工长编制工资发放表由企业直接发放。 公司将所承建的部分工程通过签订承包合同的形式，交由本公司职工具体承包施工，该承包人自招工人，就形式而言，工程由承包人负责施工与管理，工人的报酬也是由承包人支付，这似乎在承包人与工人之间已形成了劳务关系。但是，关键的问题是，该承包人系公司的职工，其是以公司的名义履行承包合同并与他人发生法律关系，故该承包合同属于内部承包合同。承包经营属企业内部经营管理方式的变化，不产生施工合同履行主体变更问题。该承包人招用工人行为应视为公司的行为，被招用的工人与公司之间存在劳动关系，与承包人之间则不存在劳务关系

续表 4-1

序号	形式	内 容
2	零散的劳务承包	零散的劳务承包指企业临时用工，往往是为了一个工程项目而临时招用工人。 承包人的法律地位不应等同于分包人，而是根据受劳务作业方有无用工资格分别界定为劳动关系或劳务关系，即劳动者或劳务地位。理由为承包人仅仅是工费承包，并且一般从事的是工程中单一工种的作业，其个人收入与施工效益直接挂钩，但对工程项目的承建不进行独立管理，也不对工程质量承担终身责任，仅对发包人承担“合格”的质量责任。承包人在提供劳务期间属临时性质的劳务人员，对施工期间发生的伤害事故、质量安全问题均不能承担责任
3	成建制的劳务分包	成建制的劳务分包指以企业的形态从施工总承包企业或专业承包企业处分项、分部或单位工程地承包劳务作业。 该劳务承包实质属于工程分包性质，承包人地位等同于分包人地位

由上可见，自带劳务承包、零散的劳务承包的施工劳务，一定程度上可以说是临时用工，劳务作业分包含义只能包括成建制的劳务分包，对其他两种情形不能等同。

3．劳务分包合同的内容和条款

劳务分包合同不同于专业分包合同，其重要条款主要包括：

（1）劳务分包人资质情况。

（2）劳务分包工作对象及提供劳务内容。

（3）分包工作期限。

（4）质量标准。

（5）工程承包人义务。

（6）劳务分包人义务。

（7）材料、设备供应。

（8）保险。

（9）工时及工程量的确认。

（10）劳务报酬及支付。

（11）施工配合。

（12）禁止转包或再分包等。

4．劳务分包合同价款的确定方式

劳务分包合同价款的确定方式见表 4-2。

表 4-2 中公式所涉及的人工单价、管理费、利润、规费等分别按照以下规定确定或计算：

（1）人工单价。参照工程所在地建设工程造价行政管理部门发布的市场人工单价确定。

（2）管理费。以人工费为基础，其费率为 4%～7%，具体由劳务分包企业结合工程实际自主确定。

（3）利润。以人工费为基础，其费率为3%～5%，具体由劳务分包企业结合工程实际自主确定。

（4）规费。规费包括社会保险费、外来工调配费以及住房公积金等，严格按政府有关部门规定计算，列入不可竞争费。

表4-2 劳务分包合同价款的确定方式

序号	确定方式	内容
1	定额单价——工日单价	定额人工工日单价包括基本工资、工资性补贴、生产工人辅助工资、职工福利费、生产工人劳动保护费等内容，该单价为建设工程计价依据中人工工日单价的平均水平，是计取各项费用的计算基础，不是强制性规定，是作为建筑市场有关主体工程计价的指导
2	按工种计算劳务分包工程造价	即按住房和城乡建设部劳务分包资质所设定的13个工种包括木工、砌筑、抹灰、石制作、油漆、钢筋、混凝土、脚手架、模板、焊接、水暖电安装、钣金、架线计算劳务分包工程造价，具体计算公式如下： 劳务分包单价＝人工单价×（1＋管理费率＋利润率）×（1＋规费率）（4-1） 劳务分包工程造价＝劳务分包单价×人工数量（4-2）
3	按分项工程建筑面积确定承包价	每平方米建筑面积单价＝人工单价×完成每平方米建筑面积所需人工数量×（1＋管理费率＋利润率）×（1＋规费率）（4-3） 劳务分包工程造价＝每平方米建筑面积单价×建筑面积（4-4） 建筑面积按照国家标准《建筑工程建筑面积计算规范》GB/T 50353—2013的规定计算

5.《劳务分包合同》示例

《劳务分包合同》示例详见附录二。

4.1.4 劳务分包作业管理

1. 劳务分包队伍进出场管理

（1）劳务分包队伍人员进场管理。企业要求下属单位或工程项目经理部按照先达标、后进场的原则，通过证件、表册检查，健全对务工人员的进场管理。劳务分包队伍人员在进场时必须符合的规定见表4-3。

表4-3 劳务分包队伍人员进场规定

序号	进场规定
1	禁止使用未满16周岁和超过55周岁的人员，禁止使用在逃人员、身体或智力残疾人员及其他不适应施工作业的人员
2	工长、技术员部门负责人以及各专业安全管理人员等部门负责人应接受安全技术培训，并参加总承包方组织的安全考核

续表 4－3

序号	进场规定
3	指定专职劳动用工管理人员对施工现场的人员实行动态管理，落实用工管理
4	签订好《劳动合同》，建立劳务分包队伍人员花名册台账，建立施工现场管理台账（如《工程管理人员登记表》和《现场工人登记表》），对进出场人员信息及时跟踪，并将台账放在劳务项目管理机构备查，同时报送一份留存
5	特种作业人员的配备必须满足施工需要，并持有有效证件（原籍地、市级劳动部门颁发）和当地劳动部门核发的特种作业临时操作证，持证上岗

（2）劳务分包队伍人员退场管理。劳务分包方退场有多种情况，然而按照劳务分包队伍与总包方的意愿，总体可以分为表 4－4 中几种情况。

表 4－4 劳务分包队伍人员退场管理

序号	退场情况	管理规定
1	正常终止合同	按照法律程序，合同履行完毕后，合同的效力已经终止，经双方协议，劳务分包队伍可以退场。如有其他协议或合同条款未履行完毕，如经双方协商可暂时退场，劳务分包队伍在合同期限内仍有义务履行自身的义务
2	被总承包方强制终止	总包方因某种原因终止合同，劳务分包队伍中途退场。劳务分包队伍可按照合同条款进行申诉，但如劳务分包企业有下列行为之一，属于劳务分包队伍违约在先、符合相关终止合同规定的除外： 1. 发生事故隐瞒不报、漏报、晚报的； 2. 连续三次检查出重大安全隐患并拒不整改的； 3. 出现重大质量问题和安全事故的； 4. 因劳资纠纷引发的群体性事件影响特别恶劣的； 5. 发生群体违法行为、发生刑事案件造成不良影响的； 6. 其他行为造成严重后果的
3	劳务分包队伍单方有退场意愿并提出的	施工过程中，分包单位因本单位原因，主动向总包单位提出终止合同的，因此而造成的一切损失均由分包单位承担，并且分包单位应提前三个月向总包单位提出退场申请并在施工阶段性完成后，与总包单位办理交接、清算工作

2．劳务分包质量管理

质量管理是指确定质量方针、目标以及职责并在质量体系中通过诸如质量策划、质量控制、质量保证以及质量改进使其实施的全部管理职能的所有活动。质量管理通常包括以下几种：

（1）制订质量方针和目标。

（2）确定岗位职责和权限。

(3) 建立质量体系并使其有效运行。

3. 劳务分包进度管理

劳务分包进度管理是指在编制施工进度计划的基础上，将该计划付诸实施，在实施的过程中经常检查实际进度是否按计划要求进行，如有偏差，则分析产生偏差的原因，采取补救措施或调整、修改原计划，直至工程竣工。进度管理的最终目的是确保项目施工目标的实现，工程进度管理的总目标是建设工期。

为了能够更好地使进度管控在工程管理中实现规范化、标准化以及可行化，确保工程施工进度满足相关方要求，履行好合同规定的权力、义务，劳务分包单位应建立劳务分包单位进度管理体系和劳务分包项目进度管理体系（图4-2、图4-3）。

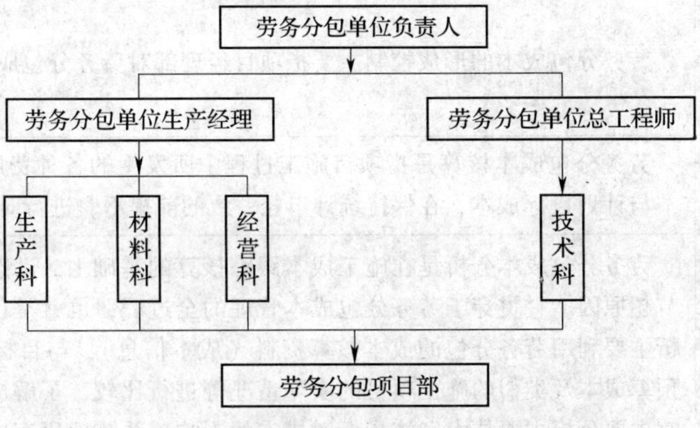

图4-2 劳务分包单位进度管理体系

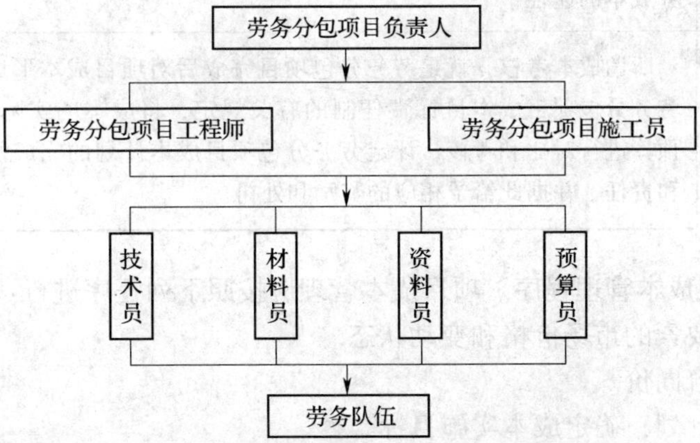

图4-3 劳务分包项目进度管理体系

4. 劳务分包成本管理

(1) 劳务分包成本管理的内容。劳务成本管理是建筑施工劳务企业项目管理系统中的一个系统，其主要包括预测、决策、计划、控制、核算、分析以及考核等一系列工作环节。它们各自发挥着特定的作用，并以生产经营过程中的成本控制为核心，依靠成本信息的传递和反馈结合为一个有效运转的有机整体。

劳务分包成本管理的主要内容见表4-5。

表 4－5 劳务分包成本管理的内容

序号	主要内容	备注
1	劳务分包成本预测	劳务分包成本预测是根据选定的预测方法，对劳务分包未来的成本水平及其发展趋势所做的描述与判断
2	劳务分包成本计划	劳务分包成本计划是项目经理部对项目成本进行计划管理的工具。它是以货币形式编制施工项目在计划内的生产费用、成本水平、成本降低率及为降低成本所采取的主要措施和规划的书面方案，它是建立劳务分包成本管理责任制、开展成本控制和核算的基础
3	实施劳务分包成本的形成控制	劳务分包成本的形成控制主要指项目经理部对劳务分包成本的实施控制
4	劳务分包成本核算	劳务分包成本核算是指项目施工过程中所发生的各种费用和形成劳务分包成本与计划目标成本，在保持统计口径一致的前提下，进行对比，找出差异
5	劳务分包成本分析	劳务分包成本分析是在施工成本跟踪核算的基础上，动态分析各成本项目的节超原因。它贯穿于劳务分包成本管理的全过程，也就是说，劳务分包成本分析主要利用劳务分包的成本核算资料（成本信息），与目标成本（计划成本）、预算成本及类似的施工项目的实际情况等进行比较，了解成本的变动情况，同时也要分析主要技术经济指标对成本的影响，系统地研究成本变动的因素，检查成本计划的合理性；并通过成本分析，深入揭示成本变动规律。寻找降低劳务成本的途径
6	劳务分包成本考核	所谓成本考核，就是劳务分包项目完成后对项目成本形成中的各责任者，按劳务分包项目成本目标责任制的有关规定，将成本的实际指标与计划、定额、预算进行对比和考核，评定劳务分包项目成本计划的完成情况及责任者的业绩和责任，并据此给予相应的奖励和处罚

（2）劳务分包成本管理程序。项目成本管理应按照下列程序进行：

1）掌握生产要素的市场价格和变动状态。

2）确定项目合同价。

3）编制成本计划，确定成本实施目标。

4）进行成本动态控制，实现成本实施目标。

5）进行项目成本核算和工程价款结算，及时收回工程款。

6）进行项目成本分析。

7）进行项目成本考核，编制成本报告。

8）积累项目成本资料。

项目的成本管理工作归纳为以下几个关键环节：成本预测、成本决策、成本计划、成本控制、成本核算、成本分析以及成本考核等，其流程如图 4－4 所示。

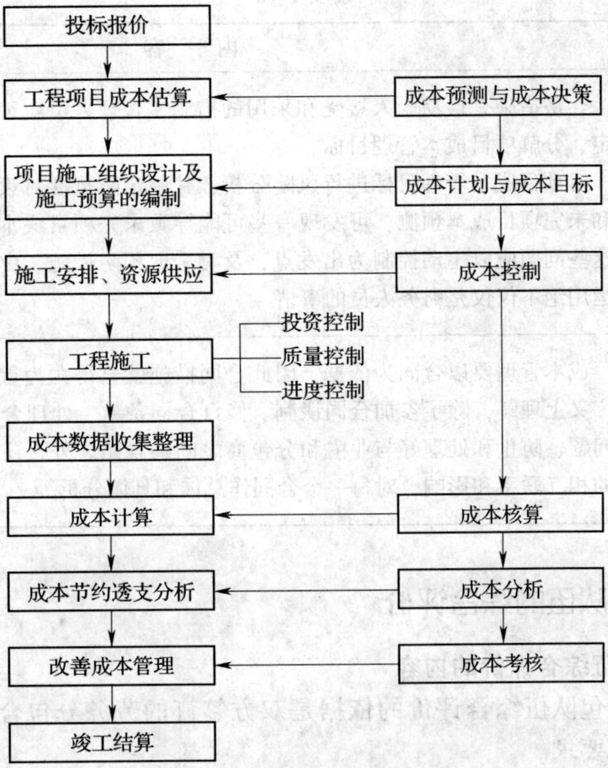

图4-4 项目成本管理流程图

(3) 劳务分包成本管理措施。为了能够取得成本管理的理想成果，应当从多方面采取措施实施管理，通常可以将这些措施归纳为组织措施、技术措施、经济措施以及合同措施四个方面见表4-6。

表4-6 劳务分包成本管理措施

序号	管理措施	内容
1	组织措施	组织措施是从项目成本管理的组织方面采取的措施，如实行项目经理责任制，落实项目成本管理的组织机构和人员，明确各级项目成本管理人员的任务和职能分工、权力和责任，编制本阶段项目成本控制工作计划和详细的工作流程图等。项目成本管理不仅是专业成本管理人员的工作，各级项目管理人员都负有成本控制责任。组织措施是其他各类措施的前提和保障，而且一般不需要增加什么费用，运用得当可以收到良好的效果
2	技术措施	技术措施不仅对解决项目成本管理过程中的技术问题是不可缺少的，而且对纠正项目成本管理目标偏差也有相当重要的作用。因此，运用技术措施的关键，一是要能提出多个不同的技术方案；二是要对不同的技术方案进行技术经济分析。在实践中，要避免仅从技术角度选定方案而忽视对其经济效果的分析论证

续表 4-6

序号	管理措施	内容
3	经济措施	经济措施是最易为人接受和采用的措施。管理人员应编制资金使用计划，确定、分解项目成本管理目标。 对项目成本管理目标进行风险分析，并制定防范性对策。通过偏差原因分析和未完项目成本预测，可发现一些可能导致未完项目成本增加的潜在问题，对这些问题应以主动控制为出发点，及时采取预防措施。由此可见，经济措施的运用绝不仅仅是财务人员的事情
4	合同措施	成本管理要以合同为依据，因此合同措施就显得尤为重要。对于合同措施从广义上理解，除了参加合同谈判、修订合同条款、处理合同执行过程中的索赔问题、防止和处理好与业主和分包商之间的索赔之外，还应分析不同合同之间的相互联系和影响，对每一个合同作总体和具体分析等

4.1.5 劳务分包队伍的综合评价

1. 劳务分包队伍综合评价的内容

通常，对劳务分包队伍综合评价的依据是双方签订的劳务分包合同及相关的国家法律、法规和行业政策要求。

在建筑企业不同的层面上对劳务分包队伍的综合评价内容也有所不同。

(1) 项目部层面上的综合评价内容。在项目经理部层面上，主要考核评价劳务分包队伍的整体素质、工程质量、工期、绿色施工和文明施工、安全生产、与劳务工人签订劳动合同、劳务分包商对劳务工人工资支付、与项目部工程管理人员工作配合、遵纪守法等情况。

(2) 分公司（或公司）层面上的综合评价内容。在项目经理部综合评价的基础上，分公司（或公司）重点评价劳务分包队伍的资质资信、管理体系、施工能力、机械设备、管理力量、劳务力量、劳务管理、内业资料等内容。

(3) 公司（或集团公司）层面上的综合评价内容。根据分公司（或公司）的综合评价意见，公司（或集团公司）重点评价劳务分包队伍的施工业绩、信守履约、协调配合、管理水平、整体素质、负责人诚信等内容。

2. 劳务分包队伍综合评价的方法

(1) 综合评价方式。对劳务分包队伍的综合评价，可以分为过程综合评价和全面综合评价。过程综合评价是在劳务分包作业过程中，由劳务队伍使用单位（项目经理部或分公司）每半年组织一次综合评价；全面综合评价是在劳务分包作业任务完成时，由劳务队伍使用单位（公司或集团公司）对劳务分包队伍进行的全面综合评定考核。

(2) 评价方法及工具。一般而言，对劳务分包队伍综合评价可以采用多种方法和工具，常用的有专家意见法和数学模型法。专家意见法又可以分为专家主观判断法、打分法、德尔菲法等；数学模型法又可以分为层次分析法（AHP）、模糊综合评判法等。

(3) 劳务分包队伍的分级管理。在对劳务分包队伍综合评价后，可以根据评价结果确定分级标准。通常把劳务分包队伍的等级划分为优秀、良好、合格、不合格。达到合格以上等级的劳务分包队伍可以继续留用；评定等级为不合格的，不得继续留用，应清退出场，并从建筑企业的“合格劳务分包队伍名录”中除名。同时，警示企业内部各相关单位，对不合格劳务分包队伍，两年内不予合作，再度合作前需重新进行评价。

4.1.6 劳务费用结算与支付管理

1. 劳务费结算与支付管理的要求

劳务费是指建筑工程总承包企业或者专业承包企业应支付给劳务分包企业的劳务作业人工费用。

(1) 按国务院政策要求，应当做到劳务费月清月结或按分包合同约定执行；同时应监督劳务分包队对农民工工资月清月结或按劳动合同约定执行，确保农民工工资按时足额发放给本人。

(2) 除合同另有约定，支付劳务费应当保障劳务分包队伍每月支付农民工基本工资人均不低于工程所在地最低工资标准，每年年底前做到100%支付。

2. 劳务费结算与支付管理的程序

(1) 劳务费的支付程序。

1) 由发包单位按照分包合同约定条款编制劳务费支付计划。

2) 由发包单位按照已完工程节点，预结、预付劳务费。

3) 工程完工后双方及时办理结算，由发包单位编制结算劳务费支付计划，按照合同约定时间支付。

4) 如出现因业主方的问题而拖延劳务费结算的情况，发包单位应与分包企业协商一致后调整支付计划。

5) 总包企业对各项目部劳务费发放过程进行监督检查，及时纠正和处理劳务费发放中违规问题，保证农民工工资支付到位。

6) 各项目部每月月末向总包企业主管部门报送劳务费支付情况表，准确反映劳务费支付情况。

(2) 劳务费的支付管理。

1) 总分包合作双方必须依法签订分包合同，分包合同应约定支付劳务人工费的时间、结算方式及保证按期支付的措施，确保劳务人工费和劳务工人工资的支付。

2) 支付劳务人工费时，只能向分包企业法人支付，不得向无资质的个体承包人支付。如果是委托代理人必须出具法定代表人书面委托书。

3) 分包工程发包人与分包工程承包人在工程施工过程中提前解除分包合同的，应按已完合格工程量结算劳务费，约定劳务费的支付金额和支付时间，并严格按约定条款履行。

4) 支付工程款时，应把劳务费列为第一支付顺序。劳务费支付时须经总包单位主要领导签字认可后，方可拨付。

5) 不得将工程违反规定发包、分包给不具备用工主体资格的组织或个人，否则将承担拖欠劳务费连带责任。

（3）劳务费管理的应急预案。

1）发生劳务费及劳务工资纠纷，先在项目部、总包单位内部协调处理，形成诉讼和仲裁的按合同约定方式进行处理。

2）项目部一旦发生劳务工资纠纷，应立即向总包单位报告，总包单位主管领导应及时赶到现场妥善处理。

3）总包单位各级管理部门在接待劳务工来访时，要做到态度诚恳，用语文明，不以任何理由或借口回避、推诿、拖延和矛盾上交。

4）发生劳务工上访，总包单位应派主管领导亲自处理，当天将处理情况向上级主管部门汇报。

5）发生劳务工工资纠纷时，如项目部确实无能力解决资金问题，应立即向总包单位报告，经批准后动用总包单位应急预备金。

6）总包单位每季度要组织一次劳务费支付情况排查，按时如实填报统计报表，及时掌握情况，对拖欠工资问题较多和可能引发矛盾激化的问题，要及时进行分析、研究，做到心中有数，提前采取措施，及时化解矛盾。

7）对拖欠数额较大一时难以全部解决的问题，要主动和分包队伍沟通，双方协商一致后，签订还款协议，并共同做好劳务工人的思想工作。

8）总包单位要保持与当地政府主管部门的紧密联系，按规定报送各种资料，通报有关情况，取得政府主管部门的支持，预防各种纠纷的发生。

4.2 劳动保护

4.2.1 制定劳动保护的内容和制度

1. 劳动保护的内容

劳动保护的内容见表4－7。

表4－7 劳动保护的内容

相关规定		内容
工作时间、休息时间、休假制度	工作时间	标准工作日：是指由国家法律统一规定的，在一般情况下，劳动者从事工作或劳动的时间
		缩短工作日：是指法律规定的少于标准工作日时数的工作日，即劳动者每天工作的时数少于8小时或者美洲工作的时数少于40小时（根据相关规定，下列情况应缩短工作日：化工行业从事有毒有害作业的工人，应根据生产的特点和条件分别实行“三工一休”制、每日工作6小时或7小时工作制或“定期轮流脱离接触”的工时制度；煤矿井下作业实行四班6小时工作制；纺织企业实行四班三运转制度；建筑、冶炼、森林采伐等从事繁重体力劳动的行业，根据本行业的特点实行不同程度缩短工作时间制）

续表 4-7

相关规定		内容
工作时间、休息时间、休假制度	工作时间	不定时工作日：又称为无定时工作日，是指没有固定工作时间限制的工作日（根据相关规定，下列情况可以实行不定时工作制：企业中的高级管理人员、外勤人员、推销人员、部分值班人员和其他因工作无法按标准工作时间衡量的职工；企业中的长途运输人员、出租车司机和铁路、港口、仓库的部分装卸人员以及因工作性质特殊，需机动作业的职工；其他因生产特点、工作特殊需要或指责范围的关系，适合实行不定时工作制的职工）
		综合计算工作日：是指用人单位根据生产和工作的特点，分别采取以周、月、季、年等为周期综合计算劳动者工作时间的一种工时形式（根据审批办法的规定，下列情况可以实行综合计算工作时间：交通、铁路、邮电、水运、航空、渔业等行业中因工作性质特殊，需连续作业的职工；地质及资源勘探、建筑、制盐、制糖、旅游等受季节和自然条件限制的行业的部分职工；其他适合实行综合计算工时工作制的职工）
		计件工作时间：是指以劳动者完成一定劳动定额为标准的工作时间
		延长工作时间
	休息时间、休假的规定	工作日内的间歇时间：间歇时间的长短可由各单位根据具体情况确定，一般不少于半小时
		两个工作日间的休息制度：我国实行 8 小时工作制，职工从一个工作日结束到下一个工作日开始前的休息时间一般为 15～16 个小时
		公休假日：《劳动法》规定用人单位应当保证劳动者每周至少休息 1 日。目前我国实行 5 天工作制，劳动者的公休假日为每周 2 天，一般安排在周六和周日
		法定假日：我国《劳动法》第四十条规定“用人单位在下列节假日期间应当依法安排劳动者休假：①元旦；②春节；③国际劳动节；④国庆节；⑤法律、法规规定的其他休假节日”
		年休假：是指法律规定的职工满一定的工作年限后，每年有的保留工作带薪连续休假
		探亲假：是指与父母或配偶分居两地的职工，每年享有的与父母或配偶团聚的假期

续表 4－7

相关规定		内　容
劳动安全与卫生	劳动安全管理制度：是法律所规定或确认的国家和用人单位为保护劳动者在劳动过程中的安全而采取的各项管理制度的统称	
	劳动卫生规程	防治粉尘危害：凡是有粉尘作业的用人单位，要努力实现生产设备的机械化。密闭化和自动化。设置吸尘、滤尘和通风设备，矿山采用湿式凿岩和机械通风等
		防治有毒物质危害：凡散发有害健康的蒸汽、气体的设备应加以密封，必要时应安装通风、净化设备；有毒物质和危险物品应分别储存在专设场所，并严格管理等
		防噪声和强光危害：对产生强烈噪声的生产，应尽可能在现有消声设备的工作场所中进行，并实行强噪声和低噪声分开工作。在有噪声、强光灯场所操作的工人，应供给护耳器、防护眼镜等
		防止电磁辐射危害：凡是存在电磁辐射的工作场所，应当设置电场屏蔽或磁场屏蔽体将电磁能量限制在所规定的空间内；实行远距离控制作业和自动化作业
		防暑降温、防冻取暖和防潮湿：工作场所应当保持一定温度和湿度，不宜过热、过冷、过湿
		通风和照明：工作场所的光线应该充足，采光部分不要遮蔽
		卫生保健：为增强从事有害健康作业的职工抵抗职业性中毒的能力，应满足特殊营养需要，免费发给保健食品
女职工、未成年工的劳动保护	女职工的劳动保护	合理安排女职工的工种和工作：女生身体结构和生理机能的特点，决定了其并不能完全同男子一样可以胜任任何工作
		对女职工实行“四期”保护：经期保护、孕期保护、产期保护、哺乳期保护
	未成年工的劳动保护	未成年工禁忌从事的劳动：用人单位招收未成年工，应在劳动过程中给予特殊保护，在工种、劳动时间、劳动强度和保护措施等方面严格执行国家有关规定，不得安排其从事过重、有毒、有害的劳动或危险作业
		对未成年工定期进行健康检查
		对未成年工的使用和特殊保护实行登记制度

2. 劳动保护的制度

企业必须严格执行国家和行业相关部门颁布的有关安全生产的法律、法规，同时建立、健全符合本企业特点的安全管理制度。

（1）安全生产责任制。企业安全生产责任制是企业岗位责任制的一个组成部分。它对企业各级领导、各职能部门、有关工程技术人员和生产工人在生产中应负的安全责任做出明确的规定。

实行安全生产责任制有利于增加生产经营单位和企业职工的责任感并调动他们安全生产的积极性。只有从上到下建立起严格的安全生产责任制，责任分明，各司其职，各负其责，让生产经营单位和企业的安全生产责任由大家来共同承担，安全工作才能形成一个整体管理体系，从而避免或减少事故的发生。

(2) 安全教育制度。安全经营教育的目的在于教育员工提高对安全经营重要意义的认识，使其自觉做好劳动保护工作、更好地掌握安全技术知识。

1）入厂教育。新入厂人员（包括新员工、临时工、外单位调入本厂人员等），均需经过工厂、车间（科）、班组（工段）三级安全教育。

2）特殊教育。从事电气、锅炉、焊接、爆破等特殊工种的工人必须接受专门的安全操作技术训练，经过考试合格后，取得特种作业证后，才能被准许操作。

3）日常安全教育。安全教育不能一劳永逸，必须经常不断地进行。经过安全教育已经掌握了的知识、技能，如果员工不经常使用，就会逐渐淡忘；随着生产技术进步、生产状况变化，又出现一些新的安全知识、技能需要掌握。因此，企业各级领导和各部门必须对员工开展经常性的安全教育。

经常性安全教育可分为以下六种形式：

①在每天的班前班后会上说明安全注意事项，讲评安全生产情况。

②安排安全活动日，进行安全教育、安全检查、安全装置的维护。

③召开安全生产会议，专题计划、布置、检查、总结、评比安全生产工作。

④召开事故现场会，分析造成事故的原因及教训，确认事故的责任者，制定防止事故重复发生的措施。

⑤总结发生事故的规律，有针对性地进行安全教育。

⑥组织工人参加安全技术交流，观看安全生产展览与劳动安全卫生电影、电视等，张贴安全生产宣传画、宣传标语及安全标志等，时刻提醒人们注意安全。

4）管理人员安全教育。管理人员安全教育的详细内容如下：

①企业法定代表人和厂长、经理。主要内容包括安全生产方针、政策、法规、规章制度、基本安全技术知识、基本安全管理知识的教育。

②技术干部。主要内容包括安全生产方针、政策和法律法规，其本职安全生产责任、典型事故案例剖析，系统安全生产工程知识，基本的安全技术知识。

③安全生产管理人员。主要内容包括国家有关安全生产的方针、政策、法规和标准、企业安全生产管理、安全技术、劳动卫生知识、安全文化、工伤保险、事故应急处理措施等。

进行安全思想、安全态度教育，要采取多种多样的形式，通过各种安全工作，激发职工搞好安全生产的积极性，使全体职工重视并真正实现安全生产。

(3) 安全考核制度。安全考核制度是对企业全体员工定期进行安全管理规章制度和安全措施执行情况的检查。按职责不同，安全考核的内容也有所不同。

根据安全工作评比的情况，对为安全工作做出贡献的人员给予表彰奖励；对忽视安全工作、造成各种损失者给予处罚。

（4）安全作业证制度。凡是对生产经营安全与从业人员安全健康有不良影响的各种作业活动，如动火、设备检修、维修、爆破等危险性作业，其组织者或作业者，需要事先提出申请，经生产经营单位的安全生产管理部门审查批准，发放作业许可证后才能从事该项作业活动。

（5）安全检查制度。安全检查是安全生产管理工作的一项重要内容，是消除事故隐患、落实整改措施、防止伤亡事故、改善劳动条件的重要手段。安全检查的内容包括以下三个层次：

1）对规章制度建立完善程度的检查。企业安全工作的基本保证来自健全的规章制度，虽然员工按照规章规程进行生产并不能绝对保证事故不发生，但若不按照安全规章规程操作，则发生事故的危险会大大增加。

2）对规章制度的执行情况的检查。安全检查的主要内容之一是检查其制度的执行情况。

3）安全隐患的检查。在制定的规章规程之外，可能还有一些人们所未知的危险因素，因此，安全检查的另一项重要内容就是发现制度中所未规定的危险因素或安全隐患。

危险因素或安全隐患安全检查按时间长短可分为：年检、季检、月检、周检、日检等安全检查的方法，方式可以是听、问、看、评等。

（6）安全事故管理制度。安全事故管理的内容包括事故的报告、统一调查、分析处理等一系列管理工作。

（7）劳动者健康检查制度。劳动者健康检查制度主要包括以下两类：

1）员工招聘健康检查。

2）企业员工定期体检。

在企业不断地发展过程中，上述规章制度也应不断地加以完善和充实，从而提高企业的安全生产技术和管理水平。

4.2.2 劳动保护措施及费用的相关规定

1. 不同作业环境下劳动保护措施的规定

为了更好地保护劳动者的职业健康、人身权利和安全生产，我国《职业病防治法》、《安全生产法》以及其他相关法律法规对不同的作业环境下的劳动保护措施做出了一系列规定。

（1）防治职业病环境下的劳动保护措施。

根据《职业病防治法》相关条款的规定，企业、事业单位和个体经济组织等用人单位，应当采取劳动保护措施，防止劳动者因接触粉尘、放射性物质和其他有毒、有害因素而引起疾病，即职业病。

第五条 用人单位应当建立、健全职业病防治责任制，加强对职业病防治的管理，提高职业病防治水平，对本单位产生的职业病危害承担责任。

第七条 用人单位必须依法参加工伤保险。

国务院和县级以上地方人民政府劳动保障行政部门应当加强对工伤保险的监督管理，确保劳动者依法享受工伤保险待遇。

第十四条 用人单位应当依照法律、法规要求，严格遵守国家职业卫生标准，落实职业病预防措施，从源头上控制和消除职业病危害。

第十五条 产生职业病危害的用人单位的设立除应当符合法律、行政法规规定的设立条件外，其工作场所还应当符合下列职业卫生要求：

（一）职业病危害因素的强度或者浓度符合国家职业卫生标准。

（二）有与职业病危害防护相适应的设施。

（三）生产布局合理，符合有害与无害作业分开的原则。

（四）有配套的更衣间、洗浴间、孕妇休息间等卫生设施。

（五）设备、工具、用具等设施符合保护劳动者生理、心理健康的要求。

（六）法律、行政法规和国务院卫生行政部门、安全生产监督管理部门关于保护劳动者健康的其他要求。

第二十一条 用人单位应当采取下列职业病防治管理措施：

（一）设置或者指定职业卫生管理机构或者组织，配备专职或者兼职的职业卫生管理人员，负责本单位的职业病防治工作。

（二）制定职业病防治计划和实施方案。

（三）建立、健全职业卫生管理制度和操作规程。

（四）建立、健全职业卫生档案和劳动者健康监护档案。

（五）建立、健全工作场所职业病危害因素监测及评价制度。

（六）建立、健全职业病危害事故应急救援预案。

第二十二条 用人单位应当保障职业病防治所需的资金投入，不得挤占、挪用，并对因资金投入不足导致的后果承担责任。

第二十三条 用人单位必须采用有效的职业病防护设施，并为劳动者提供个人使用的职业病防护用品。

用人单位为劳动者个人提供的职业病防护用品必须符合防治职业病的要求；不符合要求的，不得使用。

第二十四条 用人单位应当优先采用有利于防治职业病和保护劳动者健康的新技术、新工艺、新设备、新材料，逐步替代职业病危害严重的技术、工艺、设备、材料。

第二十七条 用人单位应当实施由专人负责的职业病危害因素日常监测，并确保监测系统处于正常运行状态。

用人单位应当按照国务院安全生产监督管理部门的规定，定期对工作场所进行职业病危害因素检测、评价。检测、评价结果存入用人单位职业卫生档案，定期向所在地安全生产监督管理部门报告，并向劳动者公布。

职业病危害因素检测、评价由依法设立的取得国务院安全生产监督管理部门或者设区的市级以上地方人民政府安全生产监督管理部门，按照职责分工给予资质认可的职业卫生技术服务机构进行。职业卫生技术服务机构所作检测、评价应当客观、真实。

发现工作场所职业病危害因素不符合国家职业卫生标准和卫生要求时，用人单位应当立即采取相应治理措施，仍然达不到国家职业卫生标准和卫生要求的，必须停止存在职业病危害因素的作业；职业病危害因素经治理后，符合国家职业卫生标准和卫生要求的，方可重新作业。

（2）安全生产环境下的劳动保护措施。

为了预防和减少生产安全事故，保障人民群众生命财产安全，我国《安全生产法》中的相关条款明确规定了生产经营单位的安全生产和劳动保护措施。

第十七条 生产经营单位应当具备本法和有关法律、行政法规和国家标准或者行业标准规定的安全生产条件；不具备安全生产条件的，不得从事生产经营活动。

第十九条 生产经营单位的安全生产责任制应当明确各岗位的责任人员、责任范围和考核标准等内容。

生产经营单位应当建立相应的机制，加强对安全生产责任制落实情况的监督考核，保证安全生产责任制的落实。

第二十一条 矿山、金属冶炼、建筑施工、道路运输单位和危险物品的生产、经营、储存单位，应当设置安全生产管理机构或者配备专职安全生产管理人员。

前款规定以外的其他生产经营单位，从业人员超过一百人的，应当设置安全生产管理机构或者配备专职安全生产管理人员；从业人员在一百人以下的，应当配备专职或者兼职的安全生产管理人员。

第二十四条 生产经营单位的主要负责人和安全生产管理人员必须具备与本单位所从事的生产经营活动相应的安全生产知识和管理能力。

危险物品的生产、经营、储存单位以及矿山、金属冶炼、建筑施工、道路运输单位的主要负责人和安全生产管理人员，应当由主管的负有安全生产监督管理职责的部门对其安全生产知识和管理能力考核合格。考核不得收费。

危险物品的生产、储存单位以及矿山、金属冶炼单位应当有注册安全工程师从事安全生产管理工作。鼓励其他生产经营单位聘用注册安全工程师从事安全生产管理工作。注册安全工程师按专业分类管理，具体办法由国务院人力资源和社会保障部门、国务院安全生产监督管理部门会同国务院有关部门制定。

第二十五条 生产经营单位应当对从业人员进行安全生产教育和培训，保证从业人员具备必要的安全生产知识，熟悉有关的安全生产规章制度和安全操作规程，掌握本岗位的安全操作技能，了解事故应急处理措施，知悉自身在安全生产方面的权利和义务。未经安全生产教育和培训合格的从业人员，不得上岗作业。

生产经营单位使用被派遣劳动者的，应当将被派遣劳动者纳入本单位从业人员统一管理，对被派遣劳动者进行岗位安全操作规程和安全操作技能的教育和培训。劳务派遣单位应当对被派遣劳动者进行必要的安全生产教育和培训。

生产经营单位接收中等职业学校、高等学校学生实习的，应当对实习学生进行相应的安全生产教育和培训，提供必要的劳动防护用品。学校应当协助生产经营单位对实习学生进行安全生产教育和培训。

生产经营单位应当建立安全生产教育和培训档案，如实记录安全生产教育和培训的时间、内容、参加人员以及考核结果等情况。

第二十六条 生产经营单位采用新工艺、新技术、新材料或者使用新设备，必须了解、掌握其安全技术特性，采取有效的安全防护措施，并对从业人员进行专门的安全生产教育和培训。

第二十七条 生产经营单位的特种作业人员必须按照国家有关规定经专门的安全作业培训，取得相应资格，方可上岗作业。

特种作业人员的范围由国务院安全生产监督管理部门会同国务院有关部门确定。

第三十二条 生产经营单位应当在有较大危险因素的生产经营场所和有关设施、设备上，设置明显的安全警示标志。

第三十三条 安全设备的设计、制造、安装、使用、检测、维修、改造和报废，应当符合国家标准或者行业标准。

生产经营单位必须对安全设备进行经常性维护、保养，并定期检测，保证正常运转。维护、保养、检测应当做好记录，并由有关人员签字。

第三十四条 生产经营单位使用的危险物品的容器、运输工具，以及涉及人身安全、危险性较大的海洋石油开采特种设备和矿山井下特种设备，必须按照国家有关规定，由专业生产单位生产，并经具有专业资质的检测、检验机构检测、检验合格，取得安全使用证或者安全标志，方可投入使用。检测、检验机构对检测、检验结果负责。

第三十五条 国家对严重危及生产安全的工艺、设备实行淘汰制度，具体目录由国务院安全生产监督管理部门会同国务院有关部门制定并公布。法律、行政法规对目录的制定另有规定的，适用其规定。

省、自治区、直辖市人民政府可以根据本地区实际情况制定并公布具体目录，对前款规定以外的危及生产安全的工艺、设备予以淘汰。

生产经营单位不得使用应当淘汰的危及生产安全的工艺、设备。

第三十六条 生产、经营、运输、储存、使用危险物品或者处置废弃危险物品的，由有关主管部门依照有关法律、法规的规定和国家标准或者行业标准审批并实施监督管理。

生产经营单位生产、经营、运输、储存、使用危险物品或者处置废弃危险物品，必须执行有关法律、法规和国家标准或者行业标准，建立专门的安全管理制度，采取可靠的安全措施，接受有关主管部门依法实施的监督管理。

第三十七条 生产经营单位对重大危险源应当登记建档，进行定期检测、评估、监控，并制定应急预案，告知从业人员和相关人员在紧急情况下应当采取的应急措施。

生产经营单位应当按照国家有关规定将本单位重大危险源及有关安全措施、应急措施报有关地方人民政府安全生产监督管理部门和有关部门备案。

第三十八条 生产经营单位应当建立健全生产安全事故隐患排查治理制度，采取技术、管理措施，及时发现并消除事故隐患。事故隐患排查治理情况应当如实记录，并向从业人员通报。

县级以上地方各级人民政府负有安全生产监督管理职责的部门应当建立健全重大事故隐患治理督办制度，督促生产经营单位消除重大事故隐患。

第三十九条 生产、经营、储存、使用危险物品的车间、商店、仓库不得与员工宿舍在同一座建筑物内，并应当与员工宿舍保持安全距离。

生产经营场所和员工宿舍应当设有符合紧急疏散要求、标志明显、保持畅通的出口。禁止锁闭、封堵生产经营场所或者员工宿舍的出口。

第四十条 生产经营单位进行爆破、吊装以及国务院安全生产监督管理部门会同国务院有关部门规定的其他危险作业，应当安排专门人员进行现场安全管理，确保操作规程的遵守和安全措施的落实。

第四十一条 生产经营单位应当教育和督促从业人员严格执行本单位的安全生产规章制度和安全操作规程；并向从业人员如实告知作业场所和工作岗位存在的危险因素、防范措施以及事故应急措施。

第四十二条 生产经营单位必须为从业人员提供符合国家标准或者行业标准的劳动防护用品，并监督、教育从业人员按照使用规则佩戴、使用。

第四十三条 生产经营单位的安全生产管理人员应当根据本单位的生产经营特点，对安全生产状况进行经常性检查；对检查中发现的安全问题，应当立即处理；不能处理的，应当及时报告本单位有关负责人，有关负责人应当及时处理。检查及处理情况应当如实记录在案。

生产经营单位的安全生产管理人员在检查中发现重大事故隐患，依照前款规定向本单位有关负责人报告，有关负责人不及时处理的，安全生产管理人员可以向主管的负有安全生产监督管理职责的部门报告，接到报告的部门应当依法及时处理。

第四十四条 生产经营单位应当安排用于配备劳动防护用品、进行安全生产培训的经费。

(3) 工程施工环境下的劳动保护措施。

根据国务院颁布的《建设工程安全生产管理条例》的要求，在土木工程、建筑工程、线路管道和设备安装工程及装修工程的施工过程中，施工单位必须要强化劳动保护措施。

第二十二条 施工单位对列入建设工程概算的安全作业环境及安全施工措施所需费用，应当用于施工安全防护用具及设施的采购和更新、安全施工措施的落实、安全生产条件的改善，不得挪作他用。

第二十四条 建设工程实行施工总承包的，由总承包单位对施工现场的安全生产负总责。

总承包单位应当自行完成建设工程主体结构的施工。

总承包单位依法将建设工程分包给其他单位的，分包合同中应当明确各自的安全生产方面的权利、义务。总承包单位和分包单位对分包工程的安全生产承担连带责任。

分包单位应当服从总承包单位的安全生产管理，分包单位不服从管理导致生产安全事故的，由分包单位承担主要责任。

第二十五条 垂直运输机械作业人员、安装拆卸工、爆破作业人员、起重信号工、登高架设作业人员等特种作业人员，必须按照国家有关规定经过专门的安全作业培训，并取得特种作业操作资格证书后，方可上岗作业。

第二十六条 施工单位应当在施工组织设计中编制安全技术措施和施工现场临时用电方案，对下列达到一定规模的危险性较大的分部分项工程编制专项施工方案，并附具安全验算结果，经施工单位技术负责人、总监理工程师签字后实施，由专职安全生产管理人员进行现场监督：

（一）基坑支护与降水工程。

（二）土方开挖工程。

（三）模板工程。

（四）起重吊装工程。

（五）脚手架工程。

（六）拆除、爆破工程。

（七）国务院建设行政主管部门或者其他有关部门规定的其他危险性较大的工程。

对前款所列工程中涉及深基坑、地下暗挖工程、高大模板工程的专项施工方案，施工单位还应当组织专家进行论证、审查。

本条第一款规定的达到一定规模的危险性较大工程的标准，由国务院建设行政主管部门会同国务院其他有关部门制定。

第二十八条　施工单位应当在施工现场入口处、施工起重机械、临时用电设施、脚手架、出入通道口、楼梯口、电梯井口、孔洞口、桥梁口、隧道口、基坑边沿、爆破物及有害危险气体和液体存放处等危险部位，设置明显的安全警示标志。安全警示标志必须符合国家标准。

施工单位应当根据不同施工阶段和周围环境及季节、气候的变化，在施工现场采取相应的安全施工措施。施工现场暂时停止施工的，施工单位应当做好现场防护，所需费用由责任方承担，或者按照合同约定执行。

第二十九条　施工单位应当将施工现场的办公、生活区与作业区分开设置，并保持安全距离；办公、生活区的选址应当符合安全性要求。职工的膳食、饮水、休息场所等应当符合卫生标准。施工单位不得在尚未竣工的建筑物内设置员工集体宿舍。

施工现场临时搭建的建筑物应当符合安全使用要求。施工现场使用的装配式活动房屋应当具有产品合格证。

第三十条　施工单位对因建设工程施工可能造成损害的毗邻建筑物、构筑物和地下管线等，应当采取专项防护措施。

施工单位应当遵守有关环境保护法律、法规的规定，在施工现场采取措施，防止或者减少粉尘、废气、废水、固体废物、噪声、振动和施工照明对人和环境的危害和污染。

在城市市区内的建设工程，施工单位应当对施工现场实行封闭围挡。

第三十一条　施工单位应当在施工现场建立消防安全责任制度，确定消防安全责任人，制定用火、用电、使用易燃易爆材料等各项消防安全管理制度和操作规程，设置消防通道、消防水源，配备消防设施和灭火器材，并在施工现场入口处设置明显标志。

第三十二条　施工单位应当向作业人员提供安全防护用具和安全防护服装，并书面告知危险岗位的操作规程和违章操作的危害。

作业人员有权对施工现场的作业条件、作业程序和作业方式中存在的安全问题提出批评、检举和控告，有权拒绝违章指挥和强令冒险作业。

在施工中发生危及人身安全的紧急情况时，作业人员有权立即停止作业或者在采取必要的应急措施后撤离危险区域。

第三十三条　作业人员应当遵守安全施工的强制性标准、规章制度和操作规程，正确使用安全防护用具、机械设备等。

第三十四条 施工单位采购、租赁的安全防护用具、机械设备、施工机具及配件，应当具有生产（制造）许可证、产品合格证，并在进入施工现场前进行查验。

施工现场的安全防护用具、机械设备、施工机具及配件必须由专人管理，定期进行检查、维修和保养，建立相应的资料档案，并按照国家有关规定及时报废。

第三十五条 施工单位在使用施工起重机械和整体提升脚手架、模板等自升式架设设施前，应当组织有关单位进行验收，也可以委托具有相应资质的检验检测机构进行验收；使用承租的机械设备和施工机具及配件的，由施工总承包单位、分包单位、出租单位和安装单位共同进行验收。验收合格的方可使用。

《特种设备安全监察条例》规定的施工起重机械，在验收前应当经有相应资质的检验检测机构监督检验合格。

施工单位应当自施工起重机械和整体提升脚手架、模板等自升式架设设施验收合格之日起 30 日内，向建设行政主管部门或者其他有关部门登记。登记标志应当置于或者附着于该设备的显著位置。

第三十七条 作业人员进入新的岗位或者新的施工现场前，应当接受安全生产教育培训。未经教育培训或者教育培训考核不合格的人员，不得上岗作业。

施工单位在采用新技术、新工艺、新设备、新材料时，应当对作业人员进行相应的安全生产教育培训。

第三十八条 施工单位应当为施工现场从事危险作业的人员办理意外伤害保险。

意外伤害保险费由施工单位支付。实行施工总承包的，由总承包单位支付意外伤害保险费。意外伤害保险期限自建设工程开工之日起至竣工验收合格止。

2. 劳动保护费用的规定

劳动保护费用是指确因工作需要为生产作业人员配备或提供工作服、手套、安全保护用品等所发生支出。

劳动保护费支出系指确因工作需要在规定范围和标准内的劳动保护用品、安全防护用品支出，清凉饮料、解毒剂等防暑降温用品及应由劳动保护费开支的保健食品、特殊工种保健津贴待遇等费用，职业病预防检查费等。广义的劳动保护费支出还包括劳动保护宣传费用，购置不构成固定资产的安全装置、卫生设备、通风设备等，但增加固定资产的劳动保护措施费不包括在内。

根据国家有关规定，生产经营单位按照保障安全生产要求，用于隐患排查治理，配备劳动防护用品进行安全生产教育培训和应急演练等费用，在生产成本中据实列支。

4.2.3 职业卫生与防护

《职业病防治法》第二条规定，职业病，是指企业、事业单位和个体经济组织的劳动者在职业活动中，因接触粉尘、放射性物质和其他有毒、有害物质所引起的疾病。

职业病危害，是指对从事职业活动的劳动者可能导致职业病的各种危害。其危害因素包括职业活动中存在的各种有害的化学、物理、生物因素以及在作业过程中产生的有其他职业危害的因素。

《职业病防治法》第四条规定，劳动者依法享有职业卫生保护的权利。

用人单位应当为劳动者创造符合国家职业卫生标准和卫生要求的工作环境和条件，并采取措施保障劳动者获得职业卫生保护。

工会组织依法对职业病防治工作进行监督，维护劳动者的合法权益。用人单位制定或者修改有关职业病防治的规章制度，应当听取工会组织的意见。

《职业病防治法》第五条规定，用人单位应当建立、健全职业病防治责任制，加强对职业病防治的管理，提高职业病防治水平，对本单位产生的职业病危害承担责任。

《职业病防治法》第七条规定，用人单位必须依法参加工伤保险。

国务院和县级以上地方人民政府劳动保障行政部门应当加强对工伤社会保险的监督管理，确保劳动者依法享受工伤保险待遇。

1．职业病前期预防

《职业病防治法》对前期预防的相关规定内容如下：

第十四条　用人单位应当依照法律、法规要求，严格遵守国家职业卫生标准，落实职业病预防措施，从源头上控制和消除职业病危害。

第十五条　产生职业病危害的用人单位的设立除应当符合法律、行政法规规定的设立条件外，其工作场所还应当符合下列职业卫生要求：

（一）职业病危害因素的强度或者浓度符合国家职业卫生标准。

（二）有与职业病危害防护相适应的设施。

（三）生产布局合理，符合有害与无害作业分开的原则。

（四）有配套的更衣间、洗浴间、孕妇休息间等卫生设施。

（五）设备、工具、用具等设施符合保护劳动者生理、心理健康的要求。

（六）法律、行政法规和国务院卫生行政部门、安全生产监督管理部门关于保护劳动者健康的其他要求。

第十六条　国家建立职业病危害项目申报制度。

用人单位工作场所存在职业病目录所列职业病的危害因素的，应当及时、如实向所在地安全生产监督管理部门申报危害项目，接受监督。

职业病危害因素分类目录由国务院卫生行政部门会同国务院安全生产监督管理部门制定、调整并公布。职业病危害项目申报的具体办法由国务院安全生产监督管理部门制定。

第十七条　新建、扩建、改建建设项目和技术改造、技术引进项目（以下统称建设项目）可能产生职业病危害的，建设单位在可行性论证阶段应当向安全生产监督管理部门提交职业病危害预评价报告。安全生产监督管理部门应当自收到职业病危害预评价报告之日起三十日内，做出审核决定并书面通知建设单位。未提交预评价报告或者预评价报告未经安全生产监督管理部门审核同意的，有关部门不得批准该建设项目。

职业病危害预评价报告应当对建设项目可能产生的职业病危害因素及其对工作场所和劳动者健康的影响做出评价，确定危害类别和职业病防护措施。

建设项目职业病危害分类管理办法由国务院安全生产监督管理部门制定。

第十八条　建设项目的职业病防护设施所需费用应当纳入建设项目工程预算，并与主体工程同时设计，同时施工，同时投入生产和使用。职业病危害严重的建设项目的防护设施设计，应当经安全生产监督管理部门审查，符合国家职业卫生标准和卫生要求的，方可施工。

建设项目在竣工验收前，建设单位应当进行职业病危害控制效果评价。建设项目竣工验收时，其职业病防护设施经安全生产监督管理部门验收合格后，方可投入正式生产和使用。

第十九条 职业病危害预评价、职业病危害控制效果评价由依法设立的取得国务院安全生产监督管理部门或者设区的市级以上地方人民政府安全生产监督管理部门按照职责分工给予资质认可的职业卫生技术服务机构进行。职业卫生技术服务机构所作评价应当客观、真实。

第二十条 国家对从事放射性、高毒、高危粉尘等作业实行特殊管理。具体管理办法由国务院制定。

2. 职业病防护

(1)《职业病防治法》对防护措施的相关规定内容如下：

1）用人单位必须采用有效的职业病防护设施，并为劳动者提供个人使用的职业病防护用品。用人单位为劳动者个人提供的职业病防护用品必须符合防治职业病的要求。

2）用人单位应当优先采用有利于防治职业病和保护劳动者健康的新技术、新工艺、新材料，逐步替代职业病危害严重的技术、工艺、材料。

3）产生职业病危害的用人单位，应当在醒目位置设置公告栏，公布有关职业病防治的规章制度、操作规程、职业病危害事故的应急救援措施和工作场所职业病危害因素检测结果。对产生严重职业病危害的作业岗位，应当在其醒目位置，设置警示标识和中文警示说明。警示说明应当载明职业病危害的种类、后果、预防以及应急救治措施等内容。

4）对可能发生急性职业损伤的有毒、有害工作场所，用人单位应当设置报警装置，配置现场急救用品、冲洗设备、应急撤离通道和必要的泄险区。对放射工作场所和放射性同位素的运输、贮存，用人单位必须配置防护设备和报警装置，保证接触放射线的工作人员佩戴个人剂量计。

5）对于职业病防护设备、应急救援设施和个人使用的职业病防护用品，用人单位应当进行经常性的维护、检修，定期检测其性能和效果，确保其处于正常状态，不得擅自拆除或者停止使用。

(2) 用人单位应当采取的职业病防治管理措施。根据《职业病防治法》相关规定，用人单位应当采取下列职业病防治管理措施：

1）设置或者指定职业卫生管理机构或者组织，配备专职或者兼职的职业卫生专业人员，负责本单位的职业病防治工作。

2）制订职业病防治计划和实施方案。

3）建立、健全职业卫生管理制度和操作规程。

4）建立、健全职业卫生档案和劳动者健康监护档案。

5）建立、健全工作场所职业病危害因素监测及评价制度。

6）建立、健全职业病危害事故应急救援预案。

另外，在劳动者职业健康保护方面，应参照《职业病防治法》中的相关规定。

4.2.4 劳动防护用品管理

劳动防护用品是指劳动者在劳动过程中为免遭或减轻事故伤害或职业危害所配备的防护装备。

1. 劳动防护用品选择

企业选用劳动防护用品时，应购置选用符合国家标准，并且具有产品检验认证的劳动防护用品；选用的特种劳动防护用品应有相应的生产许可证编号、产品合格证和安全鉴定证。除此之外，还需考虑以下六个因素：

(1) 根据工作场所有害因素选用。

(2) 根据作业类别选用。

(3) 根据工作场所有害因素的测定值选用。

(4) 根据有害物对人体作用部位选用。

(5) 根据劳动强度选用。

(6) 根据人体尺寸选用。

2. 劳动防护用品的配备与使用

用人单位必须采用有效的职业病防护设施，并为劳动者提供个人使用的职业病防护用品。用人单位为劳动者个人提供的职业病防护用品必须符合防治职业病的要求；不符合要求的，不得使用。

企业应当督促、教育和监督员工正确佩戴和使用劳动防护用品。

4.2.5 安全生产经营监察

1. 安全生产的概念

安全检查是一项综合性的安全管理措施，是建立良好安全生产环境、做好安全生产工作的重要手段之一，也是企业防止事故、减少职业病的有效方法。

2. 安全生产经营检查的主要内容

安全检查的主要内容包括：企业安全生产管理人员进行日常检查，安全部利用《安全检查表》进行巡视检查，操作人员对本岗位的设备、设施和工具进行经常性检查。各部门人员经常深入作业现场进行安全检查，有利于及时掌握情况、发现问题、解决问题。

4.2.6 用人单位的法律责任

(1) 用人单位制制定的劳动规章违反劳动法律、法规规定的法律责任。用人单位有权根据情况和需要，按照国家法律、法规的规定，制定单位内部具有普遍约束力、产生法律效力的行为规则、章程、措施和制度。但是，所有内部规章制度不得与宪法、法律、行政法规相抵触。一旦发现抵触，由有权的劳动行政部门及有关机关予以纠正。具有违法行为的用人单位应承担一定的法律责任：由劳动行政部门给予警告，并责令限期改正，逾期不改的，应给予通报批评；对劳动者造成损害的，应当承担赔偿责任。

(2) 用人单位违反工作时间、休息和休假法规的法律责任。用人单位违反《劳动法》及《国务院关于职工工作时间的规定》等，由劳动行政部门给予警告，责令改正，并可以处以罚款。其罚款可按每名劳动者延长工作时间1小时罚款100元以下的标准处罚；必要时，劳动行政部门对责任者可以根据上述法定不同罚则合并给予处罚。

（3）用人单位侵害有关工资报酬合法权益的法律责任。用人单位有下列侵害劳动者合法权益情形之一的，由劳动行政部门责令支付劳动者的工资报酬、经济补偿，并可以责令支付赔偿金：①克扣或者无故拖欠劳动者工资的；②拒不支付劳动者延长工作时间工资报酬的；③低于当地最低工资标准支付劳动者工资的；④解除劳动合同后，未依照本法规定给予劳动者经济补偿的。

（4）用人单位非法招用童工的法律责任。用人单位非法招用未满十六周岁的未成年人的，由劳动行政部门责令改正，处以罚款；情节严重的，由工商行政管理部门吊销营业执照。同时国务院还于2002年9月18日公布修订的《禁止使用童工规定》对于用人单位非法招用童工的行为进一步明确规定了应负的行政责任、民事责任、刑事责任。

（5）用人单位违反对女职工及未成年工特殊保护规定的法律责任。用人单位违反本法对女职工和未成年工的保护规定，侵害其合法权益的，由劳动行政部门责令改正，处以罚款；对女职工或者未成年工造成损害的，应当承担赔偿责任。

（6）用人单位违反劳动合同的法律责任。我国《劳动法》、《劳动合同法》对用人单位违反劳动合同规定的法律责任，分别作了明确规定，主要有行政处罚、行政处分、经济赔偿和刑事责任。

（7）用人单位违反社会保险法规的法律责任。我国劳动法第一百条规定：用人单位无故不缴纳社会保险费的，由劳动行政部门责令其限期缴纳；逾期不缴的，可以加收滞纳金。《违反〈中华人民共和国劳动法〉行政处罚办法》第十七条明确规定：用人单位无故不缴纳社会保险费的，应责令其限期缴纳；逾期不缴的，除责令其补交所欠款额外，可以按每日加收所欠款额千分之二的滞纳金。滞纳金收入并入社会保险基金。

（8）用人单位无理阻挠行政监督的法律责任。我国《劳动法》第一百零一条规定：用人单位无理阻挠劳动行政部门、有关部门及其工作人员行使监督检查权，打击报复举报人员的，由劳动行政部门或者有关部门处以罚款；构成犯罪的，对责任人员依法追究刑事责任。《违反〈中华人民共和国劳动法〉行政处罚办法》第十八条明确规定：用人单位无理阻挠劳动行政部门及其劳动监察人员行使监督检查权，或者打击报复举报人员的，处以一万元以下罚款。

5 劳动合同管理

5.1 劳动合同管理概述

5.1.1 劳动合同的概念

我国《劳动法》第十六条规定："劳动合同是劳动者与用人单位确立劳动关系、明确双方权利和义务的协议。建立劳动关系应当订立劳动合同。"

《劳动法》第十七条规定："订立和变更劳动合同，应当遵循平等自愿、协商一致的原则，不得违反法律、行政法规的规定。劳动合同依法订立即具有法律约束力，当事人必须履行劳动合同规定的义务。"

劳动合同的主体分别是用人单位与劳动者。用人单位方可以是企业、个体经济组织或民办非企业单位，也可以是国家机关、事业单位或社会团体；劳动者方可以是自然人的个人，也可以是自然人的群体。

5.1.2 劳动合同的种类

劳动合同按照不同的标准可以有不同的分类见表 5－1。

表 5－1 劳动合同的分类

序号	分类标准	分类	备注
1	按照劳动合同期限的长短划分	有固定期限的劳动合同	有固定期限的劳动合同是指企业等用人单位与劳动者订立的有一定期限的劳动协议。合同期限届满，双方当事人的劳动法律关系即行终止。如果双方同意，还可以续订合同，延长期限
		无固定期限的劳动合同	无固定期限的劳动合同是指企业等用人单位与劳动者签订的、没有期限规定的劳动协议。 用人单位与劳动者协商一致，可以订立无固定期限劳动合同。有下列情形之一，劳动者提出或者同意续订、订立劳动合同的，除劳动者提出订立固定期限劳动合同外，应当订立无固定期限劳动合同： 1. 劳动者在该用人单位连续工作满十年的； 2. 用人单位初次实行劳动合同制度或者国有企业改制重新订立劳动合同时，劳动者在用人单位连续工作满十年且具法定退休年龄不足十年的； 新订立劳动合同时，劳动者在该用人单位连续工作满十年且距法定退休年龄不足十年的；

续表 5－1

序号	分类标准	分类	备　注
1	按照劳动合同期限的长短划分	无固定期限的劳动合同	3. 连续订立二次固定期限劳动合同，且劳动者没有《劳动合同法》第 39 条和第 40 条第 1 项、第 2 项规定的情形，续订劳动合同的； 用人单位自用工之日起满一年不与劳动者订立书面劳动合同的，视为用人单位与劳动者已订立无固定期限劳动合同
		以完成一定工作为期限的劳动合同	以完成一定工作为期限的劳动合同是指以劳动者所担负的工作任务来确定合同期限的劳动合同。如以完成某项科研，以及带有临时性、季节性的劳动合同。合同双方当事人在合同存续期间建立的是劳动法律关系，劳动者要加入劳动单位集体，遵守劳动单位内部规则，享受某种劳动保险待遇。 我国劳动法就是按照劳动合同的这一分类标准，将劳动合同的期限分为有固定期限、无固定期限和以完成一定的工作为期限。为了充分保护劳动者的合法权益，《劳动法》特别规定：劳动者在同一用人单位连续工作满十年以上，当事人双方同意续延劳动合同的，如果劳动者提出订立无固定期限的劳动合同，应当订立无固定期限的劳动合同。以避免用人单位只使用劳动者的“黄金年龄”
2	按照劳动合同产生的方式划分	录用合同	录用合同是指用人单位在国家劳动部门下达的劳动指标内，通过公开招收、择优录用的方式订立的劳动合同。录用合同一般适用于招收普通劳动者。目前，全民所有制企业、国家机关、事业单位、社会团体等用人单位招收录用劳动合同的特点是：用人单位按照预先规定的条件，面向社会，公开招收劳动者；应招者根据用人单位公布的条件，自愿报名；用人单位全面考核、择优录用劳动者；双方签订劳动合同
		聘用合同	聘用合同也叫聘任合同，它是指用人单位通过向特定的劳动者发聘书的方式，直接建立劳动关系的合同。这种合同一般适用于招聘有技术业务专长的特定劳动者。如企业聘请技术顾问、法律顾问等
		借调合同	借调合同也叫借用合同，它是借调单位、被借调单位与借调职工个人之间，为借调职工从事某种工作，明确相互责任、权利和义务的协议。借调合同一般适用于借调单位急需作用的工人或职工。当借调合同终止时，借调职工仍然回原单位工作
3	按照劳动者一方人数的不同划分	个人劳动合同	个人劳动合同一般是由劳动者个人同用人单位签订
		集体合同	集体合同一般是指在中外合资企业中，由工会代表劳动者集体同企业签订的合同

续表 5-1

序号	分类标准	分类	备注
4	按照生产资料所有制性质的不同划分	全民所有制单位劳动合同	—
		集体所有制单位劳动合同	—
		个体单位劳动合同	—
		私营企业劳动合同	—
		外商投资企业劳动合同	—
5	按照用工制度种类的不同划分	固定工劳动合同	—
		合同工人劳动合同	—
		农民工劳动合同	—
		临时工（季节工）劳动合同	—

5.1.3 劳动合同的特征

（1）劳动合同的主体是特定的，即一方是劳动者，另一方是用人单位。

（2）劳动合同的内容是劳动权利和义务。根据劳动合同，劳动者须在劳动合同有效期内为用人单位进行工作，用人单位负责提供劳动条件和劳动报酬等。劳动者通过劳动获得的收益来维持自己的生存和履行法定的赡养、抚养和扶助义务。用人单位通过支付报酬来换取职工的劳动力以取得利润。这样在劳动合同中以劳动付出和劳动报酬互为条件，实现了主体双方权利和义务的统一。

（3）劳动合同是诺成性合同。订立劳动合同只要双方当事人协商一致，合同即可签订。

5.2 劳动合同的条款

5.2.1 劳动用工模式

根据《劳动法》和《劳动合同法》的规定，劳动用工模式主要分为：全日制劳动用工模式、非全日制劳动用工模式以及劳务派遣模式，见表 5-2。

表5-2 劳动用工模式

序号	用工模式	内容
1	全日制用工	全日制用工是指规定了劳动时间和劳动合同期限等主要内容的用工模式。 全日制用工模式具有稳定性和持久性，对用人单位培养人才、长远发展、调动员工工作积极性、形成企业凝聚力有利；对劳动者而言具有保障性、稳定性和发挥个人能力和提升个人有利。全日制用工模式也是目前绝大多数用人单位普遍采用的劳动用工模式
2	非全日制用工	非全日制用工是指以小时计酬为主，劳动者在同一用人单位一般平均每日工作时间不超过四小时，每周工作时间累计不超过二十四小时的用工形式。 1. 非全日制用工双方当事人可以订立口头协议。从事非全日制用工的劳动者可以与一个或者一个以上用人单位订立劳动合同；但是，后订立的劳动合同不得影响先订立的劳动合同的履行。 2. 非全日制用工双方当事人不得约定试用期。 3. 非全日制用工双方当事人任何一方都可以随时通知对方终止用工。终止用工时，用人单位不向劳动者支付经济补偿。 4. 非全日制用工小时计酬标准不得低于用人单位所在地人民政府规定的最低小时工资标准。非全日制用工劳动报酬结算支付周期最长不得超过十五日。 非全日制用工模式主要适用于兼职类工作，对用人单位而言具有操作灵活、简单易行；对劳动者而言可以与多个用人单位同时订立非全日制劳动合同
3	劳务派遣	劳务派遣又称劳动力派遣、人才租赁，是指依法设立的劳务派遣单位与劳动者订立劳动合同，依据与接受劳务派遣单位（实际用工单位）订立的劳务派遣协议，将劳动者派遣到实际用工单位工作，由派遣单位向劳动者支付工资、福利及社会保险费用，实际用工单位提供劳动条件并按照劳务派遣协议支付用工费用的劳动用工模式。这种用工模式的显著特征是劳动者的聘用与使用相分离。 1. 劳务派遣单位应当与被派遣劳动者订立二年以上的固定期限劳动合同，按月支付劳动报酬；被派遣劳动者在无工作期间，劳务派遣单位应当按照所在地人民政府规定的最低工资标准，向其按月支付报酬。 2. 劳务派遣单位派遣劳动者应当与接受以劳务派遣形式用工的单位（以下称用工单位）订立劳务派遣协议。劳务派遣协议应当约定派遣岗位和人员数量、派遣期限、劳动报酬和社会保险费的数额与支付方式以及违反协议的责任。 用工单位应当根据工作岗位的实际需要与劳务派遣单位确定派遣期限，不得将连续用工期限分割订立数个短期劳务派遣协议。 3. 劳务派遣单位应当将劳务派遣协议的内容告知被派遣劳动者。 劳务派遣单位不得克扣用工单位按照劳务派遣协议支付给被派遣劳动者的劳动报酬，劳务派遣单位和用工单位不得向被派遣劳动者收取费用。 4. 劳务派遣单位跨地区派遣劳动者的，被派遣劳动者享有的劳动报酬和劳动条件，按照用工单位所在地的标准执行。 5. 被派遣劳动者享有与用工单位的劳动者同工同酬的权利。用工单位无同类岗位劳动者的，参照用工单位所在地相同或者相近岗位劳动者的劳动报酬确定。 6. 被派遣劳动者有权在劳务派遣单位或者用工单位依法参加或者组织工会，维护自身的合法权益

上述三种用工模式各有优劣。在建筑施工项目领域，目前较为普遍的是采用全日制的劳动用工模式。

5.2.2 劳动合同的期限和试用期限

1. 劳动合同期限

劳动合同期限是合同的有效时间，起于劳动合同生效之时，终于劳动合同终止或解除之时。劳动合同可以有固定期限，也可以无固定期限或者以完成一定的工作为期限。劳动合同期满即终止。劳动合同终止要出现终止的条件，劳动合同的终止条件是指在劳动合同履行过程中，当出现某种事件或某种行为时，劳动合同即终止。劳动合同终止的条件只能是时间之外的某种事件或行为。劳动合同中应有规定期限的条款，当没有规定又不能通过其他方法明确必要的期限时，劳动合同不能成立。就具体的劳动合同而言，当事人在不违背法律禁止性规定的前提下，可自行协商解除合同期限。

2. 试用期限

根据我国《劳动合同法》的规定，试用期限主要有以下几种情况：

1）劳动合同期限三个月以上不满一年，试用期不得超过一个月；劳动合同期限一年以上不满三年的，试用期不得超过三个月；三年以上固定期限和无固定期限的劳动合同，试用期不得超过六个月。

2）同一用人单位与同一劳动者只能约定一次试用期。

3）以完成一定工作任务为期限的劳动合同或劳动合同期限不满三个月的，不得约定试用期。

4）试用期包含在劳动合同期限内，劳动合同仅约定试用期的，试用期不成立，该期限视为劳动合同期限。

5.2.3 工作内容和工作时间

1. 工作内容

工作内容是指劳动者为用人单位提供的劳动，是劳动者应履行的主要义务。劳动者被录用到用人单位以后，应担任何种工作或职务，工作上应达到什么要求等，应在劳动合同中加以明确。双方在协商一致的基础上明确劳动者所应从事工作的类型及其应达到的数量指标、质量指标等，也可以参照同行业的通常情形来执行。关于劳动或工作的时间、地点、方法以及范围等，法律有统一规定的，依照法律执行；没有统一规定的，可由双方协商，但不能违背法律的基本原则。

2. 工作时间

工作时间是指劳动者在用人单位应从事劳动的时间，包括每日应工作的时间和每周应工作的天数。我国目前实行的是每日工作 8 小时，每周工作 40 小时的标准工作制。因工作性质或生产特点的限制，不能实行每日 8 小时，每周工作 40 小时的标准工时制度的，可以实行缩短工时制、综合计算工时制以及不定时工时制等。劳动者和用人单位都要遵守劳动法规定的工时制度，用人单位不得随意延长工作时间，依法延长劳动时间的，应按国家规定的标准支付劳动报酬。

5.2.4 劳动工资报酬的确定、核实与支付

1. 劳动工资报酬的确定

工资是指用人单位依据国家法律规定或者劳动合同约定，定期以货币形式直接支付给劳动者劳动报酬。根据《关于工资总额组成的规定》的规定，工资的主要形式有：计时工资、计件工资、奖金、津贴和补贴、加班加点工资以及特殊情况下支付的工资。

通常，用人单位对于劳动者工资、报酬的约定种类很多，大多数企业会在劳动合同中明确约定工资数额，只有少数企业会通过区分工资报酬结构来约定劳动者的工资数额。

2. 劳务人员工资核实

按国务院和地方政策要求，总承包企业应当做到对劳务企业劳务费月结季清或按分包合同约定执行；同时应监督外施队对农民工工资月清月结或按劳动合同约定执行，确保农民工工资按时足额发放给本人。

劳务企业必须每月支付一次劳务企业农民工的基本工资，企业工资月支付数额不得低于当地最低工资标准，余下未支付部分企业在工程完工后或季度末、年末必须保证足额支付。

建设单位或施工总承包企业未按合同约定与劳务分包企业结清工程款，致使劳务分包企业拖欠农民工工资的，由建设单位或工程总承包企业先行垫付农民工工资，先行垫付的工资数额以未结清的工程款为限。以北京市为例，根据《北京市建筑业农民工工资支付暂行管理办法》（京劳社资发〔2008〕66号），劳务员核实劳务人员工资发放情况，应注意以下几个方面：

（1）核实是否设立农民工工资专用账户。劳务分包企业选定并预约邮政储蓄银行网点，完成初始审核后，持营业执照副本及复印件一份（复印件需加盖单位公章）、《代发农民工工资协议书》一式三份，前往选定银行网点办理开户手续，开户手续完成后，邮政储蓄银行网点将出具《农民工工资专用账户开立证明书》。如有的劳务分包企业已在邮政储蓄银行开立了工资代发账户，可与农民工工资专用账户合并。

（2）核实农民工工资专用账户是否备案。劳务分包企业持《农民工工资专用账户开立证明书》到当地住建委建筑业管理服务中心领取《建筑业企业档案管理手册》后，按照就近、方便的原则，选择一个区（县）劳动保障行政部门，将邮储银行出具的农民工工资专用账户开立证明书进行备案；劳务分包企业在与劳务发包企业签订劳务分包合同时，必须出具《建筑业企业档案管理手册》，并将农民工工资专用账户的开户银行、账号和企业代码写入劳务分包合同中。

（3）核实是否编制农民工工资表并进行公示和确认。在每月25日前，由劳务分包企业根据所记录的农民工务工情况编制出工资表（纸质版发薪数据文件）报劳务发包企业项目部审核，项目部依据IC系统记录的农民工出勤情况、留存的劳动合同书和所属劳务员跟踪记录的农民工务工情况进行核对，经核实无误后，将工资表（纸质版发薪数据文件）在施工现场和农民工生活区公示三天。公示后对确认的工资表（纸质版发薪数据文件）分别由劳务分包企业、劳务发包企业盖章确认。

（4）核实务工人员工资是否实际支付。

1）每月2日前，劳务分包企业持加盖本企业公章的代发工资申请单（一式四份）和工资表（发薪数据文件，含电子版和纸质版）递交给开立农民工专用账户所在的邮政储蓄银行。邮政储蓄银行网点进行审核确认后，将加盖日戳的第四联代发工资申请单退回劳务分包企业。

2）每月3日前，劳务发包企业依据确认的工资表（纸质版发薪数据文件）汇总数额，将月度支付的劳务费中用于农民工工资支付的部分直接打入劳务分包企业的农民工工资专用账户中，剩余劳务费可直接支付给劳务分包企业。劳务分包企业应对这两笔收入分别开具发票。

3）邮政储蓄银行在对提供的资料和汇入金额核对无误后，每月5日将款项打入劳务分包企业所属农民工实名制卡中。

4）邮政储蓄银行将农民工工资发放清单分别反馈给劳务分包企业、劳务发包企业，劳务分包企业依据邮储银行反馈的发放清单开具农民工工资部分的劳务费发票。

5）劳务企业以现金形式支付劳动者工资的，应核实工资是否由队长或班组长代发，农民工工资必须本人领取并签字，不得由他人代发代领。

3. 劳动工资报酬的支付

（1）工资支付的形式。工资应当以法定货币形式支付给劳动者，不得以实物或有价证券替代货币支付。

（2）工资支付的周期和方式。

1）工资支付的周期：工资应当至少每月支付一次，然而，用人单位与劳动者协商一致后，也可以小时、日、周为支付工资的周期。用人单位应当足额支付工资，不得以“每月暂发放生活费，待年底结算”为借口克扣或者无故拖欠劳动者的工资。

2）工资支付的方式：工资应当直接支付给劳动者本人，劳动者本人因故不能领取工资时，可由其亲属或委托他人代领，不要将工资发放给“包工头”或者其他不具备用工主体资格的其他组织和个人，以免引发拖欠工资的法律纠纷。

（3）工资支付时间。工资必须在用人单位与劳动者约定的日期支付。如遇节假日或休息日，则应当提前在最近的工作日支付。对完成一次性临时劳动或某项具体工作的劳动者，用人单位应按有关协议或合同规定在其完成劳动任务后立即支付工资；在双方劳动关系依法解除或终止劳动合同时，企业应在解除或终止劳动合同时一次性付清劳动者工资。

5.2.5 劳动者基本权益的保护条款

1. 社会保险缴纳

《社会保险法》已于2011年7月1日正式施行。根据《社会保险法》规定，国家建立基本养老保险、基本医疗保险、工伤保险、失业保险以及生育保险等社会保险制度，保障公民在年老、疾病、工伤、失业或者生育等情况下依法从国家和社会获得物质帮助的权利。社会保险具有强制性，缴纳社会保险费是用人单位与劳动者的法定义务。《劳动法》规定用人单位无故不缴纳社会保险费用的，由劳动行政部门责令其限期缴纳，逾期不缴的，可以加收滞纳金。《劳动合同法》将社会保险内容列为劳动合同的必备条款，并明确规定用人单位未依法为劳动者缴纳社会保险费的，劳动者可以解除劳动合同，并可以要求用人单位支付经济补偿金。

用人单位与劳动者参加社会保险，缴纳社会保险费，这是法律的强制性规定，用人单位与劳动者均不能通过约定方式加以改变。其中，养老保险费、医疗保险费以及失业保险费三项社会保险费是由用人单位和劳动者共同按比例承担，而工伤保险费和生育保险费则由用人单位缴纳。

2. 劳动保护内容

劳动保护是指依靠技术进步和科学管理，采取技术和组织措施，消除劳动过程中危及人身安全和健康的不良条件与行为，防止伤亡事故和职业病，保障劳动者在劳动过程中的安全和健康。具体包括以下几方面内容：

（1）工作时间的限制和休息、休假制度的规定。

（2）各项劳动安全与卫生措施。

（3）对女职工的特殊劳动保护。

（4）对未成年工的特殊劳动保护。

5.3 劳动合同的订立、变更与解除

5.3.1 劳动合同的订立

1. 劳动合同订立的内容

（1）用人单位招用劳动者时，应当如实告知劳动者工作内容、工作条件、工作地点、职业危害、安全生产状况、劳动报酬以及劳动者要求了解的其他情况；用人单位有权了解劳动者与劳动合同直接相关的基本情况，劳动者应当如实说明。

（2）用人单位招用劳动者，不得扣押劳动者的居民身份证和其他证件，不得要求劳动者提供担保或者以其他名义向劳动者收取财物。

（3）用人单位未在用工的同时订立书面劳动合同，与劳动者约定的劳动报酬不明确的，新招用的劳动者的劳动报酬按照集体合同规定的标准执行；没有集体合同或者集体合同未规定的，实行同工同酬。

（4）劳动合同对劳动报酬和劳动条件等标准约定不明确，引发争议的，用人单位与劳动者可以重新协商；协商不成的，适用集体合同规定；没有集体合同或者集体合同未规定劳动报酬的，实行同工同酬；没有集体合同或者集体合同未规定劳动条件等标准的，适用国家有关规定。

（5）用人单位为劳动者提供专项培训费用，对其进行专业技术培训的，可以与该劳动者订立协议，约定服务期。

劳动者违反服务期约定的，应当按照约定向用人单位支付违约金。违约金的数额不得超过用人单位提供的培训费用。用人单位要求劳动者支付的违约金不得超过服务期尚未履行部分所应分摊的培训费用。

用人单位与劳动者约定服务期的，不影响按照正常的工资调整机制提高劳动者在服务期期间的劳动报酬。

（6）用人单位与劳动者可以在劳动合同中约定保守用人单位的商业秘密和与知识产权相关的保密事项。

对负有保密义务的劳动者，用人单位可以在劳动合同或者保密协议中与劳动者约定竞业限制条款，并约定在解除或者终止劳动合同后，在竞业限制期限内按月给予劳动者经济补偿。劳动者违反竞业限制约定的，应当按照约定向用人单位支付违约金。

（7）竞业限制的人员限于用人单位的高级管理人员、高级技术人员和其他负有保密义务的人员。竞业限制的范围、地域、期限由用人单位与劳动者约定，竞业限制的约定不得违反法律、法规的规定。

在解除或者终止劳动合同后，前款规定的人员到与本单位生产或者经营同类产品、从事同类业务的有竞争关系的其他用人单位，或者自己开业生产或者经营同类产品、从事同类业务的竞业限制期限，不得超过两年。

（8）除第（5）和（6）项规定的情形外，用人单位不得与劳动者约定由劳动者承担违约金。

2．劳动合同订立的时间要求

根据《劳动合同法》第十条的规定："已建立劳动关系，未同时订立书面劳动合同的，应当自用工之日起一个月内订立书面劳动合同。用人单位在用工之前订立劳动合同的，劳动关系自用工之日起建立"，也就是说，用人单位与劳动者订立书面劳动合同，可以在用工前订立、用工之日订立或者用工之日起一个月内订立。换言之，用人单位最迟必须在用工之日起一个月内与劳动者订立书面劳动合同。

对于续订劳动合同，用人单位应当在原劳动合同期限届满次日起一个月内与劳动者办理续订劳动合同手续。

根据《劳动合同法》的规定，劳动合同订立时所依据的客观情况发生重大变化，致使劳动合同无法履行，经用人单位与劳动者协商，未能就变更合同内容达成协议的，"用人单位提前三十日以书面形式通知劳动者本人或者额外支付劳动者一个月工资后，可以解除劳动合同"。

3．无效合同或者部分无效合同

（1）下列劳动合同无效或者部分无效：

1）以欺诈、胁迫的手段或者乘人之危，使对方在违背真实意思的情况下订立或者变更劳动合同的。

2）用人单位免除自己的法定责任、排除劳动者权利的。

3）违反法律、行政法规强制性规定的。

对劳动合同的无效或者部分无效有争议的，由劳动争议仲裁机构或者人民法院确认。

（2）劳动合同部分无效，不影响其他部分效力的，其他部分仍然有效。

（3）劳动合同被确认无效，劳动者已付出劳动的，用人单位应当向劳动者支付劳动报酬。劳动报酬的数额，参照本单位相同或者相近岗位劳动者的劳动报酬确定。

5.3.2 劳动合同的履行

劳动合同的履行是指劳动合同双方当事人按照劳动合同的约定履行各自义务、实现各自权益的行为。

1. 履行的原则

劳动合同的履行原则见表5-3。

表5-3 劳动合同的履行原则

序号	履行原则	内容
1	亲自履行原则	这一原则要求劳动者作为劳动合同的一方主体必须亲自履行劳动合同。因为劳动关系，对于劳动者来说，是具有人身关系性质的社会关系，劳动合同是特定主体间的合同。劳动者选择用人单位，是基于自身经济、个人发展等各方面利益关系的需要；而用人单位之所以选择该劳动者也是由于该劳动者具备用人单位所需要的基本素质和要求。劳动关系确立后，劳动者不允许将应由自己完成的工作交由第三方代办。换句话说就是，作为劳动合同关系一方当事人的劳动者在与用人单位建立劳动关系后，必须亲自履行劳动义务和享受劳动权利，不可以将自己的劳动义务通过授权委托的形式让其他人代为履行，当然劳动权利也不可以委托他人替自己享受
2	实际履行原则	即除了法律和劳动合同另有规定或者客观上已不能履行的以外，当事人要按照劳动合同的规定履行义务，不能用完成别的义务来代替劳动合同约定的义务
3	全面履行原则	即劳动合同双方当事人在任何时候，均应当履行劳动合同约定的全部义务。《劳动合同法》第二十九条规定，用人单位与劳动者应当按照劳动合同的约定，全面履行各自的义务。劳动合同的全面履行要求劳动合同的当事人双方必须按照合同约定的时间、期限、地点，用约定的方式，按质、按量全部履行自己承担的义务，既不能只履行部分义务而将其他义务置之不顾，也不得擅自变更合同，更不得任意不履行合同或者解除合同。对于用人单位而言，必须按照合同的约定向劳动者提供适当的工作场所和劳动安全卫生条件、相关工作岗位，并按照约定的金额和支付方式按时向劳动者支付劳动报酬；对于劳动者而言，必须遵守用人单位的规章制度和劳动纪律，认真履行自己的劳动职责，并且亲自完成劳动合同约定的工作任务
4	协作履行原则	即劳动合同的双方当事人在履行劳动合同的过程中，有互相协作、共同完成劳动合同规定的义务，任何一方当事人在履行劳动合同遇到困难时，他方都应该在法律允许的范围，尽力给予帮助，以便双方尽可能地全面履行劳动合同。具体来说，一方面，劳动合同的协作履行要求劳动者应自觉遵守用人单位的规章制度和劳动纪律，以主人翁的姿态关心用人单位的利益和发展，理解用人单位的困难，为本单位发展献策出力；另一方面，也要求用人单位爱护劳动者，体谅劳动者的实际困难和需要

2. 劳动合同履行的要求

(1) 用人单位与劳动者应当按照劳动合同的约定，全面履行各自的义务见表5-4。

表 5-4 用人单位与劳动者的义务

序号	义务
1	用人单位应当按照劳动合同约定和国家规定，向劳动者及时足额支付劳动报酬。用人单位拖欠或者未足额支付劳动报酬的，劳动者可以依法向当地人民法院申请支付令，人民法院应当依法发出支付令
2	用人单位应当严格执行劳动定额标准，不得强迫或者变相强迫劳动者加班
3	劳动者拒绝用人单位管理人员违章指挥、强令冒险作业的，不视为违反劳动合同。劳动者对危害生命安全和身体健康的劳动条件，有权对用人单位提出批评、检举和控告
4	用人单位变更名称、法定代表人、主要负责人或者投资人等事项，不影响劳动合同的履行
5	用人单位发生合并或者分立等情况，原劳动合同继续有效，劳动合同由承继其权利和义务的用人单位继续履行

（2）用人单位应当依法建立和完善劳动规章制度，保障劳动者享有劳动权利、履行劳动义务。

1）建立劳动规章制度的程序。若用人单位的规章制度未经公示或者对劳动者告知，该规章制度对劳动者不生效。企业公示或告知劳动者规章制度可以采用张贴通告、员工手册送达以及会议精神传达等方式。

2）劳动规章制度的监督和法律责任。若规章制度损害劳动者权益的，劳动者可以据此解除劳动合同，用人单位应当向劳动者支付经济补偿；如果该规章制度的实施给劳动者造成了损害的，用人单位应承担赔偿责任。

5.3.3 劳动合同的变更

劳动合同的变更是指劳动合同双方当事人依据法律规定或约定，对劳动合同内容进行修改或者补充的法律行为。

劳动合同变更是在用人单位的客观情况发生极大变化，有必要对当事人的权利义务加以调整的情况下发生的。其可以发生在劳动合同订立后但尚未履行时，也可以发生在履行过程中。从用人单位方面来说，由于转产、调整生产结构或经营目标等客观原因，需要对产品、经营方式等进行相应调整时，劳动者的岗位也有可能做相应的调整；从劳动者方面来说，由于劳动者身体健康、职业技能等方面的原因，在不能适应原工作岗位的情况下，也可以要求对其岗位加以调整。

1. 劳动合同的变更原则

劳动法规定，变更劳动合同，应当遵循平等自愿、协商一致的原则，不得违反法律、行政法规的规定。

2. 劳动合同的变更情形

（1）登记事项的变更。用人单位变更名称、法定代表人、主要负责人或者投资人等事项，不影响合同的履行。

（2）合并、分立。用人单位发生合并或分立等情况，原劳动合同继续有效，劳动合同由承继其权利和义务的用人单位继续履行。

（3）根据《劳动合同法》第四十条第（三）款的规定，劳动合同订立时所依据的客观情况发生重大变化，致使劳动合同无法履行，经用人单位与劳动者协商，未能就变更劳动合同内容达成协议的，用人单位在提前30日以书面形式通知劳动者本人或者额外支付劳动者一个月工资的，可以解除劳动合同。由此可以确定，劳动合同订立时所依据的客观情况发生重大变化，是劳动合同变更的一个重要事由。而所谓的劳动合同订立时所依据的客观情况发生重大变化，是指：

1）订立劳动合同所依据的法律、法规已经修改或者废止。劳动合同的签订和履行必须以不得违反法律、法规的规定为前提。如果合同签订时所依据的法律、法规发生修改或废止，合同如果不变更，就可能出现与法律、法规不相符甚至是违反法律、法规的情况，导致合同因违法而无效。因此，根据法律、法规的变化而变更劳动合同的相关内容是必要而且是必需的。

2）用人单位方面的原因。用人单位经上级主管部门批准或者根据市场变化决定转产、调整生产任务或者生产经营项目等。用人单位的生产经营不是一成不变的，而是根据上级主管部门批准或者根据市场变化可能会经常调整自己的经营策略和产品结构，这就不可避免地发生转产、调整生产任务或者生产经营项目情况。在这种情况下，有些工种、产品生产岗位就可能因此而撤销或者为其他新的工种、岗位所替代，原劳动合同就可能因签订条件的改变而发生变更。

3）劳动者方面的原因。如劳动者的身体健康状况发生变化、劳动能力部分丧失、所在岗位与其职业技能不相适应、职业技能提高了一定等级等，造成原劳动合同不能履行或者如果继续履行原合同规定的义务对劳动者明显不公平。

4）客观方面的原因。这种客观原因的出现使得当事人原来在劳动合同中约定的权利义务的履行成为不必要或者不可能。这时应当允许当事人对劳动合同有关内容进行变更。一是由于不可抗力的发生，使得原来合同的履行成为不可能或者失去意义。不可抗力是指当事人所不能预见、不能避免并不能克服的客观情况，如自然灾害、意外事故、战争等。二是由于物价大幅度上升等客观经济情况变化致使劳动合同的履行会花费太大代价而失去经济上的价值。这是民法的情势变更原则在劳动合同履行中的运用。

3. 劳动合同的变更形式

应当采用书面形式，变更后的文本由用人单位和劳动者各执一份。

4. 劳动合同的变更程序

（1）提出要求。及时向对方提出变更劳动合同的要求，即提出变更劳动合同的主体可以是企业、也可以是职工，无论哪一方要求变更劳动合同，都应该及时向对方提出变更劳动合同的要求，说明变更劳动合同的理由、内容、条件等。

（2）做出答复。按期答复对方，即当事人一方在得知对方变更劳动合同的要求后，应在对方规定的期限内给出答复。

（3）双方达成书面协议。双方当事人就变更劳动合同的内容经过协商，取得一致意见后，应该达成变更劳动合同的书面协议，书面协议应指明哪些条款有所变更，并明确变更后劳动合同的生效日期，书面协议经双方当事人签字盖章后生效。

5. 劳动合同变更协议书

劳动合同变更协议书的格式范例见表 5－5。

表 5－5　劳动合同变更协议书的格式范例

甲方：××××公司

乙方：

经甲乙双方协商一致，对双方在____年____月____日签订/续订的劳动合同作如下变更。

一、变更后的内容

二、本协议书一式两份，甲乙双方各执一份。

甲方（盖章）　　　　　　　　　　乙方（签章）

法定代表人：

或委托代理人（签章）

日期：____年____月____日　　　　　　日期：____年____月____日

5.3.4　劳动合同的解除

劳动合同的解除是指在劳动合同订立之后、劳动合同终止之前，劳动合同的当事人一方或双方根据自己的意愿提前消灭劳动合同的行为。

1. 双方协商一致依法解除

《劳动法》第 24 条规定，经劳动合同当事人协商一致，劳动合同可以解除。

2. 用人单位单方面解除

（1）劳动者过失性解除。《劳动法》第二十五条规定，劳动者有下列情形之一的，用人单位可以解除劳动合同：

1）在试用期间被证明不符合录用条件的。

2）严重违反劳动纪律或者用人单位规章制度的。

3）严重失职、营私舞弊，对用人单位利益造成重大损害的。

4）被依法追究刑事责任的。

（2）劳动者无过失性解除。关于劳动者无过失性解除，《劳动合同法》第二十六条规定，有下列情形之一的，用人单位应提前 30 日以书面形式通知劳动者本人，解除劳动合同：

1）劳动者患病或者非因工负伤，医疗期满后，不能从事原工作也不能从事由用人单位另行安排的工作的。

2）劳动者不能胜任工作，经过培训或者调整工作岗位，仍不能胜任工作的。

3）劳动合同订立时所依据的客观情况发生重大变化，致使劳动合同无法履行，经当事人协商不能就变更劳动合同达成协议的。

另外,《劳动合同法》第二十九条规定,劳动者有下列情形之一的,用人单位不得依照本法第二十六条、第二十七条的规定解除劳动合同:

1)患职业病或者因公负伤并被确认丧失或者部分丧失劳动能力的。

2)患病或者负伤,在规定的医疗期内的。

3)女职工在孕期、产期、哺乳期的。

4)法律、行政法规规定的其他情形。

3. 劳动者单方解除

(1)提前通知解除。《劳动合同法》第三十一条规定,劳动者提前30日以书面形式通知用人单位,可以解除劳动合同。

(2)有条件随时通知解除。《劳动合同法》第三十二条规定,有下列情形之一的,劳动者可以解除劳动合同:

1)在试用期内的。

2)用人单位以暴力、威胁或者非法限制人身自由的手段强迫劳动的。

3)用人单位未按照劳动合同约定支付劳动报酬或者提供劳动条件的。

5.3.5 劳动合同的终止

劳动合同的终止是指劳动合同双方当事人的权利义务因履行完毕而归于消灭,劳动合同关系不复存在,劳动合同对用人单位和劳动者双方不再具有法律约束力。

1. 终止的情形

(1)劳动合同期满。这主要适用于固定期限劳动合同和以完成一定工作任务为期限的劳动合同两种情形。

(2)劳动者开始依法享受基本养老保险待遇。

1)已退休。

2)个人缴费年限累计满15年或者个人缴费和视同缴费年限累计满15年。

(3)劳动者死亡或者被人民法院宣告死亡或者宣告失踪。

(4)用人单位被依法宣告破产。

(5)用人单位被吊销营业执照、责令关闭、撤销或者用人单位决定提前解散。

吊销营业执照是指剥夺被处罚用人单位已经取得的营业执照,使其丧失继续从事生产或者经营的资格。

责令关闭是指行为人违反了法律、行政法规的规定,被行政机关做出了停止生产或者说经营的处罚决定,从而停止生产或者经营。

被撤销是指由行政机关撤销有瑕疵的公司登记。用人单位被依法吊销营业执照、责令关闭或者被撤销,已经不能进行生产或者经营,应当解散,以该用人单位为一方的劳动合同终止。

用人单位提前解散是指在股东会或者股东大会决议解散,或者公司合并或者分立需要解散或者持有公司全部股东表决权百分之十以上的股东,请求人民法院解散公司的情形下,用人单位提前于公司章程规定的公司终止时间而解散公司的。

（6）法律、行政法规规定的其他情形。

2. 终止的例外情形

通常，劳动合同期满就应终止，劳动关系因此结束，然而，为了保障某些特殊人群的权益，平衡劳动关系双方的权利义务关系，最大限度地体现法律的公平公正，在某些特定的情况下，尽管劳动合同已经届满，但法律仍然禁止即行终止劳动合同，而应等到上述特殊情况消失时才可以终止劳动合同，这就是通常所说的例外情形。具有《劳动法》第42条情形之一的，应当续延至相应的情形消失时终止。

（1）发生自然灾害、事故或者因其他原因，威胁劳动者生命健康和财产安全，需要紧急处理的。

（2）生产设备、交通运输线路、公共设施发生故障，影响生产和公众利益，必须及时抢修的。

（3）法律、行政法规规定的其他情形。

5.3.6 劳动合同的违约责任

1. 涉及用人单位的违约责任

涉及用人单位的违约责任主要有表5－6中包含的几种情况。

表5－6 涉及用人单位的违约责任

序号	违约类型
1	用人单位直接涉及劳动者切身利益的规章制度违反法律、法规规定的，由劳动行政部门责令改正，给予警告；给劳动者造成损害的，应当承担赔偿责任
2	用人单位提供的劳动合同文本未载明本法规定的劳动合同必备条款或者用人单位未将劳动合同文本交付劳动者的，由劳动行政部门责令改正；给劳动者造成损害的，应当承担赔偿责任
3	用人单位自用工之日起超过一个月不满一年未与劳动者订立书面劳动合同的，应当向劳动者每月支付两倍的工资。 用人单位违反本法规定不与劳动者订立无固定期限劳动合同的，自应当订立无固定期限劳动合同之日起向劳动者每月支付两倍的工资
4	用人单位违反本法规定与劳动者约定试用期的，由劳动行政部门责令改正；违法约定的试用期已经履行的，由用人单位以劳动者试用期满月工资为标准，按已经履行的超过法定试用期的期间向劳动者支付赔偿金
5	用人单位违反本法规定，扣押劳动者居民身份证等证件的，由劳动行政部门责令限期退还劳动者本人，并依照有关法律规定给予处罚。 用人单位违反本法规定，以担保或者其他名义向劳动者收取财物的，由劳动行政部门责令限期退还劳动者本人，并以每人五百元以上两千元以下的标准处以罚款；给劳动者造成损害的，应当承担赔偿责任。 劳动者依法解除或者终止劳动合同，用人单位扣押劳动者档案或者其他物品的，依照前款规定处罚

续表 5－6

序号	违约类型
6	用人单位有下列情形之一的，由劳动行政部门责令限期支付劳动报酬、加班费或者经济补偿；劳动报酬低于当地最低工资标准的，应当支付其差额部分；逾期不支付的，责令用人单位按应付金额百分之五十以上百分之一百以下的标准向劳动者加付赔偿金： 1．未按照劳动合同的约定或者国家规定及时足额支付劳动者劳动报酬的； 2．低于当地最低工资标准支付劳动者工资的； 3．安排加班不支付加班费的； 4．解除或者终止劳动合同，未依照本法规定向劳动者支付经济补偿的
7	用人单位违反本法规定解除或者终止劳动合同的，应当依照《劳动合同法》规定的经济补偿标准的二倍向劳动者支付赔偿金
8	用人单位有下列情形之一的，依法给予行政处罚；构成犯罪的，依法追究刑事责任；给劳动者造成损害的，应当承担赔偿责任： 1．以暴力、威胁或者非法限制人身自由的手段强迫劳动的； 2．违章指挥或者强令冒险作业危及劳动者人身安全的； 3．侮辱、体罚、殴打、非法搜查或者拘禁劳动者的； 4．劳动条件恶劣、环境污染严重，给劳动者身心健康造成严重损害的
9	用人单位违反本法规定未向劳动者出具解除或者终止劳动合同的书面证明，由劳动行政部门责令改正；给劳动者造成损害的，应当承担赔偿责任
10	用人单位招用与其他用人单位尚未解除或者终止劳动合同的劳动者，给其他用人单位造成损失的，应当承担连带赔偿责任
11	对不具备合法经营资格的用人单位的违法犯罪行为，依法追究法律责任；劳动者已经付出劳动的，该单位或者其出资人应当依照本法有关规定向劳动者支付劳动报酬、经济补偿、赔偿金；给劳动者造成损害的，应当承担赔偿责任

2．涉及个人的违约责任

劳动者违反本法规定解除劳动合同，或者违反劳动合同中约定的保密义务或者竞业限制，给用人单位造成损失的，应当承担赔偿责任。

3．涉及双方的责任

劳动合同依照《劳动合同法》被确认无效，给对方造成损害的，有过错的一方应当承担赔偿责任。

4．涉及其他方面的违约责任

（1）劳务派遣单位违反本法规定的，由劳动行政部门和其他有关主管部门责令改正；情节严重的，以每人一千元以上五千元以下的标准处以罚款，并由工商行政管理部门吊销营业执照；给被派遣劳动者造成损害的，劳务派遣单位与用工单位承担连带赔偿责任。

（2）个人承包经营违反本法规定招用劳动者，给劳动者造成损害的，发包的组织与个人承包经营者承担连带赔偿责任。

(3) 劳动行政部门和其他有关主管部门及其工作人员玩忽职守、不履行法定职责，或者违法行使职权，给劳动者或者用人单位造成损害的，应当承担赔偿责任；对直接负责的主管人员和其他直接责任人员，依法给予行政处分；构成犯罪的，依法追究刑事责任。

5.4 劳动合同的管理与审查

5.4.1 劳动合同的管理流程和主要措施

劳动合同管理是指有关国家机关和其他机构和组织，对劳动合同的订立、续订、履行、变更、中止以及接触，依法进行指导、监督、服务以及追究责任等一系列活动，以保证劳动合同正常运行。

1. 劳动合同管理流程

劳动合同的管理流程如图5所示。

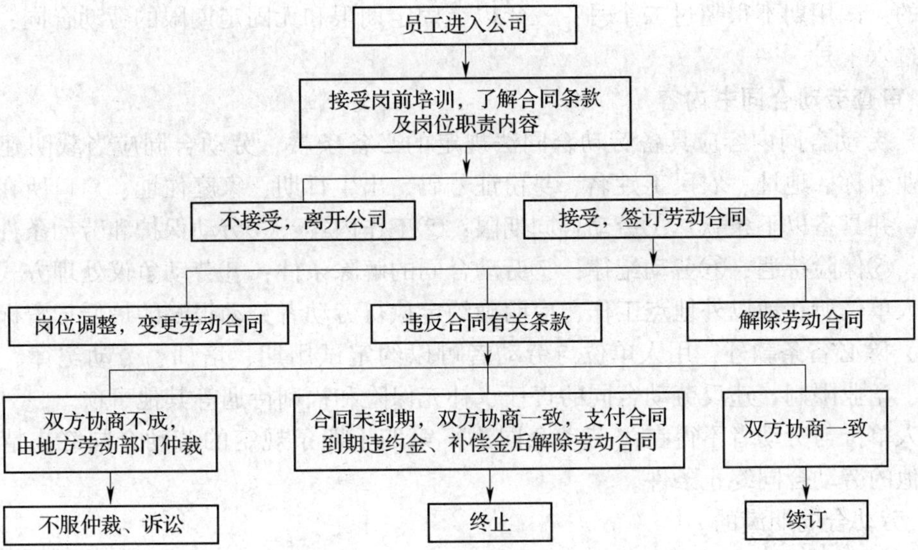

图5 劳动合同的管理流程

2. 劳动合同管理的主要措施

劳动合同备案是劳动合同备案机关依法对劳动合同进行审查和保存，以确立劳动合同的订立、续订、变更以及解除的一项监督措施。它由劳动行政部门和地方工会组织分别在各自职责范围内具体实施，以订立、续订、变更的劳动合同和解除劳动合同的事实为备案对象，表明对劳动关系解除和存续的确认。各种劳动合同的订立和解除都应当备案，而经劳动行政部门鉴定和批准的劳动合同不必再有行政部门备案。

5.4.2 劳动合同的规范性审查

1. 审查订立劳动合同的主体

(1) 用人单位主体合法。用人单位与劳动者签订劳动合同的应当是法定代表人或法定代表人授权委托的代理人。凡不具备法人资格的事业部负责人与劳动者签订劳动合同前应当办理法定代表人授权委托手续。

（2）劳动者资格合法。劳动者应当是年满18周岁，具备民事行为能力，身体条件和工作能力符合用人单位招聘条件。

劳动者未与其他用人单位建立劳动关系。

在校学生、现役军人、离退休人员及居民雇佣等不属于具有签订劳动合同主体资格的劳动者。

2．审查劳动合同订立时间

用人单位应当在用工之日与劳动者订立劳动合同。

用人单位在用工之前与劳动者订立劳动合同的，劳动合同生效日期应当填写用工之日。已建立劳动关系，未同时订立书面劳动合同的，应当自用工之日起一个月内订立书面劳动合同，劳动合同期限自用工之日起计算。约定试用期的，试用期自用工之日起计算。劳动合同期限三个月以上不满一年的，试用期不得超过一个月；劳动合同期限一年以上不满三年的，试用期不得超过二个月；三年以上固定期限和无固定期限的劳动合同，试用期不得超过六个月。

3．审查劳动合同书内容

（1）劳动合同内容应具备劳动合同法规定的必备条款。劳动合同应当载明建筑劳务分包企业名称、地址、农民工姓名、身份证号码、出生日期、家庭住址、户口所在地等基本情况，并具备以下条款：①劳动合同期限；②工作内容；③劳动保护和劳动条件；④劳动报酬；⑤保险待遇；⑥劳动纪律；⑦劳动合同的解除条件；⑧劳动争议处理方式。劳动者在用人单位所在地以外地点工作，应明确约定执行劳动者劳动报酬的最低工资标准。

（2）除必备条款外，用人单位与劳动者可以约定试用期、培训、劳动纪律、保守商业秘密、竞业限制、违反劳动合同的责任、补充保险和福利待遇等其他事项。

用人单位与劳动者不得在《劳动合同法》第四十四条规定的劳动合同终止情形之外约定其他的劳动合同终止条件。

1）劳动合同期满的。

2）劳动者开始依法享受基本养老保险待遇的。

3）劳动者死亡，或者被人民法院宣告死亡或者宣告失踪的。

4）用人单位被依法宣告破产的。

5）用人单位被吊销营业执照、责令关闭、撤销或者用人单位决定提前解散的。

6）法律、行政法规规定的其他情形。

4．审查劳动合同期限

（1）首次签订劳动合同的期限规定。

1）用人单位与新招收应届毕业生、新调入员工首次签订劳动合同时，应协商签订三年（含）以下期限劳动合同。

2）用人单位与关键岗位紧缺人才首次签订劳动合同时，应协商签订五年（含）以上期限劳动合同。

（2）固定期限劳动合同。连续立两次“以完成一定工作任务为期限的劳动合同”，可以订立固定期限劳动合同。

(3) 无固定期限劳动合同。有下列情形之一，劳动者提出或者同意续订、订立劳动合同的，除劳动者提出订立固定期限劳动合同外，应当立无固定期限劳动合同：

1) 劳动者在该用人单位连续工作满十年的。

2) 用人单位初次实行劳动合同制度或者国有企业改制重新订立劳动合同时，劳动者在该用人单位连续工作满十年且距法定退休年龄不足十年的。

3) 连续订立二次固定期限劳动合同，且劳动者没有《劳动合同法》第三十九条和第四十条第一款、第二款规定的情形，续订劳动合同的。

4) 复员、转业退伍军人初次分配工作的。

5) 全国劳动模范、先进工作者或者“五一劳动奖章”获得者。

6) 法律、行政法规规定的其他情形。

地方各级人民政府以及有关部门为安置困难人员就业而提供的给予岗位补贴和社会保险补贴的公益性岗位，其劳动合同不适用前款订立无固定期限劳动合同的规定以及支付经济补偿的规定。

5. 无效劳动合同

(1) 下列劳动合同无效或者部分无效：

1) 以欺诈、胁迫的手段或者乘人之危，使对方在违背真实意思的情况下订立或者变更劳动合同的。

2) 用人单位免除自己的法定责任、排除劳动者权利的。

3) 违反法律、行政法规强制性规定的。

4) 有关劳动报酬和劳动条件等标准低于集体合同的。

(2) 对劳动合同的无效或者部分无效有争议的，由劳动争议仲裁机构或者人民法院确认。

(3) 劳动合同部分无效，不影响其他部分效力的，其他部分仍然有效。

(4) 劳动合同被确认无效，劳动者已付出劳动的，用人单位应当向劳动者支付劳动报酬。劳动报酬的数额按照劳动合同约定；劳动合同未约定或约定不明确的，按照本单位相同或相近岗位职工的劳动报酬确定。

(5) 劳动合同法施行前订立、施行后存续的劳动合同，内容与《劳动合同法》相抵触的，抵触部分自2008年1月1日起无效。

6. 劳动合同签订过程中需注意的事项

(1) 建筑劳务分包企业与农民工签订劳动合同后，双方应严格履行劳动合同。

(2) 总承包企业、专业承包企业要加强对分包其工程的劳务分包企业签订和履行劳动合同情况的监督和检查，督促劳务分包企业严格履行劳动合同，切实保障农民工的合法权益。

(3) 建筑劳务分包企业与农民工在劳动合同中应明确以下工资问题：

1) 约定工资标准，且约定的标准不得低于当地最低工资标准。

2) 明确约定工资支付日期。

3) 约定工资支付的方式，建筑劳务分包企业应当至少每月向农民工支付一次工资，且支付部分不得低于当地最低工资标准，终止或解除劳动合同后应当一次性付清农民工工资。在计发农民工工资时应由农民工本人签字确认。

（4）建筑劳务分包企业的法定代表人或者其委托代理人代表企业与农民工签订劳动合同。劳动合同由双方分别签字或者盖章，并加盖用人单位公章。

（5）劳动合同应当一式三份，建筑劳务分包企业与农民工各持一份，另外一份保留在农民工务工的工地备查，农民工的劳动合同不得由建筑劳务分包企业代为保管。

（6）订立劳动合同时，不得扣押劳动者的居民身份证和其他证件，不得要求劳动者提供担保或者以其他名义向劳动者收取财物。

7. 未定劳动合同的法律后果

（1）劳动者接到《签订劳动合同通知书》后，自用工之日起一个月内不与用人单位签订劳动合同，用人单位可以书面通知劳动者终止劳动关系，无需向劳动者支付经济补偿，但是应当依法向劳动者支付其实际工作时间的劳动报酬。

（2）用人单位自用工之日起超过一个月不满一年未与劳动者订立书面劳动合同的，应当自用工之日起满一个月的次日到补订书面劳动合同的前一日向劳动者每月支付两倍工资，并与劳动者补订书面劳动合同。补订劳动合同的生效日期为签订劳动合同之日。劳动者接到《签订劳动合同通知书》后，逾期不与用人单位补订书面劳动合同的，视为拒不补订，用人单位可以终止劳动关系并依照《劳动合同法》第四十七条规定的经济补偿标准向劳动者支付经济补偿。支付经济补偿金年限自2008年1月1日起计算。

（3）用人单位自用工之日起满一年未与劳动者订立书面劳动合同的，自用工之日起满一个月的次日至满一年的前一日应当向劳动者每月支付两倍的工资，并视为自用工之日起满一年的当日已经与劳动者订立无固定期限劳动合同，应当立即与劳动者补订书面劳动合同。

（4）凡因用人单位原因未订立书面劳动合同的，用人单位不得单方对劳动者进行劳动关系的解除或终止，否则视为违法解除或终止。

5.5 集体合同管理

5.5.1 集体合同的概念

集体合同，是指用人单位与本单位职工根据法律、法规、规章的规定，就劳动报酬、工作时间、休息休假、劳动安全卫生、职业培训、保险福利等事项，通过集体协商签订的书面协议；所称专项集体合同，是指用人单位与本单位职工根据法律、法规、规章的规定，就集体协商的某项内容签订的专项书面协议。

5.5.2 集体合同的协商

1. 集体协商内容

集体协商是企业工会或职工代表与相应的企业代表，为签订集体合同进行商谈的行为。

根据《集体合同规定》的规定，集体协商双方可以就下列多项或某项内容进行集体协商，签订集体合同或专项集体合同。集体合同的主要内容包括：

（1）劳动报酬。主要包括工资水平、工资构成、工资分配方式和支付办法等内容。集体合同对于劳动报酬一般从两个方面予以确定：一方面是规定现行标准和做法，另一方面是规定晋级增资的依据和办法。

工资是用人单位依据劳动合同的规定，以各种形式支付给劳动者的劳动报酬。用人单位应将工资支付给劳动者本人；工资必须在用人单位与劳动者约定的日期支付；劳动者在法定工作时间内依法参加社会活动期间，用人单位应视同其提供了正常劳动而支付工资等。具体包括：

1）用人单位工资水平、工资分配制度、工资标准和工资分配形式。

2）工资支付办法。

3）加班、加点工资及津贴、补贴标准和奖金分配办法。

4）工资调整办法。

5）试用期及病、事假等期间的工资待遇。

6）特殊情况下职工工资（生活费）支付办法。

7）其他劳动报酬分配办法。

（2）工作时间。有关工作时间的约定主要包括：劳动者每日工作多长时间（一般以小时表示），每周工作多少天；有无加班，每日或每次加班时间限制及加班待遇；倒班和轮休制度；不遵守工作时间的处理办法等。集体合同有关工作时间的约定不得违反国务院和劳动部门有关职工工作时间的规定。具体包括：

1）工时制度。

2）加班加点办法。

3）特殊工种的工作时间。

4）劳动定额标准。

（3）休息休假。主要是指有关劳动者周休假、年休假、病事假、女职工生理病假和产假、婚丧假、探亲假、职工带薪休假、奖励假期等各类假日的期限休假办法、休假待遇等项内容的约定，其中还应包括关于如何实施国家规定的劳动者休息休假制度的规定。具体包括：

1）日休息时间、周休息日安排、年休假办法。

2）不能实行标准工时职工的休息休假。

3）其他假期。

（4）劳动安全与卫生。主要包括有关企业劳动条件、安全卫生设施、劳动安全卫生规程和标准、防护用品、职工健康检查、职业病防治以及企业应当采取的其他劳动保护措施等项内容的约定。具体包括：

1）劳动安全卫生责任制。

2）劳动条件和安全技术措施。

3）安全操作规程。

4）劳保用品发放标准。

5）定期健康检查和职业健康体检。

（5）补充保险和福利。主要包括有关职工养老、失业、工伤、医疗、生育、死亡的待遇和职工住房、生活供应、保健、文化、教育、娱乐设施等项内容的约定，其中还应包括关于如何实施国家规定的劳动者休息休假的制度规定。由于劳动法的实施，我国的劳动保险以社会保险为主体，因此集体合同对于劳动保险的约定，主要在于说明除国家基本社会保险之外，企业将为职工建立哪些补充保险和兴办哪些职工福利。具体包括：

1）补充保险的种类、范围。

2）基本福利制度和福利设施。

3）医疗期延长及其待遇。

4）职工亲属福利制度。

（6）女职工和未成年工特殊保护，具体包括：

1）女职工和未成年工禁忌从事的劳动。

2）女职工的经期、孕期、产期和哺乳期的劳动保护。

3）女职工、未成年工定期健康检查。

4）未成年工的使用和登记制度。

（7）职业技能培训，具体包括：

1）职业技能培训项目规划及年度计划。

2）职业技能培训费用的提取和使用。

3）保障和改善职业技能培训的措施。

（8）劳动合同管理，具体包括：

1）劳动合同签订时间。

2）确定劳动合同期限的条件。

3）劳动合同变更、解除、续订的一般原则及无固定期限劳动合同的终止条件。

4）试用期的条件和期限。

（9）奖惩，具体包括：

1）劳动纪律。

2）考核奖惩制度。

3）奖惩程序。

（10）裁员，具体包括：

1）裁员的方案。

2）裁员的程序。

3）裁员的实施办法和补偿标准。

（11）集体合同期限。由于集体合同都是有固定期限的合同，所以合同期限是集体合同的必备条款。根据《集体合同规定》的规定，集体合同期限为 1 年至 3 年，在集体合同规定的期限内，双方代表可对集体合同的履行情况进行检查。经双方协商一致，也可对集体合同进行修订。

（12）变更、解除集体合同的程序。有下列情形之一的，可以变更或解除集体合同或专项集体合同：

1）用人单位因被兼并、解散、破产等原因，致使集体合同或专项集体合同无法履行的。

2）因不可抗力等原因致使集体合同或专项集体合同无法履行或部分无法履行的。

3）集体合同或专项集体合同约定的变更或解除条件出现的。

4）法律、法规、规章规定的其他情形。

（13）履行集体合同发生争议时的协商处理办法。首先应当协商解决。协商解决不成的，可以向劳动争议仲裁委员会申请仲裁；对仲裁裁决不服的，可以自收到仲裁裁决书之日起15日内向人民法院提起诉讼。

（14）违反集体合同的责任。这是使集体合同得以履行的保证条款。其内容主要包括：集体合同当事人双方，每一方违反集体合同时，依其违约性质、情节、程度等实际情况各应承担何种责任，包括民事责任和行政责任；违反集体合同的免责条件有哪些；如何确认和追究集体合同的违约责任等。

（15）双方认为应当协商的其他内容。

2．集体合同协商程序

（1）集体协商提出。集体协商任何一方均可就签订集体合同或专项集体合同以及相关事宜，以书面形式向对方提出进行集体协商的要求。一方提出进行集体协商要求的，另一方应当在收到集体协商要求之日起20日内以书面形式给予回应，无正当理由不得拒绝进行集体协商。

（2）协商前的准备。协商代表在协商前应做好下列准备工作：

1）熟悉与集体协商内容有关的法律、法规、规章和制度。

2）了解与集体协商内容有关的情况和资料，收集用人单位和职工对协商意向所持的意见。

3）拟定集体协商议题，集体协商议题可由提出协商的一方起草，也可由双方指派代表共同起草。

4）确定集体协商的时间、地点等事项。

5）共同确定一名非协商代表担任集体协商记录员。记录员应保持中立、公正，并为集体协商双方保密。

（3）集体协商争议的协调处理。集体协商会议由双方首席代表轮流主持，并按下列程序进行：

1）宣布议程和会议纪律。

2）一方首席代表提出协商的具体内容和要求，另一方首席代表就对方的要求做出回应。

3）协商双方就商谈事项发表各自意见，开展充分讨论。

4）双方首席代表归纳意见。达成一致的，应当形成集体合同草案或专项集体合同草案，由双方首席代表签字。

集体协商未达成一致意见或出现事先未预料的问题时，经双方协商，可以中止协商。中止期限及下次协商时间、地点、内容由双方商定。

表5－7是某企业工资集体协商协议书。

表 5－7 某企业工资集体协商协议书范例

根据《中华人民共和国劳动法》、《工资集体协商试行办法》、《集体合同规定》以及国家有关法律、法规和政策规定，经甲、乙双方平等协商一致，签订本协议。

第 1 条 本协议从____年____月____日起至____年____月____日止。

第 2 条 根据按劳分配、同工同酬的原则，结合本企业生产经营的特点，对企业内部工资分配制度、工资标准和工资分配形式提出如下方案。

1. 在上年度企业职工平均工资____元的基础上，本年度职工平均工资增长率为____%。

2. 企业职工最低工资为每月____元，每小时____元。

3. ______________________________。

4. ______________________________。

第 3 条 加班加点工资的支付标准______________________________。其计算方法按国家有关规定执行。

第 4 条 奖金、津贴、补贴的标准按照企业规章制度规定执行，其分配形式如下。

1. 月奖、津贴、补贴在发放本月工资时一并发放。

2. 年终奖根据企业内部的考核规定发放。

第 5 条 职工在病假等期间的工资支付办法为____________________。

第 6 条 员工的法定节假日、休息日等假期间工资支付标准，按国家有关规定发放。

第 7 条 企业以法定货币（人民币）形式，于每月____日支付全体员工的工资。如遇节假日、休息日可提前至最近的工作日支付。

第 8 条 员工工资扣除规定。

1. 职工工资应该按月按时发放，不得随便克扣或无故拖欠职工工资。

2. 对于因职工本人原因给企业造成的经济损失，企业可按劳动合同约定，由职工赔偿经济损失，但每月扣除部分不能超过劳动者当月工资的____%。

第 9 条 双方的权利和义务。

1. 企业方的权利和义务。

（1）企业根据生产经营特点，制定与工资支付相关的规章制度。

（2）企业依据规章制度对员工进行考核和奖惩。

（3）根据员工的考核情况，按时足额支付员工的工资。

2. 员工的权利和义务。

（1）企业工会或者员工代表有权参与企业规章制度的制定和审议，并且充分反映员工的意见和合理要求。

（2）员工应遵守公司各项规章制度，按时保质保量地完成生产或工作任务。

（3）按时取得劳动报酬。

第 10 条 企业修改、变更或提前终止本协议，需经双方代表协商一致，并经职代会或职工大会讨论通过后报劳动和社会保障行政部门审查后生效。

第 11 条 凡遇到下列情况之一的，经双方协商一致，可以对协议进行修改或变更。

1. 国家法律、规定有重大变化，如最低工资标准的调整等。

2. 企业生产经营发生重大变化，工资协议中的部分条款难以履行时。

3. 本地区或同行业员工平均工资水平差距较大。

第 12 条 凡遇到下列情况之一的，经双方协商一致，可以提前终止协议。

续表 5-7

1. 企业破产或濒临破产。 2. 因不可抗力致使本协议无法履行时。 第 13 条 违约责任。 1. 因不可抗拒因素造成不能履行协议或一方受损害的，可以不承担法律责任。 2. 任何一方违反协议时，应按国家规定承担违约责任。 第 14 条 双方认为需要协商与工资分配有关的其他事项。 1. ________________________________。 2. ________________________________。 第 15 条 本合同未尽事宜，依现行法律、法规执行。 第 16 条 本合同一式四份，其中双方首席代表各一份，报上级工会组织、劳动行政部门各一份。 企业方首席代表签字： 职工方首席代表签字： 企业盖章 工会盖章 ____年____月____日 ____年____月____日

5.5.3 集体合同的订立与变更

1. 集体协商代表的确定

（1）集体协商双方的代表人数应当对等，每方至少 3 人，并各自确定 1 名首席代表。

（2）职工一方的协商代表由本单位工会选派。未建立工会的，由本单位职工民主推荐，并经本单位半数以上职工同意。

（3）职工一方的首席代表由本单位工会主席担任。工会主席也可以书面委托其他协商代表代理首席代表一职。工会主席空缺的，首席代表由工会主要负责人担任。未建立工会的，职工一方的首席代表应从协商代表中民主推举产生。

（4）用人单位一方的协商代表由用人单位法定代表人指派，首席代表由单位法定代表人担任或由其书面委托的其他管理人员担任。

（5）集体协商双方首席代表可以书面委托本单位以外的专业人员代理。委托人数不得超过本方代表的 1/3。

（6）首席代表不得由非本单位人员代理。

（7）用人单位协商代表与职工协商代表不得相互兼任。

2. 集体合同的订立与变更

（1）集体合同的订立。经双方协商代表协商一致的集体合同草案或专项集体合同草案应当提交职工代表大会或者全体职工讨论。职工代表大会或者全体职工讨论集体合同草案或专项集体合同草案，应当有 2/3 以上职工代表或者职工出席，且须经全体职工代表半数以上或者全体职工半数以上同意，集体合同草案或专项集体合同草案方获通过。

集体合同草案或专项集体合同草案经职工代表大会或者职工大会通过后，由集体协商双方首席代表签字。

集体合同或专项集体合同期限一般为 1～3 年，期满或双方约定的终止条件出现，即行终止。集体合同或专项集体合同期满前 3 个月内，任何一方均可向对方提出重新签订或续订的要求。

（2）集体合同的变更。双方协商代表协商一致，可以变更或解除集体合同或专项集体合同。有下列情形之一的，可以变更或解除集体合同或专项集体合同：

1）用人单位因被兼并、解散、破产等原因，致使集体合同或专项集体合同无法履行的。

2）因不可抗力等原因致使集体合同或专项集体合同无法履行或部分无法履行的。

3）集体合同或专项集体合同约定的变更或解除条件出现的。

4）法律、法规、规章规定的其他情形。

5.5.4 集体合同的审查与生效

1. 集体合同的审查

集体合同或专项集体合同签订或变更后，应当自双方首席代表签字之日起 10 日内，由用人单位一方将文本一式三份报送劳动保障行政部门审查。劳动保障行政部门对报送的集体合同或专项集体合同应当办理登记手续。

集体合同或专项集体合同审查实行属地管辖，具体管辖范围由省级劳动保障行政部门规定。中央管辖的企业以及跨省、自治区、直辖市的用人单位的集体合同应当报送劳动保障部或劳动保障部指定的省级劳动保障行政部门。

（1）劳动保障行政部门应当对报送的集体合同或专项集体合同的下列事项进行合法性审查：

1）集体协商双方的主体资格是否符合法律、法规和规章规定。

2）集体协商程序是否违反法律、法规、规章规定。

3）集体合同或专项集体合同内容是否与国家规定相抵触。

（2）劳动保障行政部门对集体合同或专项集体合同有异议的，应当自收到文本之日起 15 日内将《审查意见书》送达双方协商代表。《审查意见书》应当载明以下内容：

1）集体合同或专项集体合同当事人双方的名称、地址。

2）劳动保障行政部门收到集体合同或专项集体合同的时间。

3）审查意见。

4）做出审查意见的时间。

《审查意见书》应当加盖劳动保障行政部门印章。

用人单位与本单位职工就劳动保障行政部门提出异议的事项经集体协商重新签订集体合同或专项集体合同的，用人单位一方应当将文本报送劳动保障行政部门审查。

劳动保障行政部门自收到文本之日起 15 日内未提出异议的，集体合同或专项集体合同即行生效的集体合同或专项集体合同，应当自其生效之日起由协商代表及时以适当的形式向本方全体人员公布。

2. 集体合同的效力

凡符合法律规定的集体合同，一经签订就具有法律效力。集体合同的法律效力包括以下三个方面：

（1）集体合同对人的法律效力。集体合同对人的法律效力是指集体合同对什么人具有法律约束力。根据我国《劳动法》的规定，依法签订的集体合同对企业和企业全体职工具有约束力。这种约束力表现在：集体合同双方当事人必须全面履行集体合同中所规定的义务，任何一方都不得擅自变更或解除集体合同。如果集体合同的当事人违反集体合同的规定，就要承担相应的法律责任。劳动者个人与用人单位订立的劳动合同中有关劳动条件和劳动报酬等标准不得低于集体合同的规定。

（2）集体合同的时间效力。集体合同的时间效力是指集体合同从什么时间开始发生效力、什么时间终止其效力。集体合同的时间效力通常以其存续时间为标准，一般从集体合同成立之日起生效。如果当事人另有约定的，应在集体合同中明确规定。集体合同的期限届满，其效力终止。

（3）集体合同的空间效力。集体合同对空间的效力是指集体合同对于哪些地域、哪些产业的劳动者、哪些用人单位具有约束力。

5.5.5 集体合同与劳动合同的区别

集体合同和劳动合同作为劳动合同法中的两种合同形式，既存在着联系也有着明显的区别。从历史角度看，集体合同是在劳动合同的基础上产生和发展起来的，它是对劳动合同不足的补充。从现实程序看，也只有在劳动合同确立了用人单位与劳动者之间的劳动法律关系之后，才会进一步签订集体协议。集体合同与劳动合同的主要区别如下：

1. 双方当事人不同

集体合同双方当事人，一方是企业，另一方是以工会为代表的全体职工。劳动合同双方当事人，一方也是企业，而另一方则是职工个人。

2. 合同内容不同

集体合同内容复杂，从全体职工利益出发，以整体利益为标准，涉及改进劳动组织、改善劳动条件和提高职工福利待遇等方面。劳动合同则以个人为标准，其内容比较单一，仅涉及职工个人利益。

3. 作用不同

集体合同的作用是调整劳动关系。劳动合同的作用是建立个人劳动关系。

4. 产生不同

集体合同产生于劳动关系运行中，而不是产生于劳动关系建立之前。劳动合同是为了确立劳动关系的，因此，在劳动者就业时就产生了。

5. 合同的产生方式不同

集体合同由工会代表全体职工同企业经过充分协商，并提交职工代表大会或全体职工讨论通过后才能形成。劳动合同由职工个人同企业协商一致后就形成了。

6. 发生法律效力的时间不同

集体合同经职工代表大会或全体职工讨论通过后，还不具有法律效力，其法律效力的产生要待劳动保障行政部门自收到集体合同文本之日起 15 日内未提出异议的，才生效，具有法律效力。劳动合同一经依法签订，即产生法律效力。

7. 效力不同

集体合同一经劳动保障行政部门审查通过即对企业和全体职工都具有约束力。劳动合同只对劳动者个人和企业产生约束力。

8. 期限不同

集体合同的期限一般为1年，最长不超过3年。劳动合同的期限分有固定期限、无固定期限和以完成一定工作为期限三种。

由于集体合同与劳动合同有较大的区别，因此，两者不能互相替代。

与劳动合同相比，集体合同的内容具有更大的不确定性。它可以规定劳动关系某一方面的内容，也可以把劳动关系的诸多方面都涵盖进去，甚至还可以把用人单位固有权利的问题，如技术引进、人力资源管理的若干制度等引入集体合同。

6 劳动纠纷管理

6.1 劳动纠纷管理的基础知识

6.1.1 劳动纠纷的概念

劳动纠纷又称为劳动争议，在非公有制企业和资本主义国家中，也称为劳资纠纷或劳资争议。如何界定我国劳动纠纷的内涵与范围，不仅关系到用人单位与劳动者可以在多大范围内依照相关法律规定的程序解决劳动纠纷，也关系到双方的权益在多大程度上可以受到劳动法律的保护。

总结多年劳动经验和理论研究成果，对劳动纠纷的定义归纳起来主要有以下几种：

（1）劳动纠纷是指劳动关系当事人因劳动问题引起的纠纷。

（2）劳动纠纷是指劳动关系的当事人即用人单位行政与职工之间因执行劳动合同或劳动法规所发生的一切纠纷。

（3）劳动纠纷是指劳动关系双方当事人之间因劳动权利和劳动义务所发生的纠纷。

（4）劳动纠纷有广义和狭义之分。广义的劳动纠纷是指用人单位和劳动者因劳动关系所发生的一切纠纷；狭义的劳动纠纷是指用人单位与劳动者因劳动权利、劳动义务发生分歧而引起的纠纷。

以上对劳动纠纷定义的不同表述体现了我国对劳动纠纷内容认识的过程。

6.1.2 劳动纠纷的范围

劳动争议的范围，在不同的国家有不同的规定。根据《中华人民共和国劳动争议调解仲裁法》（以下简称《调解仲裁法》）第二条规定，劳动争议的范围是：

（1）因确认劳动关系发生的争议；

（2）因订立、履行、变更、解除和终止劳动合同发生的争议；

（3）因除名、辞退和辞职、离职发生的争议；

（4）因工作时间、休息休假、社会保险、福利、培训以及劳动保护发生的争议；

（5）因劳动报酬、工伤医疗费、经济补偿或者赔偿金等发生的争议；

（6）法律、法规规定的其他劳动争议。

6.1.3 劳动纠纷的性质及其原因

1. 劳务纠纷的性质

（1）劳务纠纷多发性。劳务纠纷案件在数量上居高不下，每年皆有上升趋势。集体劳动争议上升幅度较大。集体争议呈现突发性强、人数多、处理难度大的特点。

（2）经济利益主导型。绝大多数劳资纠纷是由于劳动者的基本经济权益被侵害，而又长期得不到解决所致。通常，劳动关系双方对经济利益的重视程度高于对其他权利的重视程度，由于劳动者处于劳动关系的弱势地位，个人很难为维护权利与用人单位抗衡，因此多从经济利益方面找回损失，而用人单位对违约出走的劳动者，也大多数以经济赔偿为由提出申诉。据统计，劳动报酬是引发劳动争议的第一原因，其次是触犯或终止劳动合同，再次是自动离职或辞职。

（3）劳动纠纷地域集中性。大量的劳动争议案件集中在大中城市、沿海县（市、区），山区县劳动争议数量较少。

（4）矛盾激化性。弱势一方的劳动者往往不愿通过正当的法律途径解决纠纷，而是采取集体上访、封堵政府机关，甚至有集体堵塞道路交通的行为发生。

（5）无照经营性。无证无照的家庭作坊与劳动者之间发生的劳资纠纷不断增多。大量无证无照的家庭作坊，雇工人数少则几人，多则几十人，用工不规范，劳务管理混乱，是劳动争议产生和矛盾激化的多发地。

2. 劳务纠纷的原因

（1）因用人单位开除、除名、辞退职工和职工辞职、自动离职而产生的劳动纠纷。开除是用人单位对严重违反劳动纪律，屡教不改，不适合在单位继续工作的劳动者，依法令其脱离本单位的一种最严厉的行政处分。除名是用人单位对无正当理由经常旷工，经批评教育无效，连续旷工超过15天，或者1年以内累计旷工超过30天的劳动者，依法解除其与本单位劳动关系的一种行政处分。辞退是用人单位对严重违反劳动纪律、规章、规程或严重扰乱社会秩序但又不符合开除、除名条件的劳动者，经教育或行政处分仍然无效后，依法与其解除劳动关系的一种行政处分。辞职是劳动者辞去原职务，离开原用人单位一种行为。自动离职是劳动者自行离开原工作岗位，并自行脱离原工作单位的一种行为。上述情况均导致劳动关系终止，也是产生劳动纠纷的重要因素。

（2）因执行有关工资、保险、福利、培训、劳动保护等规定而产生的劳动纠纷。

工资是劳动者付出劳动后应得的劳动报酬。

保险主要是指工伤、生育、待业、养老、病假待遇、死亡丧葬抚恤等社会保险。

福利是指用人单位用于补助职工及其家属和举办集体福利事业的费用。

培训是指职工在职期间的职业技术培训。

劳动保护是指为保障劳动者在劳动过程中获得适宜的劳动条件而采取的各种保护措施。

由于上述规定较为繁杂，又涉及劳动者切身利益，不仅容易发生纠纷，而且容易导致矛盾激化。

（3）因劳动合同而产生的劳动纠纷。劳动合同是用人单位与劳动者为确立劳动权利义务关系而达成的意思表示一致协议。劳动合同纠纷在劳动合同的订立、履行、变更和解除过程中，都可能发生。

（4）法律、法规规定的其他劳动纠纷。此外，根据劳动纠纷当事人是否为多数和争议内容是否具有共性来划分，劳动争议纠纷还可以分为集体劳动纠纷和人劳动纠纷。对仲裁裁决书不服应在15日内向法院起诉。过期，法院将不再受理。

根据《中华人民共和国劳动法》第七十九条规定的精神，劳动争议案件经劳动争议仲裁委员会仲裁是提起诉讼的必经程序。劳动争议仲裁委员会逾期不做出仲裁裁决或者做出不予受理的决定，当事人不服向人民法院提起行政诉讼的，人民法院不予受理；当事人不服劳动争议仲裁委员会做出的劳动争议仲裁裁决，可以向人民法院提起民事诉讼。

6.1.4 劳动纠纷的特征

劳动纠纷的特征主要有以下几个方面：

（1）劳动纠纷是劳动关系当事人之间的纠纷。劳动关系当事人，一方为劳动者，另一方为用人单位。劳动者主要是指与在中国境内的企业、个体经济组织建立劳动合同关系的职工和与国家机关、事业组织、社会团体建立劳动合同关系的职工。用人单位是指在中国境内的企业、个体经济组织以及国家机关、事业组织、社会团体等与劳动者订立了劳动合同的单位。不具有劳动法律关系主体身份者之间所发生的纠纷，不属于劳动纠纷。如果纠纷不是发生在劳动关系双方当事人之间，即使纠纷内容涉及劳动问题，也不构成劳动纠纷。如果劳动者之间在劳动过程中发生的纠纷，用人单位之间因劳动力流动发生的纠纷，劳动者或用人单位与劳动行政管理中发生的纠纷，劳动者或用人单位与劳动行政部门在劳动行政管理中发生的纠纷，劳动者或用人单位与劳动服务主体在劳动服务过程中发生的纠纷等，都不属劳动纠纷。

（2）劳动纠纷的内容涉及劳动权利和劳动义务，是为实现劳动关系而产生的纠纷。劳动关系是劳动权利义务关系，如果劳动者与用人单位之间不是为了实现劳动权利和劳动义务而发生的纠纷，则不属于劳动纠纷的范畴。劳动权利和劳动义务的内容非常广泛，主要包括就业、工资、工时、劳动保护、劳动保险、劳动福利、职业培训、民主管理以及奖励惩罚等。

（3）劳动纠纷既可以表现为非对抗性矛盾，也可以表现为对抗性矛盾，而且，两者在一定条件下可以相互转化。在一般情况下，劳动纠纷表现为非对抗性矛盾，给社会和经济带来不利影响。

6.1.5 劳动纠纷的常见形式

劳务纠纷也称劳动争议，是指劳动法律关系双方当事人即劳动者和用人单位，在执行劳动法律、法规或履行劳动合同过程中，就劳动权利和劳动义务或履行劳动合同、集体合同发生的争执。

1. 劳务纠纷的分类

建筑业的劳务纠纷主要集中在建设工程施工合同及劳动合同的订立和履行过程中。常见的形式有：

（1）因资质问题而产生的纠纷。根据《建筑法》和原建设部《建筑企业资质治理规定》等关于建筑施工企业从业资格的规定，从事建筑活动的建筑施工企业应具备相应的资质，在其资质等级许可的范围内从事建筑活动。禁止施工企业向无质资或不具备相应质资的企业分包工程，如果建筑施工企业超越本企业的资质等级许可的业务范围承揽工程，则容易引起纠纷。

(2) 因履约范围不清而产生的纠纷。在施工实践中，总包单位与分包商之间因履约范围不清而发生纠纷的现象屡见不鲜。例如：一个分包合同中约定，由总包单位提供垂直运输设备，但在具体施工时，总包单位只提供汽车吊而不提供塔吊。尤其是在基坑开挖过程中，垂直运输设备对工期的影响巨大，假如不利用塔吊，分包商很有可能无法完成工期目标，但汽车吊也属于垂直运输设备，因此，很难认定总包单位违约。造成履约范围不清的主要原因是分包合同条款内容不规范、不具体。分包合同订立的质量完全取决于承包人和分包商的合同水平和法律意识。若承包人、分包商的合同水平和法律意识都比较低或差异大时，则订出的合同内容不全，权利义务不均衡。所有这些都为以后施工过程中产生的纠纷埋下伏笔。因此，在订立分包合同时，应严格按照《分包合同示范文本》的条款进行订立。

(3) 因转包而产生的纠纷。转包是指承包单位承包建设工程，不履行合同约定的责任和义务，将其承包的全部建设工程转给他人或将其承包的全部建设工程肢解后以分包的名义分别转给其他单位承包的行为。建设工程转包被法律所禁止，《合同法》第二百七十二条，《建筑法》第二十八条，《建设工程质量管理条例》第二十五条都规定禁止转包工程。

"分包"与"转包"是建设工程施工过程中普遍存在的现象，承包人将建设工程非法转包、违法分包后，使得劳动关系趋于复杂化，由此引发拖欠劳动者工资进而引发劳务纠纷。

(4) 因拖欠农民工工资引发的纠纷。农民工是一个特殊的群体，他们既不是真正的农民，也不是真正的工人，而是一个典型的由经济和社会双重因素造就的弱势群体。近些年来，侵害农民工权利现象频繁出现。在农民工权益受损问题中，"拖欠工资"问题是最引人注目也是最普遍的，也是引发劳务纠纷的重要原因之一。

2. 劳务纠纷的形式

建筑业的劳务纠纷主要集中在建设工程施工合同及劳动合同的订立和履行过程中。常见的形式有：

(1) 因合同当事人主观原因造成的合同订立时就存在的潜在纠纷。

1) 选择订立合同的形式不当。建设工程施工合同有固定价格合同、可调价格合同和成本加酬金价格合同。在订立建设施工合同时，就要根据工程大小，工期长短，造价的高低，涉及其他因素多寡选择合同形式。选择不适当的合同形式，会导致合同争议的产生。

2) 合同主体不合法或与不具备相应资质的企业签订劳务分包合同或工程分包合同。

①《合同法》规定：合同当事人可以是公民（自然人），也可以是其他组织。也就是说作为建设工程承包合同当事人的发包方和承包人，都应当具有相应的民事权利能力和民事行为能力，这是订立合同最基本的主体资格。

②总承包企业或专业施工企业与不具备相应资质的企业签订的劳务分包合同。这样的合同，根据《最高人民法院若干审理建设工程施工合同纠纷案件适用法律问题的解释》第1条和《合同法》等规定被认定为无效合同。合同无效后的处理：假如劳务分包企业提供劳务的工程合格，劳务分包企业依据《最高人民法院关于审理建设工程施工合同纠

纷案件的适用法律问题的解释》第二条的规定请求劳务费的，应当得到法律支持；假如仅仅因劳务分包企业提供的劳务质量不合格引起的工程不合格，劳务分包企业请求劳务分包合同约定的劳务价款的，将得不到法律支持，并且还应承担相应的损失。

③总承包企业或专业承包企业与劳务分包企业以劳务分包合同名义签订的实质上的工程分包合同。这种合同将依据合同的实际内容及建设施工中的客观事实，及双方结算的具体情况，来认定双方合同关系的本质。其中有的可能会被认定为工程分包合同，那么就要按照工程分包合同的权利义务，来重新确认双方的权利义务。

④工程分包企业以劳务分包合同的名义与劳务分包企业签订的实质上的工程再分包合同。这种合同将被认定为无效。工程分包企业因此种行为取得的利润将被法院依据《最高人民法院关于审理建设工程施工合同纠纷案件的适用法律问题的解释》第 4 条的规定收缴，或者由建筑行政治理机关做出同样的收缴处罚。

3）合同条款不全，约定不明确。在合同履行过程中，由于合同条款不全，约定不明确，引起纠纷是相当普遍的现象。当前，一些缺乏合同意识和不会用法律保护自己权益的发包人或承包人，在谈判或签订合同时，认为合同条款太多、烦琐，从而造成合同缺款少项；一些合同虽然条款比较齐全，但内容只作为原则约定，不具体、不明确，从而导致了合同履行过程中产生争议。

4）草率签订合同。建设工程承包合同一经签订，其当事人之间就产生了权利和义务关系。这种关系是法律关系，其权利受法律保护，义务受法律约束。但是目前一些合同当事人，法制观念淡薄，签订合同不认真，履行合同不严肃，导致合同纠纷不断发生。

5）缺乏具体违约责任。有些建设工程施工合同签订时，只强调合同的违约条件，但是没有要求对方承当违约责任，对违约责任也没有做出具体约定，导致双方在合同履行过程中争议的发生。

（2）合同履约过程中的承包人同发包人之间的经济利益纠纷。

1）承包人提出索赔要求，发包人不予承认，或者发包人同意支付的额外付款与承包索赔的金额差距极大，双方不能达成一致意见。其中，可能包括：发包人认为承包人提出索赔的证据不足；承包人对于索赔的计算，发包人不予接受；某些索赔要求是承包人自己的过失造成的；发包人引用免责条款以解除自己的赔偿责任；发包人致使承包人得不到任何补偿。

2）承包人提出的工期索赔，发包人不予承认。承包人认为工期拖延是由于发包人拖延交付施工场地、延期交付设计图纸、拖延审批材料和样品、拖延现场的工序检验以及拖延工程付款造成的；而发包人则认为工期拖延是由于承包人开工延误、劳力不足、材料短缺造成的。

3）发包人提出对承包人进行违约罚款，扣除拖延工期的违约金外，要求对由于工期延误造成发包人利益的损害进行赔偿；承包人则提出反索赔，由此产生严重分歧。

4）发包人对承包人的严重施工缺陷或提供的设备性能不合格而要求赔偿、降价或更换；承包人则认为缺陷已改正、不属于承包方的责任或性能试验方法错误等，不能达成一致意见。

5）关于终止合同的争议。由终止合同造成的争议最多，因为无论任何一方终止合同都会给对方造成严重损害。

6）承包人与分包商的争议，其内容大致和发包人与承包人的争议内容相似。

7）承包人与材料设备供应商的争议，多数是货品质量、数量、交货期和付款方面的争议。

6.2 劳动纠纷的处理方法

6.2.1 劳动纠纷调解程序

1. 劳动纠纷调解的基本原则

（1）合法原则。合法原则是指劳动纠纷处理机构在处理劳动纠纷案件的过程中应当坚持以事实为根据，以法律为准绳，依法处理劳动纠纷。

（2）公正原则。劳动纠纷处理机构必须保证双方当事人处于平等的法律地位，具有平等的权利义务，不得偏袒任何一方。

（3）及时处理原则。及时处理原则是指劳动纠纷案件处理中，当事人要及时申请调解或者仲裁，超过法定期限将不予受理。劳动纠纷处理机构要在规定的时间内完成劳动纠纷的处理，及时保护当事人合法权益，防止矛盾激化，否则要承担相应的责任。

（4）调解为主原则。调解是指在第三方的主持下，依法劝说争议双方当事人进行协商，在互谅互让的基础上达成协议，从而解决争议的一种方法。

2. 劳动纠纷调解的一般程序

（1）申请和受理。劳动纠纷发生后，双方当事人都可以自知道或应当知道其权利被侵害之日起的30日内，以口头或者书面的形式向调解委员会提出申请，并填写《调解申请书》。如果是劳动者在3人以上并具有共同申请理由的劳动纠纷案件，劳动者当事人一方应当推举代表参加调解活动。调解委员会对此进行审查并做出是否受理的决定。

（2）调解。调解委员会主任或者调解员主持调解会议，在查明事实、分清是非的基础上，依照法律、法规及依法制定的企业规章制度和合同公证调解。在调查和调解时，应进行相应的笔录。

（3）制作调解协议书或调解意见书。调解达成协议，制作调解协议书，写明争议双方当事人的姓名、职务、争议事项、调解结果及其他应说明的事项。调解意见书是调解委员会单方的意思表示，仅是一种简易型的文书，对争议双方没有约束力。若遇到双方达不成协议、调解期限届满而不能结案或调解协议送达后当事人反悔三种情况，则制作调解意见书。

调解委员会调解争议的期限为30日，即调解委员会应当自当事人申请调解之日起的30日内结束，双方协商未果或者达成协议后不履行协议的，双方当事人在法定期限内，可以向仲裁委员会申请仲裁。

6.2.2 解决劳动纠纷的合同内方法

1. 承担继续履约责任

承担继续履约责任（也称强制继续履行、依约履行或者实际履行）是指在一方违反合同时另一方有权要求其依据合同约定继续履行。

2. 按合同赔偿损失

按合同赔偿损失（也称为违约赔偿损失）是指违约方因不履行或不完全履行合同义务而给对方造成损失，依照法律的规定或者按照当事人的约定应当承担赔偿损失的责任。

3. 支付违约金

支付违约金是指由当事人通过协商预先确定的、在违约发生后做出的独立于履行行为以外的给付，违约金是当事人事先协商好，其数额是预先确定的。违约金的约定虽然属于当事人所享有的合同自由的范围，然而，该自由不是绝对的，而是受限制的。《合同法》第114条规定："约定的违约金低于造成的损失的，当事人可以请求人民法院或者仲裁机构予以增加；约定的违约金过分高于造成的损失的，当事人可以请求人民法院或者仲裁机构予以适当减少。"

4. 执行定金罚则

《合同法》第一百一十五条规定："当事人可以依照《中华人民共和国担保法》约定一方向对方给付定金作为债权的担保。债务人履行债务后，定金应当抵作价款或者收回。给付定金一方不履行约定的债务的，无权要求返还定金；收受定金方不履行约定的债务的，应当双倍返还定金。"因此，定金具有惩罚性，是对违约行为的惩罚。《担保法》规定定金的数额不得超过主合同标的额的20%，这一比例为强制性规定，当事人不得违反；如果当事人约定的定金比例超过了20%，并非整个定金条款无效，而只是超出部分无效。

5. 采取其他补救措施

6.2.3 解决劳动纠纷的合同外方法

1. 协商

劳动纠纷协商是指劳动纠纷发生后，用人单位与劳动者共同进行商谈并达成和解协议，以解决纠纷的行为。

劳动纠纷协商虽然是纠纷双方当事人自主进行的协商，但由于劳动纠纷协商是我国劳动纠纷处理法律制度的一部分，因此，协商也必须与其他劳动纠纷处理制度一样，必须遵守劳动纠纷处理的一般原则，依法进行。

劳动纠纷协商的原则见表6-1。

表6-1 劳动纠纷协商的原则

序号	原则	内容
1	主体合法原则	这一原则要求劳动纠纷协商的当事人必须是符合《劳动法》规定的，与该纠纷有直接利害关系的劳动关系双方，一方是用人单位，另一方是该用人单位的劳动者。集体合同纠纷作为特殊的劳动纠纷，其主体一方是用人单位，而另一方必须是代表劳动者利益的用人单位工会或职工代表。只有合法的主体所进行的协商才是有效的

续表 6-1

序号	原则	内 容
2	坚持平等协商原则	这是劳动纠纷协商的重要条件和前提。根据《劳动法》的规定，劳动者和用人单位作为劳动法律关系的主体，虽然两者存在着隶属关系，但在法律上双方地位是平等的，都享有劳动权利和承担相应的义务。劳动纠纷发生后进行协商时，双方就是平等的纠纷主体，应坚持平等协商的原则，以平等的态度进行对话和商谈，不能将自己的意志强加于对方，并给对方施加压力，强迫对方接受不愿意接受的条件。如果劳动纠纷协商不是在平等基础上进行的，不仅失去协商的意义，更会为今后劳动纠纷的发生留下隐患
3	坚持合法协商的原则	劳动纠纷协商是劳动纠纷双方当事人经协商一致自主解决劳动纠纷的行为。但是，这并不意味着当事人可以任意处分自己的权利。通过协商解决劳动纠纷必须有利于维护当事人的合法权益，双方经协商一致达成的和解协议，必须符合国家法律、法规和规章的规定，符合依法制定的集体合同、劳动合同和企业规章制度的规定。如果借协商之名，损害国家利益和他人利益，这种协商是违法的，是与劳动法规定的通过协商解决纠纷的目的相背离的

2. 调解

劳动纠纷调解是指在劳动纠纷调解机构的主持下，在查明事实、明辨是非以及分清责任的基础上，依照法律、法规、政策以及道德规范，通过民主协商，劝导纠纷双方当事人互相谅解，达成协议，从而解决矛盾的一种方式。

根据我国劳动纠纷处理立法规定，以及从我国劳动纠纷处理的活动中总结出来的具有规律性的经验，普遍适用企业劳动纠纷调解的特有原则见表 6-2。

表 6-2 劳动纠纷调解的原则

序号	原则	内 容
1	自愿原则	《企业劳动争议处理条例》规定，调解委员会调解劳动纠纷应当遵循当事人双方自愿原则，经调解达成协议，制作调解协议书，双方当事人应当自觉履行。自愿原则是指调解委员会在受理纠纷、调解纠纷、达成协议、履行协议的整个过程中，必须尊重双方当事人意愿，采取民主说服教育方式，不得压服、强迫。 自愿原则包含紧密相连、缺一不可的四个方面的内容： 1. 当事人申请调解自愿。劳动纠纷发生后，只有在当事人双方都同意并向企业劳动纠纷调解委员会申请调解时，调解委员会才能调解。这是调解得以进行的前提条件。如果当事人不申请调解，或者一方当事人不同意调解，或是不愿意接受某个调解人员的调解，调解委员会和调解人员都不得强行调解。 2. 调解过程民主。调解纠纷过程中，调解主持人要作风民主，耐心听取双方当事人意见，充分尊重和理解当事人的意愿，晓之以理，动之以情，通过说服教育的方式，宣传政策和法律、法规，不能居高临下，实行高压政策，更不能采取经济和人身处罚等手段。

续表 6－2

序号	原则	内　容
1	自愿原则	3. 自愿达成调解协议。调解协议只能在双方当事人自愿的基础上达成。调解协议所明确界定的双方的权利义务关系、责任承担、履行的期限和方法等，都必须出于双方当事人自愿或同意，不能勉强。不能在双方当事人相互还未达成谅解共识的情况下，强迫或诱使他们达成协议，或者在当事人不接受调解意见、不愿达成调解协议情况下，调解委员会强行做出决定。 4. 自愿履行协议。调解协议的履行应当由双方当事人自觉进行，调解委员会可以通过检查，督促动员双方如期履行。在双方当事人达成调解协议后，如一方当事人反悔，不履行调解协议，调解委员会不得强制当事人履行调解协议，也不能阻挠或干涉其申请仲裁。因为调解协议不是法律文书，不具有强制执行的法律效力。当事人反悔，应当允许并告知其向有管辖权的劳动纠纷仲裁委员会申请仲裁
2	民主协商原则	民主协商原则，是指企业劳动纠纷调解委员会在处理劳动纠纷过程中，应按照民主说服和协商的办法解决劳动纠纷，而不能以命令、决定的方式单方处理劳动纠纷。在企业调解委员会调解劳动纠纷的过程中，调解的方法是说服教育和劝导协商，是对当事人晓之以理，动之以情，排除任何压服的做法，使当事人从内心接受调解意见，从而缓和矛盾，解决纠纷。以民主协商作为调解的工作原则，是由企业调解委员会的性质决定的。企业的劳动纠纷调解委员会是由企业工会、职工和企业行政三方代表组成，是群众性的组织，既不是国家的行政机关，也不是国家的司法机关，因此不具有行政权和司法权，无权对劳动纠纷单方做出裁决。只有在民主协商的基础上，双方才能真正进行沟通，互谅互让，才可能达成被双方认可的协议；而只有在民主协商的基础上达成的协议，双方才可能自觉遵守和履行，从而彻底解决纠纷
3	尊重当事人申请仲裁和诉讼权利原则	尊重当事人申请仲裁和诉讼权利原则，是指发生劳动纠纷的当事人一方或双方不愿意接受调解或者调解不成时，企业劳动纠纷调解委员会应及时告知当事人申请仲裁和诉讼，并及时终止调解，不能阻止当事人向劳动纠纷仲裁委员会申请仲裁和向人民法院提起诉讼。 企业劳动纠纷调解委员会及时、就地解决劳动纠纷，减少了仲裁、诉讼案件，在劳动纠纷处理中发挥重要作用，但不能因此要求企业发生的所有劳动纠纷都一律要先经过调解委员会调解，否则就不能申请仲裁和向人民法院起诉。这是因为： 1. 申请仲裁和诉讼。这是法律赋予公民维护自身合法权益的一项重要权利，任何组织和个人都不得侵犯和剥夺。 2. 调解实行的是自愿原则。它不是劳动纠纷处理的必经程序，也不是仲裁、诉讼受理的必要条件

续表 6－2

序号	原则	内　容
4	处理简捷、不收费的原则	处理简捷、不收费原则主要包含以下几层含义： 1．纠纷发生后，争取在班组、车间等基层就地及时解决。 2．企业劳动纠纷调解委员会调解的程序应当简便易行，不讲究形式，一切活动方式应有利于企业生产和有效解决纠纷。 3．企业调解活动要在法定时限内进行和结束，不得影响当事人行使申诉的权利。《企业劳动争议调解委员会组织及工作规则》第 18 条规定，调解委员会调解劳动纠纷，应当自当事人申请调解之日起 30 日内结束。到期未结束的，视为调解不成。 4．当事人向企业劳动纠纷调解委员会申请调解时，调解委员会不收取费用

3．仲裁

仲裁是指纠纷双方在纠纷发生前或纠纷发生后达成协议，自愿将纠纷提交第三方做出裁决，双方有义务解决纠纷的方法。因此，仲裁作为一项法律程序，通常是指发生纠纷的双方当事人自愿把纠纷提交非司法机构的第三者处理，并做出对纠纷各方均有拘束力的裁决的一种解决纠纷的制度和方法。

仲裁作为一种解决纠纷或纠纷的法律制度，主要应具备以下几方面要素：

（1）解决纠纷或纠纷的仲裁人是由纠纷双方当事人选定的或都能够接受的。

（2）在双方当事人解决纠纷前或解决纠纷时有通过仲裁解决纠纷的合议。

（3）拟解决纠纷或纠纷具有可仲裁性，可仲裁的纠纷或纠纷多是私法领域的争端。

（4）仲裁裁决具有法律执行力。

劳动纠纷仲裁是解决劳动纠纷的一种重要方式，与其他仲裁制度既有共同点，又有很大的区别。劳动纠纷仲裁，是指劳动纠纷当事人自愿向法定的专门处理劳动纠纷的机构提出申请，由其依法就劳动纠纷的事实与责任做出对双方当事人具有约束力的判断和裁决的活动。

4．诉讼

劳动纠纷诉讼是指劳动纠纷当事人不服劳动纠纷仲裁委员会裁决，依法向人民法院起诉，人民法院在劳动纠纷当事人和其他诉讼参与人参加下，审理和解决劳动纠纷案件的活动，以及由这些活动所发生的社会关系。这一概念主要包含以下两层含义：

（1）劳动纠纷诉讼是由于劳动纠纷仲裁当事人不服劳动纠纷仲裁委员会的裁决而引起的。

（2）劳动纠纷诉讼由劳动纠纷诉讼活动和劳动纠纷诉讼关系构成。劳动纠纷诉讼活动是指人民法院和诉讼参与人围绕劳动纠纷案件的解决进行的能够产生一定法律后果的活动。它既包括人民法院的审判活动，如受理案件、调查取证、采取强制措施、做出判决或裁定等，也包括劳动纠纷诉讼参与人的活动，如原告提出起诉、被告提出答辩或反诉、证人出庭作证等。所谓劳动纠纷诉讼关系，是指人民法院和一切劳动纠纷诉讼参与人之间在劳动纠纷诉讼过程中发生的诉讼权利义务关系，即劳动纠纷诉讼法律关系。在劳动纠纷诉讼过程中，人民法院将会作为其中的一方与另一方即劳动纠纷当事人和其他诉讼参与人发生诉讼权利义务关系。

6.3 劳务工资纠纷的应急预案

6.3.1 劳务工资纠纷的表现及原因

1. 劳务人员工资纠纷的表现形式

(1) 企业内部闹事。

(2) 围堵总承包企业和政府机关。

(3) 聚众上访、提出仲裁和司法诉讼。

2. 劳务人员工资纠纷的主要原因

(1) 建设单位和总承包单位拖欠工程款引发的工资纠纷。

(2) 劳务分包单位内部管理混乱、考勤不清和工资发放不及时引发的工资纠纷。

(3) 总承包单位和劳务分包单位由于劳务合同争议引发的工资纠纷。

(4) 违法分包引发的工资纠纷。劳务人员工资纠纷发生的原因主要是施工企业将工程部分项目发包引发的工资纠纷给“包工头”，劳务作业完成后结算也与“包工头”结算，而且农民工工资通常由“包工头”发放。一旦结算完毕，“包工头”人走了而农民工工资没有支付，农民工就会向施工企业追讨而发生纠纷。

(5)“恶意讨薪”引发的工资纠纷。

6.3.2 劳务工资纠纷的应急处理原则

1. 先行垫付原则

业主或工程总承包企业未按合同约定与建设工程承包企业结清工程款，致使建设工程承包企业拖欠农民工工资的，由业主或工程总承包企业先行垫付农民工被拖欠的工资，先行垫付的工资数额以未结清的工程额为限。

2. 优先支付原则

企业因被拖欠工程款导致拖欠农民工工资的，企业追回的被拖欠工程款，应优先用于支付拖欠的农民工工资。

3. 违法分包承担连带责任原则

工程总承包企业不得将工程违反规定发包、分包给不具备用工主体资格的组织或个人，否则应承担清偿拖欠工资连带责任。

4. 及时裁决和强制执行原则

农民工与企业因工资支付发生争议的，按照国家劳动争议处理有关规定处理。对事实清楚、不及时裁决会导致农民工生活困难的工资争议案件以及涉及农民工工伤、患病期间工资待遇的争议案件，劳动争议仲裁委员会可部分裁决；企业不执行部分裁决的，当事人可依法向人民法院申请强制执行。

6.3.3 劳务工资纠纷应急预案的编制

应急预案的编制应包含以下内容：

（1）应急预案的目的、编写依据和适用范围。

1）应急预案的目的。应急预案的目的，是为了最大限度地降低劳务纠纷突发事件造成的经济损失和社会影响，积极稳妥地处理因劳务纠纷等问题引发的各种群体性事件，有效地控制事态，将不良影响限制在最小范围，保证建安施工企业的正常生产和管理秩序。

2）应急预案的编写依据。应急预案的编写，要本着确保社会稳定，建立和谐社会，预防为主，标本兼治的原则，按照住房和城乡建设部的相关要求编制。

3）应急预案的适用范围。

①发生劳务纠纷突发事件，造成一定的经济损失和社会影响的；

②因劳务纠纷引发的各种群体性事件，造成一定的经济损失和社会影响的。

（2）应急机构体系及职责。

1）应急机构体系。

①成立各级应急指挥领导小组，领导小组下设应急指挥领导小组办公室，各级领导小组包括集团公司、二级（子）公司和项目部。

②成立行政保障和法律援助工作组、保稳定宣传工作组，确保应急预案的正常启动。

③应急情况紧急联系电话应包括：

领导小组办公室电话及联系人电话。

火警电话：119。

急救电话：120、999。

当地派出所电话。

当地建筑业主管部门电话。

2）工作职责。

①各级领导小组工作职责：

a. 总承包单位领导小组职责。领导小组办公室负责分包劳务费拖欠情况及劳务费结算、支付、农民工工资发放情况的摸底排查，纠纷协调、督办，紧急情况处理等指导工作，并与施工单位形成保稳定管理体系，与分包队伍上级单位或相关省、市驻京办事处保持联络。处理解决群体性突发事件。

公司法定代表人是群体性突发事件第一责任人，负责组织协调各方面工作，及时化解矛盾，防止发生群体性事件。领导本单位工作组处理群体性突发事件，确保应急资金的落实到位。

b. 总承包单位的子公司领导小组职责。了解各项目部劳务作业人员动态，掌握劳务分包合同履约及劳务费支付情况，督促、检查、排查、通报劳务费结算、兑付情况，加强实名制备案的监督管理工作，及时发现有矛盾激化趋势的事件，负责协助项目部协调纠纷、处理紧急情况；与分包队伍上级单位保持联络，出现应急前兆时应派人到现场与项目部配合随时控制事态发展，保持与领导小组的联系，促使问题及时解决。进入应急状态紧急阶段时，及时向上级报告，并保证有专人在现场，尽可能控制事态，必要时与分包队伍的上级单位、相关省市驻本地建设管理部门联系取得支持，并上报集团公司领导小组。

子、分公司领导小组应做好日常与劳务企业（队伍）人员维护稳定的宣传、教育、沟通、合作交流等工作，与本地区建设行政管理部门、劳动和社会保障局、公安局、内保局、街道办事处、相关各省市驻本地区建设管理部门、集团公司等劳务企业保持日常联络，以备应急状态时及时发现、处理问题和便于求助。

c. 项目经理部职责。各项目部劳务管理人员应掌握分包合同履约情况、工程量、劳务工作量和劳务费结算、支付、农民工工资发放的具体情况，还应按照“实名制”管理工作要求，将本项目部所有劳务作业队伍的人员花名册、合同备案资料、上岗证、考勤表、工资发放表按规定要求认真收集，归档备案。要认真观察本项目作业人员的思想动态和异常动态，认真做好思想政治工作，对有矛盾激化趋势的事件，应按组织体系及时汇报，及时化解矛盾。防止矛盾升级，不得忽视、隐瞒有矛盾激化趋势的事件发生。出现应急前兆时，原则上由发生群体性事件的项目部组织本项目部人员出面调解处理，并保持与本单位应急小组的联系，随时汇报事态进展。进入应急状态紧急阶段时，项目经理必须到现场，组织本项目部应急小组与劳务企业（作业队伍、作业班组）进行沟通，负责通过各种方式解决纠纷，确保稳定。

②行政保障和法律援助工作组职责：保证应急领导小组成员通讯畅通，准备应急车辆，配合项目部工作，提供法律方面的支持。出现应急前兆时应随时关注并与项目部保持联系，进入应急状态紧急阶段时，应保证备齐车辆、急救器材和药品，上级或地方政府领导到场时，负责相应的接待工作，并为项目部解决纠纷提供法律方面的支持。

③保稳定宣传工作组职责：调查劳务企业人员的思想动态，负责协助及时调解矛盾，做好联系媒体宣传工作。出现应急前兆做好相关人员的思想工作，维护稳定，负责接待新闻媒体和协调处理与新闻媒体的关系，负责对新闻媒体发布消息。

（3）应急措施。

1）在施工单位机关或总承包单位机关办公楼出现紧急情况阶段时，由应急指挥领导小组成员及工作组各司其职，维护现场秩序，进行劝阻和力争谈判解决矛盾。

2）机关各部门人员在出现紧急情况阶段时，部门内应当至少留一名员工负责保护部门内部的财物、资料。

3）局势得到控制后，由群体性突发事件工作组和项目部有关人员出面与劳务企业对话，要求对方派代表与总包单位就具体问题进行谈判，除代表外的其他人员应遣散或集中到会议室。

4）如果对方不能够按总包单位要求进行谈判，并且继续冲击总包单位机关、扰乱总包单位办公秩序，由现场总指挥决定报警，由行保、安全监管部门内勤进行报警。

（4）责任处理。

1）突发事件的处理。

①突发劳务纠纷事件，要立即上报加强农民工及劳务管理工作领导小组，相关人员按预案要求在第一时间赶到事件发生现场，当即启动应急程序、开展工作。

②发生纠纷事件的项目经理要协助公司处理突发纠纷事件，相关部门应积极配合。

③对突发劳务纠纷事件，要严格控制事态，坚持就地解决的原则。

④事件得到控制、平息后，要立即组织恢复生产秩序，采取一切措施消除负面影响。

2）责任处理。

①对违反各项规章制度，侵犯工人权益的劳务队伍视情节给予警告直至清理出场。

②按相关责任要求，对发生纠纷事件的总承包企业、总承包二级公司和项目相关责任人，追究责任。

③对纠纷事件不上报或瞒报、报告不及时的单位，视情节处以一定数额的罚款、通报批评并追究行政责任。

④对措施不得力，贻误时机，造成重大损失或影响的单位和项目经理，除通报批评、处以罚款外，要追究行政责任。

6.3.4 劳务工资纠纷的解决方法和途径

1. 劳务人员工资纠纷的解决方法

劳务人员工资纠纷的解决方法见表6－3。

表6－3 劳务人员工资纠纷的解决方法

序号	解决方法
1	建立公司支付农民工工资的约束和保障机制，从根本上解决农民工工资拖欠问题： 1. 按照工程合同价款的一定比例向主管部门交纳职工工资保障金，工资保障金在工程合同价款中列支，专款专用。 2. 公司应及时将工资保障金存入指定银行、专户存储、专款专用。 3. 公司招收农民工，必须与农民工签订劳动合同，农民工依法享有劳动报酬、休息休假、劳动安全卫生以及保险福利的权利，并在规定期限内持农民工名册到当地劳动和社会保障行政主管部门备案。 4. 公司应当以货币形式按月足额支付农民工工资，施工工程期限小于一个月的或者双方约定支付工资期限低于一个月的，另行约定。 5. 在工程建设期间内及工程竣工后，有拖欠农民工工资行为的，由劳动和社会保障行政主管部门启动工资保障金，及时发放拖欠的农民工工资
2	建立企业信用档案制度。对存在拖欠农民工工资问题的劳务公司不予使用，挑选工资发放执行有信用的劳务公司
3	建立日常工作机制和监督机制。通过设立拖欠举报投诉电话，加强对各项目的监管，促使每个项目部依法支付农民工工资，落实清欠责任，及时兑现农民工工资
4	建立欠薪应急周转金制度。其主要由公司一部分资金，组成欠薪保障应急基金，专门用于应付突发性、群体性的欠薪纠纷

续表 6-3

序号	解决方法
5	提高农民工的法律维权意识。加强对国家有关法律法规的宣传力度，进一步提高广大农民朋友的法律法规保护意识，公司应设立农民工工资清欠举报电话，一旦发现有工程款拖欠的，农民朋友能及时向公司反映，启动应急预案，及时解决
6	严格“两个规范”做好公司及各项目部劳动队伍管理和用工管理，从源头上杜绝发生农民工公司纠纷事件
7	完善法律法规，加大执法力度，用法律手段解决工资拖欠问题： 1. 工资保障金制度。建设工程项目部开工前，公司要按照各省市规定比例足额将工资保障金存入建设部门指定的账户。工程竣工验收合格后如果没有拖欠工资的投诉，公司可以将本息一并支取。如有拖欠工资投诉，建设主管部门从保障基金中划支所欠款项。 2. 合同管理制度。公司实行分包时，要与分包企业签订合同，承担项目建设中发生的工资发放义务与责任。 3. 用工签发工票制度。企业如遇特殊情况不能按月发放工资时，向农民工签发工票，作为领取工资的依据，也可以作为农民工讨要被拖欠工资的凭证。 4. 按月发放工资制度。总承包企业按月凭工票向农民工足额发放工资。 5. 建立支付农民工工资公告制度。在施工现场设立公告牌、公示投诉电话、地址等相关信息。 6. 建立企业信用档案制度。对发生拖欠的项目部，公司将给予经济处罚

2. 劳务人员工资纠纷的解决途径

（1）由建设单位或总承包单位先行支付。

（2）责令用人单位按期支付工资和赔偿金。

（3）通过法律途径解决。

根据《劳动法》和国务院《劳动保障监察条例》等规定，用人单位不得克扣或无故拖欠劳动者工资。用人单位克扣或无故拖欠劳动者工资的，由劳动保障行政部门责令支付劳动者的工资报酬，逾期不支付的，责令用人单位按应付金额50%以上1倍以下的标准计算，向劳动者加付赔偿金。

如果务工人员遭遇用人单位的欠薪，应通过合法手段来讨要欠薪，不要以跳楼、堵路等过激行为威胁用人单位，否则一时冲动可能危害生命，还有可能因触犯刑律被追究责任。在用人单位拖欠工资的情况下，可以先与用人单位协商，如果协商无效解决，则可以通过下列法律途径来加以解决：

1）向当地劳动保障监察机构举报投诉。

2）向当地劳动争议仲裁委员会申请仲裁，需要注意的是，要在劳动争议发生之日起60日内向劳动争议仲裁委员会提出书面申请。

3）通过法律诉讼途径解决。分三种情况：一是劳动纠纷案件仲裁后一方不服的，可以向法院提出诉讼；二是经仲裁后不服从，劳动仲裁裁决生效后，用人单位不执行的，可申请法院强制执行；三是属于劳务欠款类的可直接向法院提起民事诉讼。

6.4 工伤事故善后处理工作

6.4.1 工伤及工伤事故的认定

1. 工伤与伤亡事故分类

（1）工伤的概念。又称为职业伤害、工作伤害，是指劳动者从事职业活动或者与职业活动有关的活动时所遭受的事故伤害和职业病伤害。

《中国职业安全卫生百科全书》将工伤认定为：“企业职工在生产岗位上，从事与生产劳动有关的工作中，发生的人身伤害事故、急性中毒事故。”

（2）伤亡事故分类。

1）事故类别分类。根据《企业职工伤亡事故分类标准》的规定，事故类别分为：物体打击；车辆伤害；机械伤害；起重伤害；触电；淹溺；灼烫；火灾；高处坠落；崩塌；冒顶片帮；透水；放炮；火药爆炸；瓦斯爆炸；锅炉爆炸；其他爆炸；中毒和窒息以及其他伤害。

2）伤害程度分类。

①轻伤：指损失工作日低于105天的失能伤害。

②重伤：指相当于表定损失工作日等于和超过105天的失能伤害。

③死亡。

3）事故严重程度分类。

①轻伤事故：指只有轻伤的事故。

②重伤事故：指有重伤无死亡的事故。

③死亡事故：

a. 重大伤亡事故：指一次事故死亡1~2人的事故。

b. 特大伤亡事故：指一次事故死亡3人以上的事故（含3人）。

2. 工伤的认定

（1）概念。是指劳动保障行政部门依据有关法律、政策的规定，依法做出劳动者受伤是否属于工伤范围的决定的行政行为。工伤认定是劳动者能否享受工伤待遇、获得工伤赔偿的前提，经认定为工伤的劳动者才可以依法助长享受工伤待遇、获得工伤赔偿。

（2）工伤的类型。

职工有下列情形之一的，应当认定为工伤：

①在工作时间和工作场所内，因工作原因受到事故伤害的。

②工作时间前后在工作场所内，从事与工作有关的预备性或者收尾性工作受到事故伤害的。

③在工作时间和工作场所内，因履行工作职责受到暴力等意外伤害的。

④患职业病的。

⑤因工外出期间，由于工作原因受到伤害或者发生事故下落不明的。

⑥在上下班途中，受到非本人主要责任的交通事故或者城市轨道交通、客运轮渡、火车事故伤害的。

⑦法律、行政法规规定应当认定为工伤的其他情形。

(3) 视同工伤情形。

①在工作时间和工作岗位，突发疾病死亡或者在48小时之内经抢救无效死亡的。

②在抢险救灾等维护国家利益、公共利益活动中受到伤害的。

③职工原在军队服役，因战、因公负伤致残，已取得革命伤残军人证，到用人单位后旧伤复发的。

其中，职工有第①、②项情形的，应享受工伤保险待遇；职工有第③项情形的，应享受除一次性伤残补助金以外的工伤保险待遇。

(4) 不得认定为工伤或视同工伤的情形应符合第 (2)、(3) 项的规定，但是存在下列情形之一者：

①故意犯罪的。

②醉酒或者吸毒的。

③自残或者自杀的。

(5) 工伤认定的条件。工作时间、工作场所和工作原因是工伤认定条件。

1) 工作时间。是指劳动合同规定的工作时间或者用人单位规定的工作时间以及加班加点的时间。其中的“因工外出期间”，是指职工受单位指派或根据工作性质要求并经单位授权在公共场所以外从事与职务相关活动的时间。

2) 工作场所。是指用人单位能够对从事日常生产经营活动进行有效管理的区域和职工，为完成某项特定工作所涉及的单位内或单位以外的相关区域。“上下班途中”则是指职工在合理时间内往返于工作单位和居住地的合理路线。

3) 工作原因。因工作原因受到事故伤害是指职工因从事生产经营活动导致的伤害和在工作过程中临时解决必需的生理需要时由于单位设施不安全因素造成的意外伤害。

具体说来，因公造成职工人身伤害（轻伤、重伤、死亡、急性中毒）和职业病或因其他原因造成伤亡的符合下列情况之一的应认定为工伤：

①从事本单位日常生产、工作或者本单位负责人临时指定的工作的，在紧急情况下，虽未经本单位负责人指定但从事直接关系本单位重大利益的工作的。

②经本单位负责人安排或者同意，从事与本单位有关的科学试验、发明创造和技术改进工作的。

③在生产工作环境中接触职业性有害因素造成职业病的。

④在生产工作的时间和区域内，由于不安全因素造成意外伤害的，或者由于工作紧张突发疾病造成死亡或经第一次抢救治疗后全部丧失劳动能力的。

⑤因履行职责招致人身伤害的。

⑥从事抢险、救灾、救人等维护国家、社会和公众利益的活动的。

⑦因公、因战致残的军人复员转业到企业工作后旧伤复发的。

⑧因公外出期间，由于工作原因，遭受交通事故或其他意外事故造成伤害或者失踪的，或因突发疾病造成死亡，或者经第一次抢救治疗后全部丧失劳动能力的。

⑨在上下班的规定时间和路线上，发生无本人责任或者非本人主要责任的道路交通机动车事故的。

（6）工伤认定所需的材料。

1）工伤认定申请表。

2）劳动、聘用合同文本复印件或者与用人单位存在劳动关系（包括事实劳动关系）、人事关系的其他证明材料。

3）医疗机构出具的受伤后诊断证明书或者职业病诊断证明书（或者职业病诊断鉴定书）。

属于下列情形的还需提供以下相关证明材料，且因取得这些证明材料所需时间不计算在申请工伤认定的时效内：

①因履行工作职责受到暴力等意外伤害的，提交公安机关或人民法院的证明或判决书。

②因公外出期间发生事故或者在抢险救灾中失踪，下落不明认定因工死亡的，应提交人民法院宣告死亡的结论。

③因公外出或在上下班途中，受到机动车事故伤害的，提交公安交通管理部门的责任认定书或相关处理证明。

④在维护国家利益、公众利益活动中受到伤害的，提交相关职能部门出具的证明。

⑤复员、转业军人旧伤复发的，提交《革命伤残军人证》及劳动能力鉴定委员会旧伤复发的鉴定证明。

⑥其他特殊情形，依据有关法律、法规规定应当提供的相关证明材料。

（7）工伤认定行政案件注意事项。

1）时效问题。

2）尽量与用人方订立书面合同。

3）复议前置。

6.4.2 工伤事故报告

1. 事故报告程序

事故发生后，事故现场有关人员应当立即向本单位负责人报告；单位负责人接到报告后，应当于1小时内向事故发生地县级以上人民政府安全生产监督管理部门和负有安全生产监督管理职责的有关部门报告。情况紧急时，事故现场有关人员可以直接向事故发生地县级以上人民政府安全生产监督管理部门和负有安全生产监督管理职责的有关部门报告。安全生产监督管理部门和负有安全生产监督管理职责的有关部门接到事故报告后，应当依照下列规定上报事故情况，并通知公安机关、劳动保障部门、工会和人民检察院。

（1）特别重大事故、重大事故。逐级上报至国务院安全生产监督管理部门和负有安全生产监督管理职责的有关部门。

（2）较大事故。逐级上报至省、自治区、直辖市人民政府安全生产监督管理部门和负有安全生产监督管理职责的有关部门。

（3）一般事故。上报至设区的市级人民政府安全生产监督管理部门和负有安全生产监督管理职责的有关部门。

安全生产监督管理部门和负有安全生产监督管理职责的有关部门依照上述规定上报事

故情况，应当同时报告本级人民政府。

国务院安全生产监督管理部门和负有安全生产监督管理职责的有关部门以及省级人民政府接到发生特别重大事故、重大事故的报告后，应当立即报告国务院。

必要时，安全生产监督管理部门和负有安全生产监督职责的有关部门可以越级上报事故情况。安全生产监督管理部门和负有安全生产监督管理职责的有关部门逐级上报事故情况，每级上报的时间不得超过2小时。

2. 事故报告内容

报告事故应当包括下列内容：

（1）事故发生单位概况。

（2）事故发生的时间、地点以及事故现场情况。

（3）事故的简要经过。

（4）事故已经造成或者可能造成的伤亡人数。

（5）已经采取的措施。

（6）其他应当报告的情况。

事故报告后出现的新情况，应当及时补报。自事故发生起30日内，事故造成的伤亡人数发生变化的，应当及时补报，火灾事故自发生之日起7日内，事故造成的伤亡人数发生变化的，应当及时补报。

6.4.3 工伤或伤亡职工的治疗和抚恤

1. 医疗费

（1）职工治疗工伤应当在签订服务协议的医疗机构就医，情况紧急时可以先到就近的医疗机构急救。

（2）治疗工伤所需费用符合工伤保险诊疗项目目录、工伤保险药品目录以及工伤保险住院服务标准的，从工伤保险基金支付。

（3）工伤职工治疗非工伤引发的疾病，则不能够享受工伤医疗待遇，按照基本医疗保险办法处理。

（4）住院伙食补助费由所在单位按照本单位因公出差伙食补助标准的70%发给住院伙食补助费。经医疗机构出具证明，报经办机构同意，工伤职工到统筹地区以外就医的，所需交通、食宿费用由所在单位按照本单位职工因公出差标准报销。

2. 误工费（停工留薪期待遇）

（1）职工因工作遭受事故伤害或者患职业病需要暂停工作接受工伤医疗的，停工留薪期内，其原工资福利待遇不变，由原单位按月支付。

（2）停工留薪期通常不超过12个月。伤情严重或者特殊，经设区的市级劳动能力鉴定委员会确认，方可适当延长，然而，延长期限不得超过12个月。

（3）工伤职工在停工留薪期满后仍需治疗的，继续享受工伤医疗待遇。

3. 护理费

（1）生活不能自理的工伤职工在停工留薪期需要护理的，由所在单位负责。

（2）工伤职工已经评定伤残等级并经劳动能力鉴定委员会确认需要生活护理的，从工伤保险基金按月支付生活护理费。生活护理费按照生活完全不能自理、生活大部分不能自理或者生活部分不能自理三个不同等级支付，其标准分别为统筹地区上年度职工月平均工资的50%、40%或者30%。各地规定不一。

4. 职工因工致残享受的待遇

职工由于工伤致残，应享受的待遇见表6－4。

表6－4 职工因工致残享受的待遇

序号	伤残情况	应享受的待遇
1	职工因工致残被鉴定为一级至四级伤残的，保留劳动关系，退出工作岗位	1. 从工伤保险基金按伤残等级支付一次性伤残补助金，标准为：一级伤残为24个月的本人工资，二级伤残为22个月的本人工资，三级伤残为20个月的本人工资，四级伤残为18个月的本人工资。 2. 从工伤保险基金按月支付伤残津贴，标准为：一级伤残为本人工资的90%，二级伤残为本人工资的85%，三级伤残为本人工资的80%，四级伤残为本人工资的75%。伤残津贴实际金额低于当地最低工资标准的，由工伤保险基金补足差额。 3. 工伤职工达到退休年龄并办理退休手续后，停发伤残津贴，享受基本养老保险待遇。基本养老保险待遇低于伤残津贴的，由工伤保险基金补足差额。 职工因工致残被鉴定为一级至四级伤残的，由用人单位和职工个人以伤残津贴为基数，缴纳基本医疗保险费
2	职工因工致残被鉴定为五级、六级伤残	1. 从工伤保险基金按伤残等级支付一次性伤残补助金，标准为：五级伤残为16个月的本人工资，六级伤残为14个月的本人工资。 2. 保留与用人单位的劳动关系，由用人单位安排适当工作。难以安排工作的，由用人单位按月发给伤残津贴，标准为：五级伤残为本人工资的70%，六级伤残为本人工资的60%，并由用人单位按照规定为其缴纳应缴纳的各项社会保险费。伤残津贴实际金额低于当地最低工资标准的，由用人单位补足差额。 经职工本人提出，可以与用人单位解除或终止劳动关系，由用人单位分别以其解除或终止劳动关系时的统筹地区上年度职工月平均工资为基数，支付本人20个月、18个月的一次性工伤医疗补助金和35个月、30个月的一次性伤残就业补助金
3	职工因工致残被鉴定为七级至十级伤残	1. 从工伤保险基金按伤残等级支付一次性伤残补助金，标准为：七级伤残为12个月的本人工资，八级伤残为10个月的本人工资，九级伤残为8个月的本人工资，十级伤残为6个月的本人工资。 2. 劳动合同期满终止，或者职工本人提出解除劳动合同的，由用人单位分别按其解除或终止劳动合同时的统筹地区上年度职工月平均工资为基数，支付本人一次性工伤医疗补助金和一次性伤残就业补助金。一次性工伤医疗补助金的具体标准为：7级16个月，8级14个月，9级12个月，10级10个月；一次性伤残就业补助金的具体标准为：7级25个月，8级20个月，9级15个月，10级10个月

职工被确诊为职业病的，一次性工伤医疗补助金在上述标准基础上加发50%。

工伤职工距法定退休年龄5年以上的，一次性工伤医疗补助金和一次性伤残就业补助金全额支付；距法定退休年龄不足5年的，每减少1年一次性伤残就业补助金递减20%。距法定退休年龄不足1年的按一次性伤残就业补助金全额的10%支付；达到法定退休年龄的，不支付一次性工伤医疗补助金。

5. 因工死亡赔偿

职工因工死亡，其直系亲属按照下列规定从工伤保险基金领取丧葬补助金、供养亲属抚恤金以及一次性工亡补助金。

从2011年1月1日起，安全生产事故中一次性死亡补偿金标准，按上一年度全国城镇居民人均可支配收入的20倍计算。新标准实行后，在生产安全事故中死亡的职工家属最高能获得60万元补偿金，提高近两倍。

6. 非法用工伤亡赔偿

非法用工所致工伤应享受的赔偿见表6-5。

表6-5 非法用工伤亡赔偿

序号	应享受的赔偿
1	一次性赔偿包括受到事故伤害或患职业病的职工或童工在治疗期间的费用和一次性赔偿金，一次性赔偿金数额应当在受到事故伤害或患职业病的职工或童工死亡或者经劳动能力鉴定后确定
2	劳动能力鉴定按属地原则由单位所在地设区的市级劳动能力鉴定委员会办理。劳动能力鉴定费用由伤亡职工或者童工所在单位支付
3	职工或童工受到事故伤害或患职业病，在劳动能力鉴定之前进行治疗期间的生活费、医疗费、护理费、住院期间的伙食补助费及所需的交通费等费用，按照《工伤保险条例》规定的标准和范围，全部由伤残职工或童工所在单位支付
4	伤残的一次性赔偿金按以下标准支付： 1. 一级伤残的为赔偿基数的16倍； 2. 二级伤残的为赔偿基数的14倍； 3. 三级伤残的为赔偿基数的12倍； 4. 四级伤残的为赔偿基数的10倍； 5. 五级伤残的为赔偿基数的8倍； 6. 六级伤残的为赔偿基数的6倍； 7. 七级伤残的为赔偿基数的4倍； 8. 八级伤残的为赔偿基数的3倍； 9. 九级伤残的为赔偿基数的2倍； 10. 十级伤残的为赔偿基数的1倍
5	死亡受到事故伤害或患职业病造成死亡的，按赔偿基数的10倍支付一次性赔偿金
6	赔偿基数，是指单位所在地工伤保险统筹地区上年度职工年平均工资

7. 其他情形

（1）伤残津贴、供养亲属抚恤金以及生活护理费由统筹地区劳动保障行政部门根据职工平均工资和生活费用变化等情况适时调整。调整办法由省、自治区、直辖市人民政府规定。

（2）职工因工外出期间发生事故或者在抢险救灾中下落不明的，从事故发生当月起3个月内照发工资，从第4个月起停发工资，由工伤保险基金向其供养亲属按月支付供养亲属抚恤金。生活有困难的，可以预支一次性工亡补助金的50%。职工被人民法院宣告死亡的，按照《工伤保险条例》第三十九条的规定处理。职工因工死亡，其近亲属按照下列规定从工伤保险基金领取丧葬补助金、供养亲属抚恤金的一次性工亡补助金：

1）丧葬补助金为6个月的统筹地区上年度职工月平均工资。

2）供养亲属抚恤金按照职工本人工资的一定比例发给由因工死亡职工生前提供主要生活来源、无劳动能力的亲属。标准为：配偶每月40%，其他亲属每人每月30%，孤寡老人或者孤儿每人每月在上述标准的基础上增加10%。核定的各供养亲属的抚恤金之和不应高于因工死亡职工生前的工资。供养亲属的具体范围由国务院社会保险行政部门规定。

3）一次性工亡补助金标准为上一年度全国城镇居民人均可支配收入的20倍。

伤残职工在停工留薪期内因工伤导致死亡的，其近亲属享受①的待遇。

一级至四级伤残职工在停工留薪期满后死亡的，其近亲属可以享受①、②的待遇。

（3）工伤职工具有下列情形之一者，将停止享受工伤保险待遇：

1）丧失享受待遇条件的。

2）拒不接受劳动能力鉴定的。

3）拒绝治疗的。

4）被判刑正在收监执行的。

（4）用人单位分立、合并以及转让的，承继单位应当承担原用人单位的工伤保险责任；原用人单位已经参加工伤保险的，承继单位应当到当地经办机构办理工伤保险变更登记。

（5）用人单位实行承包经营的，工伤保险责任由职工劳动关系所在单位承担。

（6）职工被借调期间受到工伤事故伤害的，由原用人单位承担工伤保险责任，但原用人单位与借调单位可以约定补偿办法。

（7）职工再次发生工伤，根据规定应当享受伤残津贴的，按照新认定的伤残等级享受伤残津贴待遇。

（8）企业破产的，在破产清算时优先拨付依法应由单位支付的工伤保险待遇费用。

（9）职工被派遣出境工作，依据前往国家或者地区的法律应当参加当地工伤保险的，参加当地工伤保险的，其国内工伤保险关系中止；不能参加当地工伤保险的，其国内工伤保险关系不中止。

（10）本人工资是指工伤职工因工作遭受事故伤害或者患职业病前12个月平均月缴费工资。本人工资高于统筹地区职工平均工资300%的，按照统筹地区职工平均工资的300%计算；本人工资低于统筹地区职工平均工资60%的，按照统筹地区职工平均工资的

60%计算。

6.4.4 工伤及伤亡保险事故的处理

1. 工伤认定申请主体

(1) 用人单位申请工伤认定。当职工发生事故伤害或者按照职业病防治法规定被诊断、鉴定为职业病的场合，用人单位应当依法申请工伤认定，此系其法定义务。

(2) 受伤害职工或者其直系亲属、工会组织申请工伤认定。在用人单位未在规定的期限内提出工伤认定申请的场合，受伤害职工或者其直系亲属、工会组织可直接依法申请工伤认定。据此，此种申请必须满足一个前提条件，那就是用人单位未在规定的期限内提出工伤认定申请。而非职工一发生事故伤害或者一按职业病防治法规定被诊断、鉴定为职业病时就可以由受伤害职工或者其直系亲属、工会组织直接申请工伤认定。此种场合的直接申请工伤认定就受伤害职工或者其直系亲属来说，是其民事权利而非义务。同时，法律授权工会组织也享有工伤认定申请权，以维护受伤害职工的合法权益。

2. 工伤认定管辖

(1) 劳动保障行政部门。具体地说，应当向统筹地区劳动保障行政部门提出工伤认定申请。

(2) 依规定应向省级劳动保障行政部门提出工伤认定申请的，根据属地原则应向用人单位所在地设区的市级劳动保障行政部门提出。

3. 工伤认定申请时限

(1) 用人单位申请工伤认定时限为30日，自事故伤害发生之日或者被诊断、鉴定为职业病之日起算。遇有特殊情况，经报劳动保障行政部门同意，申请时限可以适当延长。至于何为“特殊情况”及何为“适当延长”由劳动保障行政部门酌情认定、决断。上述期间内，用人单位未申请工伤认定的，受伤害职工或者其直系亲属、工会组织申请工伤认定始得直接申请工伤认定。

(2) 受伤害职工或者其直系亲属、工会组织申请工伤认定时限为1年，自事故伤害发生之日或者被诊断、鉴定为职业病之日起算。

4. 工伤认定材料提交

(1) 填写由劳动保障部统一制定的《工伤认定申请表》。

(2) 劳动合同文本复印件或其他建立劳动关系的有效证明。

(3) 医疗机构出具的受伤后诊断证明书或者职业病诊断证明书（或者职业病诊断鉴定书）。

申请人提供材料不完整的，劳动保障行政部门应当当场或者在15个工作日内以书面形式一次性告知工伤认定申请人需要补正的全部材料。

5. 受理或不予受理

(1) 受理条件。

1) 申请材料完整。

2) 属于劳动保障行政部门管辖。

3) 受理时效尚未经过。

4）申请主体适格。

上述四个条件须同时满足，否则，申请将不会被受理。劳动保障部门受理的，应当书面告知申请人并说明理由。

（2）不予受理。应当书面告知申请人并说明理由。

6. 证据的调查核实

（1）劳动保障部门根据需要可以对提供的证据进行调查核实。

（2）劳动保障部门调查核实，应由两名以上人员共同进行，并出示执行公务的证件。

（3）调查核实时，依法行使职权并履行法定保密义务。

（4）根据工作需要，委托其他统筹地区的劳动保障行政部门或相关部门进行调查核实。

7. 举证责任

（1）原则上，适用谁主张，谁举证。否则，承担举证不能的不利后果。

（2）职工或者其直系亲属认为是工伤，用人单位不认为是工伤的情况下，由该用人单位承担举证责任。用人单位拒不举证的，劳动保障行政部门可以根据受伤害职工提供的证据依法做出工伤认定结论。

8. 工伤认定决定

（1）认定决定包括工伤或视同工伤的认定决定和不属于工伤或不视同工伤的认定决定。

（2）劳动保障行政部门应当自受理工伤认定申请之日起60日内做出工伤认定决定。

（3）工伤认定决定应当依法载明必记事项。

（4）工伤认定决定应加盖劳动保障行政部门工伤认定专用印章。

9. 送达与抄送

（1）劳动保障行政部门应当自工伤认定决定做出之日起20个工作日内，将工伤认定决定送达工伤认定申请人以及受伤害职工（或其直系亲属）和用人单位，并抄送社会保险经办机构。

（2）工伤认定法律文书的送达按照《民事诉讼法》有关送达的规定执行。

10. 复议或诉讼

职工或者其直系亲属、用人单位对不予受理决定不服或者对工伤认定决定不服的，可以依法申请行政复议或者提起行政诉讼。

7 农民工权益保护

7.1 相关问题解析

7.1.1 农民工面临的突出问题及原因

1. 农民工面临的突出问题

农民工面临的突出问题主要表现在以下五个方面：

(1) 农民工工资待遇和劳动环境存在的问题严重。

1) 工资水平普遍低下，欠薪现象依然存在。这已成为中国分配领域中一个最突出的问题。各地的最低工资标准普遍偏低，且标准调整缓慢，一些企业主往往把最低工资标准当作实际支付给农民工的工资标准。农民工工资水平与物价和生活消费水平的提高不成比例，与社会平均工资的差距不断扩大。

2) 劳动安全卫生条件较差，往往缺乏最基本的劳动保护。农民工拿着最低的工资，却干着最重、最苦、最脏、最累、最危险的活，他们集中在劳动密集型产业和劳动环境差、危险性高的劳动岗位，尤其是城里人不愿干的建筑施工作业、井下采掘、有毒有害、餐饮服务、环卫清洁等工作。而且，许多企业使用缺乏防护措施的旧机器，噪声、粉尘、有毒气体严重超标，又不配备必需的安全防护设施和劳保用品，对农民工不进行必要的安全培训，致使其发生职业病和工伤事故的比例高。

3) 超时间、超强度劳动现象非常普遍，休息权利没有保证。有些企业甚至通过扣留部分工资做押金，强迫农民工加班加点。

4) 农民工不能平等地获得就业权利和公共就业服务。一些城市以优先保障市民就业为理由，仍在招工程序、招工比例、务工领域、行业工种等方面设置门槛和壁垒，使农民工遭受就业歧视。一些企业主为降低人工成本，恶意逃避责任，滥用试用期，把农民工作为廉价的临时工使用，不愿意与农民工签订劳动合同。农民工缺乏劳动就业培训的机会，技能素质不适应劳动力市场需求的问题十分突出。现行“阳光工程”的培训对象主要是尚未外出的农民，城市政府组织的就业培训对象主要是城镇下岗失业人员，企业也不愿意对农民工进行在岗和转岗技能培训。一些地方出现的“民工荒”，既反映农民工对低收入状况的不满，又折射出经过专业技能培训的农民工短缺问题。

(2) 农民工的社会保障待遇普遍缺失。由于现行的城镇社会保障制度安排，以及城市政府和企业的认识差距等因素，绝大多数农民工享受不到基本的社会保障。

1) 工伤保险参保率低，伤残医治赔偿困难。工伤保险是目前唯一对农民工没有制度和政策障碍的保障项目。农民工面临巨大劳动安全风险，许多农民工发生工伤事故得不到及时的治疗和经济赔偿，拖着伤残的身体回到原籍，成为农村新的贫困户。

2) 医疗、养老保险空缺，后顾之忧难以解决。农民工虽然眼下吃“青春饭”，养老问题不尖锐，但却把沉重的包袱留给了几十年后的政府、社会和家庭。农民工生病时，由于无法承担城市高额的医疗费用，只能硬挺，或者到游医和其他私人诊所看病，因病重新返贫问题突出。

（3）农民工基本享受不到城市政府提供的公共服务。

1）子女义务教育困难。农民工子女上学难是农民工面临的最为突出的一个问题，很多地方没有将进城农民工子女纳入当地义务教育体系。尽管中央三令五申，但一些地方公立学校仍然向农民工子女收取借读费。农民工子弟学校基本得不到当地政府的财政支持，只有依靠高收费维持运转，加重了农民工的子女教育负担。另外，农民工家庭父母长期在外打工，留守农村的孩子缺乏良好教育，辍学、失学人数增多。

2）居住条件比较恶劣，生活质量低下。很多农民工处于居无定所的状况。根据部分城市调查，在制造业和工矿企业中，虽然不少企业有集体宿舍，但居住拥挤不堪，经常是几十人拥挤在同一个棚屋中，卫生安全条件脏乱差；从事建筑施工工作的，一般居住在建筑工地的简易工棚、地下室和未竣工的房屋中；大量自找住房的农民工住在相对廉价的“城中村”和郊区农民搭建的棚屋中，环境卫生和食物安全条件很差。农民工的城市生活处于“孤岛化”状态，他们穿最廉价的衣服，用最廉价的商品，吃最廉价的食物，住最廉价的房子，业余文化生活贫乏单调。很多农民工长期夫妻分居，有的虽同地打工，但因居住限制不能过正常的家庭生活。

3）未能完全纳入城市计划生育服务体系，公共卫生服务不到位。目前城市的计划生育工作，主要针对本地城镇居民。农民工的计划生育工作，一直是一个难点和盲区。农民工计划免疫和妇幼保健等基本公共卫生服务的普及性很低。

（4）农民工维权工作困难重重。

1）维权法制不健全。目前，涉及农民工的高发侵权案件，主要是工伤和劳资纠纷。按照《劳动法》规定，劳动争议案件必须经过劳动仲裁，才能向法院起诉。但现行劳动争议仲裁时效60日的规定太短，使得众多农民工延误维权的时机。此外，仲裁、诉讼环节过多，必要程序全部走完一般需要1~2年，有的到案件终结时用人单位已不存在或相关责任人已无从查找，迫使农民工到处申诉告状。

2）很难正常行使民主权利。农民工在企业里缺少主人翁的地位，劳动工资集体协商制度没有得到执行。许多民营企业特别是中小企业还没有建立工会组织。很多农民工在企业工作多年，成为技术骨干，但职位很难升迁。一些公有制企事业单位，把农民工划入另册，与原有的城镇职工待遇差别大，有的还不能参加职工（代表）大会，不能行使正常的民主管理权利。农民工作为城镇社区居民的民主权利也难以实现，很多农民工虽然已经成为当地常住人口，但不能参加社区民主选举和参与社会事务管理。

3）侵犯人身权利的事时有发生。有些企业对农民工实行“封闭式”管理，限制人身自由，有的采取扣留身份证、搜身检查等非法手段，有的甚至随意体罚、打骂农民工。

（5）农民工身份转换难。

1）由于农民工就业稳定性差、流动性强，多数企业都还没有把农民工当作稳定的产业工人，农民工自身也缺乏这个意识。农民工大多在劳动密集型的加工业和建筑业就业，这些行业的很多就业岗位会随着产业更替和市场周期而频繁流动和变化。另外一些就业岗位，如某些服务业本身就是非固定、非正规的，需求大时农民工就要迅速增加，而需求急剧下降时他们又不得不返乡。在就业竞争日趋激烈的今天，许多农民工面临随时被解雇的风险。

2）依附于现行户籍制度上的劳动就业、社会保障、教育文化、医疗卫生等方面存在的一些不合理安排，使得进城农民工只能作为城市的临时暂住人口，不能享受与城镇居民平等的权利，难以成为在城镇中安居乐业的市民。

2. 上述问题产生的深层次原因

农民工是当前中国人数最多、社会奉献最大的劳动群体之一，也是合法权益最容易受到损害的弱势群体之一。农民工面临诸多问题的深层次原因，归纳起来主要有以下四个方面：

1）城乡分割的二元结构，是产生农民工问题的体制根源。从根本上说，长期存在的城乡二元结构，造成了农村与城市、农民与市民种种不平等。城乡分割的户籍制度，是许多地方政府把外来人口和劳动力列在服务对象之外的主要原因。农民工既难以享受城镇职工的待遇，无法成为产业工人的“正规军”，也难以享受当地市民的待遇，不能融入城市社会成为新市民。现行的城市社会管理体制还带有计划经济年代的烙印和明显的城市偏向，没有把农民工纳入城市劳动就业服务、社会保障和其他公共服务之内。

2）现行相关法律不健全、法制不完善，是产生农民工问题的制度缺陷。按照完善社会主义市场经济体制的要求，中国在劳动保障立法上空白较多，已有的一些法规政策中还存在限制农民工的歧视性条款有待进一步清理，许多法律法规对改革开放以来新出现的农民工群体缺乏明确的法律保护条款。现行涉及劳动权益保障的具体规定，有的只是部门规章，立法层次较低；有的没有上位法的依据，处罚条款过轻，不足以阻止企业主的违法侵权行为；特别是有法不依的状况相当严重。《劳动法》、《劳动监察条例》、《工会法》等法律法规对于农民工作为企业职工的工资标准、劳动安全、工伤医疗保险、劳动时间、休假权利和民主权利等都有明确规定，但事实上却存在普遍违法的现象。由于劳动执法体系不健全，执法监察力量严重不足，造成执法不严、违法不究的现象时有发生。

3）政府管理和职能转变不到位，是产生农民工问题的机制障碍。一些地方政府对于农民工的公共管理和服务严重缺位，在城市基础设施、社会保障、劳动就业、教育卫生、住宅建设等方面，都没有考虑到农民工的需要，在公共财政预算安排上也没有得到体现。

4）农民工自身素质和组织化程度低，也是产生农民工问题的重要因素。与城市劳动力相比，农民工的文化水平不高，他们绝大多数外出前不掌握必要的专业技能，不了解工业生产的基本规范，不熟悉城市生活情况，往往只能从事体力劳动和技术简单的工作，在劳动力市场中处于弱势地位，没有与用人单位讨价还价的资本。农民工自身也往往因为劳动时间过长、劳动强度过大，客观上缺少学习的时间和条件，主观上也往往缺少自学成才、改变命运的意识和动力。尤其是很多农民工在权益受到侵害时，不懂得通过合法手段和渠道保护自己，往往都是忍气吞声，有的则采取过激行为。总之，多数农民工自身既缺乏产业工人的意识，也缺乏产业工人必备的文化知识和技能素质，与工人阶级新成员的要求还有相当大的差距。

综上所述，农民工作为中国社会生产力中最积极、最活跃的群体，他们收入低下和权益缺失的状况如果不能尽快地得到有效改变，他们中的多数人如果不能逐步转化为正规的产业工人和安居乐业的市民，中国城乡差距、地区差距和贫富差距扩大的趋势就不可能得到根本改变和扭转，农业弱质、农村落后、农民弱势的问题也不可能得到根本解决，将会延误中国全面建设小康社会和实现现代化的进程。因此，要充分认识解决农民工问题的重要性和必要性，增强解决农民工问题的紧迫感和责任感。同时，又要看到解决农民工问题的复杂性、艰巨性和长期性。农民工问题，是在改革发展进程中出现的，必须用进一步深化改革、加快发展的办法来解决，必须从政治和经济社会发展全局的高度统筹解决，必须积极稳妥、循序渐进、有针对性地逐步解决。

7.1.2 农民工问题的重要性

我国进入新世纪以来，“三农”问题已经衍生为“四农”问题，那就是农业、农民、农村问题加上农民工问题。为什么把农民工问题单独列出来？可以从三个角度说明其重要性。

1. 农民工问题关系到农业增效、农民增收和农村繁荣

我国农村现在是一家一户承包土地经营，数以亿计农户的土地微小规模经营，汪洋大海的传统小农经济，要想农业增效、农民增收、农村繁荣非常困难。农民工现象与这种状况密切相关，他们外出打工是不得已而为之，是对传统农业、小农经济、落后农村的“突围”。从这个意义上说，农民工问题实际上是“三农”问题的一个关键性瓶颈。因为解决“三农”问题，归根到底是要减少农民，只有减少农民，才能富裕农民，才能提高农业整体效益，才能繁荣农村。如何减少农民？通过什么渠道减少农民？鼓励农民外出务工，切实保护农民工权益，及时转换农民工身份，无疑是一条最重要的渠道。在新的历史条件下，破解“三农”问题就必须抓住农民工这个关键，加快农村富余劳动力转移，在新的领域中实现新的突破。

2. 农民工问题关系到工业化、城镇化和“以工补农、以城促乡”

在工业化、城镇化过程中，实现“以工补农、以城促乡”，缩小城乡差距，农民工是一支不可替代的生力军。农民工问题解决好了，工业化和城镇化的步伐就会大大加快，一些难点问题也会迎刃而解。以近2亿农民工为“反哺”与“支持”的桥梁和纽带，紧密工农关系，疏通城乡血脉。

3. 农民工问题关系到社会主义和谐社会建设

在制约和谐社会建设的诸多矛盾中，农民工问题最为复杂。特别是一些地方及企业对外来务工人员的不平等待遇，使农民工与企业主的劳资关系紧张，与城市居民的关系不融洽，与社会管理不和谐，有的地方农民工成为社会不稳定的因素之一。广大农民工虽然创造了大量的社会财富，但在城市仍处于边缘化的状态，难以融入城市生活。尤其在就业环境差的地方和劳资矛盾尖锐的企业，农民工的逆反心理和苦闷情绪很强烈，农民工高伤亡率、高犯罪率等社会问题突出。

我国的农民工现象持续多年，具有鲜明的中国特色。农民工已经渗透到经济生活和社会生活各个领域，不仅是一个重大社会现实问题，还是一个重大政治理论问题。在实践中，我们对农民工问题的认识不断深化，理论层面的探讨也取得了一些成果。现在看来，有必要把农民工问题提升到建设中国特色社会主义重大理论和实践的高度，来加以深入的分析和研究。

7.1.3 农民工的主要特点

(1) 以初中文化的青壮年为主。外出农民工平均年龄比较轻，也是农村劳动力中受教育程度比较高的群体。他们思想活跃，向往城市生活，有强烈的外出就业冲动，也较为容易适应现代工业生产要求，但是总体素质仍然偏低，多数只能从事简单体力劳动。

(2) 以自发性外出为主。目前，农民外出务工主要依托以亲缘、地缘关系为基础建立起来的社会信息网络。自发性外出主要靠亲友介绍或帮带，就业成本低且成功率高，这也与农民工获得就业信息的渠道少、对社会职业中介机构诚信的认同感低有关。近年来，通过政府或中介机构组织和介绍外出就业的农民工逐步增多，但仍然不是主要渠道。

(3) 以来自中西部地区为主。

(4) 以制造业、建筑业和服务业就业为主。

(5) 以到东部地区和大中城市就业为主。东部地区、大中城市就业容量大、收入高，吸引了大量农民工。

(6) 以在城乡间双向流动为主。中国农村劳动力转移就业限于城乡分治的户籍制度，主要特点是职业与身份相分离、城乡之间双向流动，即所谓“亦工亦农、亦城亦乡”。这种“候鸟式”的流动有两种形式：

一是“钟摆式”，以年为周期在城乡和地区之间流动。

二是“兼业式”，以农业生产季节为周期，利用农闲时间外出打工。

7.1.4 农民工享有的权益

根据现行劳动保障法律法规的规定，农民工应当享有的基本权利包括：

(1) 用人单位应当按时足额支付工资，不得克扣、无故拖欠农民工工资。

(2) 用人单位支付的工资不得低于当地最低工资标准。

(3) 用人单位应依法实行国家规定的工时制度，安排农民工加班加点应符合国家有关规定，并依法支付加班加点工资。

(4) 用人单位应当依法与农民工签订劳动合同。

(5) 试用期应包括在劳动合同期限之中。

(6) 用人单位不得向农民工收取定金、保证金或扣留居民身份证等证件。

(7) 用人单位不得随意解除劳动合同，解除劳动合同应当符合《劳动法》的规定，并依法向农民工支付经济补偿金。

(8) 农民工依法享有休息休假权利。

(9) 女职工和未成年工享受特殊劳动保护。

(10) 农民工有权参加工伤保险、基本医疗保险、基本养老保险、失业保险和生育保险。

就业管理。在就业管理方面，取消对农民进城就业的职业工种限制和不合理收费，取消专为农民工设置的登记项目，实行暂住证一证管理；农村劳动者外出务工，不再需要办理外出人员就业登记卡和外来人员就业证；各行业和工种尤其是特殊行业和工种要求的技术资格、健康等条件，对进城就业农民和城镇居民要一视同仁；各地教育部门和学校对进城就业农民子女接受义务教育，在入学条件等方面与当地学生同等对待，不得违反国家规定乱收费。

职业介绍服务。在职业介绍服务方面，城市公共职业介绍机构要向农民工开放，免费提供政策咨询、就业信息、就业指导和职业介绍服务。

就业培训。在就业培训方面，进城务工的农民参加职业培训，可享受政府提供的一次性职业培训补贴，职业培训补贴标准和具体办法由省、自治区、直辖市制定。

7.2 农民工权益保护

7.2.1 保护农民工权益的相关措施

2006 年 3 月，国务院发布了《国务院关于解决农民工问题的若干意见》（以下简称《意见》）。《意见》指出：农民工是我国改革开放和工业化、城镇化进程中涌现的一支新型劳动大军。他们户籍仍在农村，主要从事非农产业，有的在农闲季节外出务工、亦工亦农，流动性强，有的长期在城市就业，已成为产业工人的重要组成部分。维护农民工权益是需要解决的突出问题。《意见》还提出了健全维护农民工权益保障机制的几项措施：

（1）保障农民工依法享有的民主政治权利。招用农民工的单位，职工代表大会要有农民工代表，保障农民工参与企业民主管理权利。农民工户籍所在地的村民委员会，在组织换届选举或决定涉及农民工权益的重大事务时，应及时通知农民工，并通过适当方式行使民主权利。有关部门和单位在评定技术职称、晋升职务、评选劳动模范和先进工作者等方面，要将农民工与城镇职工同等看待。依法保障农民工人身自由和人格尊严，严禁打骂、侮辱农民工的非法行为。

（2）深化户籍管理制度改革。逐步地、有条件地解决长期在城市就业和居住农民工的户籍问题。中小城市和小城镇要适当放宽农民工落户条件，大城市要积极稳妥地解决符合条件的农民工户籍问题，对农民工中的劳动模范、先进工作者和高级技工、技师以及其他有突出贡献者，应优先准予落户。具体落户条件，由各地根据城市规划和实际情况自行制定。改进农民工居住登记管理办法。

（3）保护农民工土地承包权益。土地不仅是农民的生产资料，也是他们的生活保障。要坚持农村基本经营制度，稳定和完善农村土地承包关系，保障农民工土地承包权益。不得以农民进城务工为由收回承包地，纠正违法收回农民工承包地的行为。农民外出务工期间，所承包土地无力耕种的，可委托代耕或通过转包、出租、转让等形式流转土地经营权，但不能撂荒。农民工土地承包经营权流转，要坚持依法、自愿、有偿的原则，任何组织和个人不得强制或限制，也不得截留、扣缴或以其他方式侵占土地流转收益。

（4）加大维护农民工权益的执法力度。强化劳动保障监察执法，加强劳动保障监察队伍建设，完善日常巡视检查制度和责任制度，依法严厉查处用人单位侵犯农民工权益的违法行为。健全农民工维权举报投诉制度，有关部门要认真受理农民工举报投诉并及时调查处理。加强和改进劳动争议调解、仲裁工作。对农民工申诉的劳动争议案件，要简化程序、加快审理，涉及劳动报酬、工伤待遇的要优先审理。起草、制定和完善维护农民工权益的法律法规。

（5）做好对农民工的法律服务和法律援助工作。要把农民工列为法律援助的重点对象。对农民工申请法律援助，要简化程序，快速办理。对申请支付劳动报酬和工伤赔偿法律援助的，不再审查其经济困难条件。有关行政机关和行业协会应引导法律服务机构和从业人员积极参与涉及农民工的诉讼活动、非诉讼协调及调解活动。鼓励和支持律师和相关法律从业人员接受农民工委托，并对经济确有困难而又达不到法律援助条件的农民工适当减少或免除律师费。政府要根据实际情况安排一定的法律援助资金，为农民工获得法律援助提供必要的经费支持。

（6）强化工会维护农民工权益的作用。用人单位要依法保障农民工参加工会的权利。各级工会要以劳动合同、劳动工资、劳动条件和职业安全卫生为重点，督促用人单位履行法律法规规定的义务，维护农民工合法权益。充分发挥工会劳动保护监督检查的作用，完善群众性劳动保护监督检查制度，加强对安全生产的群众监督。同时，充分发挥共青团、妇联组织在农民工维权工作中的作用。

7.2.2 农民工工资支付的保障

1. 农民工工资支付的保障制度

（1）农民工工资支付监控制度。建立农民工工资支付监控制度的主要依据是《国务院关于解决农民工问题的若干意见》和《关于贯彻落实〈国务院关于解决农民工问题的若干意见〉的实施意见》。农民工工资支付监控制度已在全国普遍建立，各地方政府采取的措施主要有：农民工实名制、农民工工资“一卡通”、农民工记工考勤卡、农民工工资支付信息公示、劳务用工工资专用账户管理制等。不同地区还选择适用了农民工工资支付备案制、欠薪报告制、工资支付预警制等保障农民工工资支付的监控制度。

（2）农民工工资保证金制度。该制度最初适用于拖欠、克扣农民工工资问题最为严重的建筑行业，现已扩大到交通、水利、铁路等行业。目前，全国各省、自治区、直辖市已普遍建立并实行农民工工资保证金制度，但各地关于缴存主体、缴存额、启用程序、返还等规定有所不同。

（3）农民工工资应急周转金制度。农民工工资应急周转金，是指为了垫付被欠薪农民工的临时生活费或路费而设立的应急周转专项资金。欠薪应急周转金制度于2004年在浙江省创立。

（4）农民工工资支付诚信制度。工资支付诚信制度，是指人社部门通过对各类企业工资支付情况实施监督检查，建立企业劳动保障守法诚信档案——将企业分别认定为不同的信用等级并实行分类监管的一项制度。目前，全国已有20多个省、自治区、直辖市建立了包括工资支付诚信制度在内的企业劳动保障诚信制度。

（5）农民工工资支付监督检查制度。农民工工资支付监督检查，是指人社部门及相关政府部门对用人单位支付农民工工资的行为进行日常或专项监督检查。我国《劳动法》第85条、《劳动保障监察条例》第11条、《工资支付暂行规定》第18条等法律、法规、规章对人社部门监督检查用人单位工资支付情况进行了规定。实践中，人社部门除了进行日常巡视检查、举报专查等工作外，每年春节前都要联合其他部门对制造业、建筑业、餐饮业及其他农民工集中的劳动密集型企业、小微企业、个体工商户、无证照作坊等开展农民工工资专项清理行动。

（6）农民工欠薪救济追责制度。

1）在欠薪法律救济方面，专门针对农民工的措施主要有：

①加强农民工工资案件的调解、仲裁工作。

②规定农民工工资权益受侵害的举报权。

③规定农民工工资案件部分先予裁决。

④规定拖欠农民工工资案件先予执行。

2）在拖欠农民工工资责任追究方面，主要有以下措施：

①在民事责任方面，规定了建设领域农民工工资支付连带责任。

②在行政责任方面，部分地区对于拖欠农民工工资实行“属地政府问责制”。

③在刑事责任方面，比较突出的是2011年5月1日起实施的《刑法修正案（八）》规定了“拒不支付劳动报酬罪”。

2．农民工工资支付保障制度的问题和缺陷

（1）行政措施多于法律手段。目前，我国在保障农民工工资支付问题上所经常采用的是行政措施。以行政手段来解决拖欠农民工工资的问题会增加政府职能部门的负担，降低行政效率。行政手段固然有见效快的优点，但未能从制度方向上解决农民工工资支付问题；且各地都有自己的农民工工资支付的保障制度，但形式多样、未能形成统一的标准方法。因此，应侧重于通过法律手段来构建农民工工资支付保障的长效机制。

（2）制度的法律位阶低，文件性突出。我国农民工工资拖欠、克扣现象严重的最根本原因就是缺乏权威的工资支付规范。《劳动法》、《劳动合同法》、《劳动争议调解仲裁法》、《刑法修正案（八）》仅仅从不同侧面对工资支付的某个方面建立规范，在工资支付保障制度体系中所占的比例小。现行农民工工资支付保障制度的主要表现形式为部门规章和地方性规章。《工资支付暂行规定》、《最低工资规定》和《建设领域农民工工资支付管理暂行办法》这三个部门规章的法律位阶低，且内容简单，已无法满足解决农民工工资支付领域现实问题的需要。此外，大部分的规范是通过政府文件的形式表现出来的，政府文件的权威性、稳定性显然无法与法律法规相比，其实施效果也相对较弱。

（3）制度发展不均衡。可以说，当前农民工工资支付保障机制的构建起源于整治建筑业领域农民工工资拖欠问题，目前很多政府文件仍然只针对建筑领域的农民工工资拖欠问题。尽管建筑业是拖欠农民工工资最多的领域，但民营、私营等企业也存在拖欠农民工工资的问题，有的还比较严重。从目前的情况看，我国农民工工资支付保障制度的发展是不均衡的，建筑业领域相关规章制度较多，其他领域则涉及较少。

3．农民工工资支付保障制度的实施方法

（1）准则。为规范务工人员工资支付行为，预防和解决拖欠或克扣务工人员工资问题，有效维护广大务工人员的合法权益，促进企业的健康持续发展，根据《中华人民共和国劳动法》、《建筑领域农民工工资支付管理暂行办法》（劳社部发〔2004〕22号）等有关法律法规以及劳动保障部、建设部，《关于切实解决建筑业企业拖欠民工工资问题的通知》（劳社部发〔2003〕27号）和各级政府与主管部门的有关规定，特制定本制度。

（2）劳动合同的签订。项目部在招用民工时，可通过劳务公司的途径，依法与民工签订劳动合同。劳动合同中要明确规定劳动合同期限、工作内容、劳动保护和劳动条件、劳动报酬以及违反劳动合同的责任等内容。其中有关劳动报酬的条款，应明确工资支付标准、支付项目、支付形式、支付时间等内容。

（3）加强对民工工资支付的监控。

1）项目部应制定内部民工工资支付管理办法，应根据签订的集体合同或劳动合同约定的日期按月支付工资，应将工资直接发放给民工本人，严禁发放给班组长或其他不具备主体资格的组织或个人。项目部应建立民工记工考勤卡，编制民工工资支付清单，如实记录民工姓名、身份证号码、用工天数、支付单位、支付时间、支付对象、支付数额等情况，并保存两年以上备查。项目部可采用银行存折发放工资，或派专人到工地监督每个月民工工资的发放。一旦出现拖欠苗头，要及时采取措施加以解决，避免事态扩大。

2）各项目部要落实专人负责处理拖欠民工工资投诉工作，成立民工工资应急小组，制定应急预案，及时处理突发事件，让事态从源头上进行遏制。

3）施工现场必须设置《民工工资维权告知牌》。项目部必须于开工前将《民工工资维权告知牌》设置在“八图二牌”处，如有损坏应及时更换。

（4）拖欠民工工资投诉的处理。

1）项目部应高度重视拖欠民工工资投诉，对有拖欠民工工资的工程项目，必须采取措施，及时给予解决，避免民工到有关部门投诉。

2）业主或工程总承包企业未按合同约定与建设工程承包企业结清工程款，致使建设工程承包企业拖欠民工工资的，由业主或工程总承包企业先行垫付民工被拖欠的民工工资，先行垫付的工资数额以未结清的工程款为限。

3）项目经理将民工工资发放给班组长等不具备主体资格的组织或个人，导致拖欠民工工资的，由项目部负责解决所拖欠的民工工资。

4）若有民工投诉拖欠工资问题，项目部接到相关部门通知后，应立即派项目部处理拖欠民工工资的负责人及项目经理到指定地点处理。已结清工账的，当场确定清欠期限、清欠方式等；未结清工账的，当场确定结清工账的期限、清欠期限、清欠方式等。

4. 处罚措施

（1）凡到公司投诉，经协调及时解决的，对该项目承包经理人处以2000元罚款。

（2）凡发生务工人员上访到上级建设、劳动等主管部门责成公司进行解决的，对承包项目经理人处以20000元罚款。

（3）导致公司被当地政府有关部门取消建筑工程施工资格而被清退的，对项目承包经理人处以200000元以上的罚款。

7.2.3 农民工的社会保障

1. 农民工社会保障问题及原因

目前中国的社会保障包括五个基本项目：社会救助，社会优抚，社会福利，社会保险以及慈善事业或个人户主保险。而农民工社会保障缺失主要是在社会保险方面的缺失。社会保险主要有养老、失业、医疗、工伤和生育五个方面。

（1）农民工养老问题。相关法律法规规定："本决定实施后参加工作的职工，个人缴费年限累计满15年的，退休后按月发给基本养老金。""个人缴费年限累计不满15年的，退休后不享受基础养老金待遇，其个人账户储存额一次支付给本人。""参加养老保险的农民合同制职工，在与企业终止或解除劳动关系后……根据农民合同制职工本人申请，将其个人账户个人缴费部分一次性支付给本人，同时终止养老保险关系，凡重新就业的，应重新参加养老保险。"以上的规定意味着，农民工必须至少在一个地方工作15年，才能得到"退休后按月发给基本养老金"的待遇；如果流动，则只能带走"个人账户个人缴费部分"。因为绝大多数农民工实际上不可能在同一个地方工作15年，所以即使被迫参保，他们也选择了参保后又退保，大多数人当年就拿走了他们的"个人账户个人缴费部分"，而"企业缴费部分"则为当地的城镇职工做贡献了。我国现在还无法做到像大多数发达国家一样：不论在哪个地区工作并缴纳社会保险费，都可以在当地进行权益记录。将来在任何一个地区退休，也都可以通过相关凭证享受当地的养老保障。因为我国现在养老保险各地实行的是区域化统筹，各省之间养老保险基金独立核算，互不往来。

正是因为以上种种原因，农民工的养老保险问题至今无法落实，农民工面临着老无所依的情况，这是我们社会的悲哀，这更是我们社会保障体制的缺失。

（2）农民工失业、工伤、医疗保险问题。如果说养老保险是关注农民工未来长期权益的，那么失业、工伤、医疗保险则属于短期权益。

1）失业保险。农民工在城市面临着很高的失业风险。由于雇主和农民工之间缺乏信任，农民工经常更换工作的现象出现。农民工就业不稳定，是城市中失业最为频繁的群体。而失业保险在农民工中的覆盖率较低，大多企业不愿为农民工缴纳失业保险，导致农民工失业后生活得不到保障。

2）工伤保险。从农民工从事的职业来说，吸纳他们最多的是建筑业。总体上看这些职业又都属于劳动密集型，而且职业风险较高。企业为了自己的利益，不愿为农民工参保。即使参加了工伤保险的农民工，在真正发生工伤之后，由于相关法律的漏洞和滞后，工伤认定、工伤鉴定、仲裁裁决、司法诉讼等一系列的问题都严重影响了工伤保险的落实，从而使农民工工伤保险问题日益突出。

3）医疗保险。尽管各地纷纷出台关于农民工医疗保险的法律法规，但农民工就医难的问题依旧存在。原因如下：

①制度因素：我国目前实行的医疗保险制度，除城镇职工医疗保险时间稍长外，其他医疗保险制度制定时间短，制度内容设计不完备。如农民工医疗保险办法就不适应农民工的现实需求和发展要求。同时同一种医疗保险制度地区差异显著，统筹层次低。不同医疗保险制度之间又缺乏衔接和转换标准，异地衔接和结算难以进行。

②人为因素：人为因素主要包含三方面的内容。

a．农民工自身因素。农民工自身的流动性以及收入水平等现状对农民工参加医疗保险形成直接制约。

b．用人单位。用人单位对农民工医疗保险的响应，也影响到农民工参加医疗保险的结果。

c. 相关职能管理部门方面。政府部门的宣传以及对单位的监督和查处力度也间接关系到农民工参加医疗保险的落实情况。

其中，按照主要矛盾与次要矛盾关系原理，重点分析了影响农民工参加医疗保险的主要问题包括流动频繁，医疗保险费用过高，以及各种医疗保险制度规定不统一、衔接困难。正是由于以上种种原因，收入不高的农民工很难得到完善的医疗保险救助，当疾病来临，他们无能为力。

综上所述，农民工的社会保障缺失已经成为一个严重的社会问题，如果不能妥善解决，将对社会经济的发展带来巨大影响，影响社会安定，妨碍和谐社会的构建。

2. 农民工社会保障问题的解决方法

(1) 完善法制。现在我国的一些法律法规的可操作性很弱。《劳动法》本来是保护全体劳动者合法权益的，但现在的情况是，《劳动法》是保护城市劳动者的，甚至在城市劳动者里面，也只能保护比较精英的劳动者，其余连下岗、失业工人都不能保护，罔论没有城市户口的农民工了。其他法律法规中也在农民工社会保障问题上存在着一定的缺失或空白，从而使农民工的社会保障无法得到保障。在完善法律法规之后，农民工的工伤认定、工伤鉴定、仲裁裁决、司法诉讼之路将不再漫长，农民工的合法权益将有法可依，他们的维权之路也将不再漫长。

(2) 开放户籍。通过对我国户籍制度变迁历程的回顾，可以发现户籍制度实质是一种城乡隔离制度，它不仅是在地域上的隔离，更是在国民福利待遇上的隔离。这大大限制了农村剩余劳动力向城镇的转移，使中国的工业化与城镇化相脱离。农民工的社会保障无法融入城市也正是由户籍制度导致的。户籍制度在一定程度上防止了城市人口的膨胀，但可以通过一些别的办法来限制城市人口的膨胀。比如城市政府可以通过住房规划等经济手段来制约其他地方的人迁入，比如将临时建筑限定在非常严格的范围内，使那些买不起住房的人无处可住，也就不能迁入了。对有条件的农民工可以考虑将他们的户籍迁入城市，这样一来，大大方便了他们的养老保险等其他社会保障的落实。

(3) 提高重视程度。各级政府要着眼于社会保障事业的长远发展，制订相关法规政策。只单纯要求农民工增强法律意识明显不现实。在户籍管理严格的大城市，整体配套改革亟待深化，要从根本上解除户籍制度造成的身份判别，剥离计划体制下户籍制度中附加的一些与户口管理无关的内容，把农民工同城市在业人员等同起来，一视同仁，统一规划，统一管理，统一标准，以立法形式明确规定各种类型的劳动力（包括农民工）均应参加社会养老和工伤保险等社会保险。各级政府部门尤其是经济发达地区要依照宪法的要求，根据当地经济发展的水平做好农民工的社会保障工作。

(4) 建立和完善农村社会保障制度。目前，我国广大农村，基本上没有社会保障制度，农村人口主要靠家庭保障模式。为适应工业化、城镇化进程，应积极稳妥地推进小城镇居民和乡镇企业就业人员的基本养老保险制度，建立一种社会保险关系可在城乡之间自由转移，待遇高于最低生活保障的第一层次的社会养老保险制度。同时，继续抓好农村“五保”制度、最低生活保险制度和合作医疗制度建设。有了农村社会保障制度作为广大农民工的后盾，他们的基本社会保障问题可以解决，保障了他们的基本权益。

综上所述，农民工的社会保障问题不容忽视，而农民工的社会保障缺失主要是在社会保险方面的缺失。要解决这些问题，要通过健全法制、开放户籍制度、提高政府对农民工社会保障问题的重视程度、建立和完善农村社会保障制度等方法来解决。

7.2.4 农民工工伤认定

1. 农民工工伤认定的步骤

(1) 向人力资源和社会保障局申请工伤认定，公司需要在事故发生的一个月内申报，如果公司不申请，则工伤职工或者其近亲属在一年内提出认定申请。需提交材料：工伤认定申请表（劳动局的网站一般有下载)、与用人单位存在劳动关系的证明材料、医疗诊断证明等。

(2) 如果经过治疗伤情相对稳定后存在残疾、影响劳动能力的，应当申请劳动能力鉴定，向设区的市级劳动能力鉴定委员会提出申请（一般设立在同级人力资源和社会保障局)。

(3) 各省的赔偿标准是不一样的。根据不同的伤残等级，获得的补偿是不一样的。主要的补偿是：医疗费、一次性伤残补助金、一次性伤残就业补助金、一次性工伤医疗补助金、停工留薪期工资、伙食补助费、护理费等。

(4) 如果你没有劳动合同及其他证明存在劳动关系的证据，无法申请工伤认定，可以先申请劳动仲裁确认你与用人单位之间存在劳动关系。经过劳动仲裁确认存在劳动关系后，再申请工伤认定。

(5) 相关法律依据：《工伤保险条例》、《工伤认定办法》、《劳动争议调解仲裁法》及你所在省的工伤保险条例。

2. 农民工工伤认定难的原因

(1) 包工头的存在对工伤农民工的最大影响就是阻碍了工伤认定。工伤事故主要集中于建筑业和加工制造业这两个行业，占到总数的73.4%。其他行业还包括采矿业、交通运输、园林绿化等。这两个行业不需要复杂的技术，劳动强度大，基本上没有门槛的限制，对于文化水平较低的青壮年农民工来说，是最容易找到的工作。但由于加工制造和建筑业本身就是危险性较高的行业，加之劳动保护条件简陋及安全制度不健全，所以这两个行业经常发生工伤事故。

包工头的存在使得劳动者在申请工伤认定时举步维艰。用人单位将包工头作为自己的“挡箭牌”，拒不承担责任；而劳动者也因为直接跟随包工头打工而缺乏与用人单位之间存在事实劳动关系的证明。无奈之下，有些案件只能以人身损害赔偿为由直接起诉包工头本人，但这样的判决即使胜诉了，也面临着执行难的问题。

(2) 工伤认定时间长，劳动者权利难以保障。对于农民工来说，工伤认定时间长，最主要就是在确认劳动关系上。对于绝大多数农民工来说，根本没有劳动合同，有工作证、工资条、出入证等证据的人也很少。在他们发生工伤后申请工伤认定而用人单位不承认其是自己的员工时，农民工必须先自己举证证明劳动关系的存在，而证据不足使得劳动部门常常会要求农民工先通过仲裁确认劳动关系。如果用人单位对确认劳动关系结果不服，还可以提起一审、二审，这就造成了劳动者在确认劳动关系上就花费了大量的时间。

由于工伤程序本身环节较多，工伤认定、劳动能力鉴定、工伤待遇索赔，再加上不得不进行的劳动关系的确认，可能发生的对工伤认定结论不服的行政复议和行政诉讼，以及其他特殊情况，普遍而言，工伤程序所花费的时间和成本要高于农民工的其他案件。

不具备合法资质的用人单位招用农民工的现象非常普遍，农民工在求职时并不会有意识地区分用人单位是否具备合法资质，只要工作有合适的报酬就可以。但非法的用人单位根本不可能为农民工上工伤保险，一旦农民工在工作中受伤，“黑工厂”的老板能躲则躲，能逃则逃。政府部门对其也无法实施有效的监管。

(3) 单位扣押工伤证，工伤职工难以获得工伤待遇。在工作站办理的案件中，有些用人单位虽然为当事人申请了工伤认定，还有的进行了劳动能力鉴定并核定了工伤保险待遇。但却并不将工伤证、核定后的工伤待遇给劳动者，使劳动者无法顺利得到工伤待遇。

(4) 劳动部门受理工伤标准不一，工伤认定难。农民工签订劳动合同的比率非常低。如果没有劳动合同，农民工发生工伤后申请工伤认定时，只能用其他证据，如工友的证言、工作证、工资条等证据来证明与用人单位之间存在事实劳动关系。哪些证据能够证明劳动关系的存在？不同的政府工作人员有不同的标准，有的工作人员进行调查后很快便给劳动者认定了工伤，有些却要求劳动者提供各种详细的证明材料，其掌握标准之严，以至于阻碍了劳动者的维权。

(5) 工伤保险冒名顶替，劳动者权利难保护。有些用人单位为了尽可能减少成本支出，就从劳动者的工伤保险费上“偷工减料”。如只给部分劳动者缴纳工伤保险费，此后无论是哪个劳动者发生事故，均以参加保险的员工名义治疗、认定工伤。但发生工伤事故的劳动者的权利却难以保障。

(6) 用人单位破产或被吊销营业执照，劳动者工伤保险待遇难保证。有些用人单位的生产经营状况不好，又没有给职工缴纳工伤保险费，如果劳动者发生工伤事故后用人单位破产的，工伤职工的权利很难得到保障。而目前有限责任公司注册、注销的程序上的不规范，又加重了工伤职工面临的风险。

(7) 承揽关系、劳务关系与劳动关系难区分。由于农民工就业的流动性比较大，与用人单位之间的关系往往比较松散。有些情况下，用人单位和劳动者之间到底是劳动关系、劳务关系还是承揽关系，比较模糊。而一旦发生工伤后，用人单位就极力推卸自己的责任，坚持认为与劳动者之间不存在劳动关系，只是承揽关系或者劳务关系。

(8) 发生工伤得不到及时的救助，造成的后果更严重。发生工伤事故后，包工头或者用人单位往往只管“救急”而不管“救命”。将发生工伤的农民工送到医院进行紧急处理或手术后便撒手不管，而很多当事人仍然需要继续手术或治疗，农民工不得不在身患病痛的情况下一边申请工伤认定，一边四处筹款治疗。如果治疗费用昂贵到农民工根本无法承受的时候，他们或听天由命，随病情恶化；或铤而走险，采取暴力手段要回赔偿款；或无奈之下答应对方的私了协议。种种的后果不仅不利于农民工本人，也不利于我们整个社会的稳定和谐。

(9) 工伤赔偿款执行难。工伤职工在拿到工伤证、评定伤残等级、甚至在经仲裁或法院审理确定了工伤赔偿款数额后，仍然有可能面临执行难的问题。如果最终无法执行到赔偿款，当事人的困境并未得到纾解，先前的种种努力难免要大打折扣。

7.2.5 农民工的其他权益保护

1. 工作内容和工作地点

工作内容是指工作岗位和工作任务或职责，是用人单位使用者的目的，也是劳动者通过自己的劳动取得劳动报酬的缘由。劳动合同中的工作内容条款应当规定得明确具体，便于遵照执行。如果劳动合同没有约定工作内容或约定的工作内容不明确，用人单位将可以自由支配劳动者，随意调整劳动法者的工作岗位，难以发挥劳动者所长，也很难确定劳动者的劳动报酬，造成劳动关系的极不稳定，因此工作内容是必不可少的。

工作地点是劳动者从事劳动合同中所规定的工作内容的地点，是劳动合同的履行地，它关系到劳动者的工作环境、生活环境以及劳动者的就业选择，劳动者有权在用人单位建立劳动关系是知悉自己的工作地点。

2. 工作时间和休息休假

工作时间是指劳动时间在企业、事业、机关、团体等单位中，必须用来完成其所负担的工作任务的时间。一般由法律规定劳动者在一定时间内（工作日、工作周）应该完成的工作任务，以保证最有效地利用工作时间，不断地提高工作效率。用人单位不得随意延长劳动者的工作时间或安排劳动者加班。即使是劳动者本人愿意，用人单位也不得违反法律法规的规定。

休息休假是指企业、事业、机关、团体等单位的劳动者按规定不必进行工作，而自行支配的时间。休息休假的权利是每个国家的公民都应享受的权利。

3. 劳动保护、劳动条件和职业防护

在劳动生产过程中，存在着各种不安全、不卫生因素，如不采取措施加以保护，将会发生工伤事故。建筑施工可能发生高空坠落、物体打击和碰撞等。劳动保护就是为了防止在劳动过程中发生安全事故，要求用人单位必须采取各种措施来保障劳动者的生命安全和健康。

4. 女职工和未成年工特殊保护

国家对女职工和未成年工实行特殊劳动保护。

（1）女职工劳动保护。

1）禁止安排女职工从事矿山井下、国家规定的第四级体力劳动强度的劳动和其他禁忌从事的劳动。

2）不得安排女职工在经期从事高处、低温、冷水作业和国家规定的第三级体力劳动强度的劳动。

3）不得安排女职工在怀孕期间从事国家规定的第三级体力劳动强度的劳动和孕期禁忌从事的劳动。对怀孕七个月以上的女职工，不得安排其延长工作时间和夜班劳动。

4）女职工生育享有不少于九十天的产假。

5）不得安排女职工在哺乳期未满一周岁的婴儿期间从事国家规定的第三级体力劳动强度的劳动和哺乳期禁忌从事的其他劳动，不得安排其延长工作时间和夜班劳动。

（2）未成年工劳动保护。未成年工是指年满十六周岁未满十八周岁的劳动者。由于未成年工正处在身体发育的重要时期，因此对未成年工的保护主要是针对未成年工的特点及接受教育的需要采取的特殊劳动保护措施，主要有以下两个方面：

1）不得安排未成年工从事矿山井下、有毒有害、国家规定的第四级体力劳动强度的劳动和其他禁忌从事的劳动。

2）用人单位应当对未成年工定期进行健康检查。

7.3 农民工权益受损的原因及现状

7.3.1 农民工合法权益未得到保障的主要原因

农民工合法权益得不到有效保障可从五个方面找原因。

（1）从劳动力市场看，我国劳动力将长期处于供大于求的状况。2006 年，农村富余劳动力已达两亿多人。而且每年还新增劳动力约1000 万，其中700 万在农村，农民工大军不断扩大。劳动力的不断新增，加上普遍缺乏就业技能，决定了农民工在劳动力市场上的廉价地位。

（2）从社会因素看，劳动力市场用工双方的社会地位决定了农民工处于不利的地位。由于没有城市户口，农民工心理预期自己工作待遇要低于城市工。从用工方来看，他们之所以愿意雇用农民工，重要的原因是可以大大降低劳动力的使用成本。

（3）从执法上看，一方面劳动法还不够完善，在保护农民工权益方面还存在缺陷；另一方面一些地方在价值取向上，过分迁就企业主的利益，使农民工合法权益得不到及时、有效的保护。

（4）从农民工自身看，一是农民工在进城务工和择业上，主要依靠“血缘、人缘、地缘”关系，盲目性大，且各自为“工”，失去了参与社会活动的正式组织依托，缺乏团队维权，在权益受到侵犯时，不能借助组织、集体的力量去解决问题。二是农民工普遍缺乏法律知识和维权意识，权益受侵犯后不知如何维护。

（5）从社会保障、社会救助系统看，制度不够完善。随着社会保障制度的逐渐确立，城市市民已基本实现了社会保险，而农民工往往不在保险对象之列，低收入的农民工不仅随时可能处在失业状况，而且没有社会救助系统的支持，成了生活在城市中却又享受不到居民权利的无保障人群。同时，社会保险还没有实现全国统筹，而农民工流动性很大，在甲地参保后，要想转到乙地，操作起来很困难，不利于农民工参保。

7.3.2 农民工合法权益受损现状

近年来，沿海地区出现长期性的农民工短缺现象。专家们调查后认为，工资缺乏吸引力、劳动条件差、用工不规范和民工权益受侵害等原因造成了农民工短缺，实质就是农民工权益缺乏有效的保障。问题主要表现在七个方面：

1. 就业受限制

绝大多数流动农民只能在非正式市场寻找就业机会，从事的是城市人不愿干的“脏、累、粗”工作。但是，随着近年来城市下岗工人的增多，城市就业压力加大，对原来不愿意做的一些工作，现在城市人也开始加入到竞争的行列中来。同时有些城市出于以下三方面需要，出台了禁止和限制外来人口特别是农村外来人口在某些岗位就业的政策：

（1）从保护本地人就业角度出发。

（2）从促进下岗失业人员再就业角度出发。

（3）从城市文明卫生角度出发。

2. 劳动关系不规范

有些用人单位虽然签有劳动合同，但是格式不规范，内容不完整，有的条款甚至与劳动法规相冲突，成为霸王合同、生死合同。

3. 劳动标准不落实

劳动保障部门对部分私营企业劳动用工情况检查显示，用人单位拖欠工资、低于最低工资标准、超时加班、节假日加班不发加班工资、不办理社会保险、收取劳动者押金、服装费、培训费、辞退劳动者不支付补偿金、不为工伤劳动者支付医疗补偿等现象较普遍存在。

劳动报酬方面遭到侵害主要表现在：

（1）同工不同酬。农民工虽然从事着与城市人同样的工作，却拿着比城市人低的报酬。

（2）加班不给加班费或少给加班费。

（3）被拖欠甚至拒付工资。

4. 社会保险没保障

农民工是以工资性收入为主要生活来源的，一旦遭遇风险，就不能再依靠土地来获得保护。但是，在实际生活中只有城镇居民才能享受到养老、医疗等社会保险，农民工一般享受不到这些保障。一些用人单位，特别是个体和私营企业要么不给农民工投保，要么为了应付检查只给少部分农民工投保，要么避重就轻只投个别保险，而回避其他几个险种。有的即使是高危企业也只是随意购买一些商业意外人身伤害保险应付了事。

5. 生活、工作环境恶劣，缺乏劳动保护

有的用人单位为了降低生产成本，而不改善工作和生活环境，不给农民工配发必要的劳动保护用品，导致农民工职业病或工伤事故频频发生。

6. 休息休假无保证

农民工加班加点现象较为普遍，而加班工资，远远低于国家标准，有的甚至不发加班工资。

7. 安全教育培训权利被剥夺

部分企业为追逐利润的最大化，随意剥夺或减少农民工接受安全教育与培训的权利，以致最终酿成事故和悲剧。

8 劳务统计和劳务资料管理

8.1 劳 务 统 计

8.1.1 建筑企业职工人数统计

1. 建筑业企业从业人员的统计范围

建筑企业从业人员是指从事建筑企业劳动工作，并取得劳动报酬或经营收入的人员。统计范围见表8－1。

表8－1 建筑业企业从业人员的统计范围

项　目	内　容
建筑业企业从业人员的统计范围	建筑企业职工：指在国有经济、城镇集体经济、联营经济、股份制经济、外商和港、澳、台投资经济、其他经济单位及其附属机构工作，并由其支付劳动报酬的各类人员
	其他从业人员：劳动制度规定不作职工统计，但实际参加企业生产或工作，并取得劳动报酬的人员
建筑业企业职工统计中不包括的人员	乡镇建筑企业从业人员
	私营建筑企业从业人员
	离休、退休、退职人员
	经省、自治区、直辖市批准，有计划地从农村就近招用，参加铁路、公路、输油输气管线、水利等大型土石方工程工作，工程结束后立即辞退，不得调往新施工地区的民工
	参加单位生产劳动的军工、勤工俭学的在校学生，以及大中专、技工学校的实习生
	经单位批准停薪留职，保留单位职工身份的人员
	在单位工作的外方人员和港、澳、台方人员
其他从业人员	聘任和留用的离退休人员
	外方人员和港、澳、台方人员
	领取补贴的人员，主要指街道或其他单位临时安排到建筑企业劳动锻炼的待业青年，以及开除公职留用察看人员

2．职工人数统计

（1）期末人数。建筑企业报告期末最后一天的实有职工人数，包括月末人数、季末人数以及年末人数。

（2）平均人数。报告期内企业平均每天拥有的职工人数。

1）月平均人数：

$$月平均人数=\frac{报告月内每天实有职工人数之和}{报告月日历天数} \tag{8-1}$$

2）季平均人数：

$$季平均人数=\frac{报告季内各月平均人数之和}{3} \tag{8-2}$$

3）年平均人数：

$$年平均人数=\frac{报告年内各月平均人数之和}{12}=\frac{报告年内各季平均人数之和}{4} \tag{8-3}$$

3．职工构成统计

职工的分类见表8-2。

表8-2 职工的分类

序号	分类依据	类别
1	按用工期限分类	长期职工：是指合同期限在一年以上（含一年）的职工
		临时职工：是指用工期限不超过一年的职工
2	按劳动岗位分类	工人（建筑安装工人和学徒）
		工程技术人员
		管理人员：指在建筑企业及其附属企业中从事行政、生产、经营管理和政治工作人员。包括长期（连续六个月以上）脱离生产岗位，从事管理工作的工人
		服务人员：是指服务于职工或间接服务于生产的人员。包括炊事员、传达人员、勤杂人员、锅炉烧水人员、房屋维修人员、医务人员、文教人员、保育员、安全警卫和消防人员等
		其他人员：是指由本企业支付工资或生活费补贴，但所从事的工作与本企业生产经营基本无关或没有从事企业工作的人员。包括：长期学习人员；长期病伤产假人员；出国援外人员；外借人员；内退人员；公司内待业人员等
3	按工作性质分类	生产人员：企业中直接从事生产活动的工人、学徒、管理人员和工程技术人员
		非生产人员：指企业中不直接从事生产活动的管理人员、工程技术人员、服务人员和其他人员。脱离生产岗位从事非生产活动连续满6个月以上的工人和学徒，应列入非生产人员

续表 8-2

序号	分类依据	类　别
4	按是否在岗分类	在岗职工：指调查时期（点）在建筑企业工作并领取工资的职工
		不在岗职工：指调查时期（点）不在建筑企业工作，但仍与单位保留劳动关系，并由单位统计的员工。包括下岗职工和其他不在岗职工。①下岗职工：由于用人单位的生产和经营状况等原因，已经离开本人的生产或工作岗位，并已不在本单位从事其他任何工作，在社会上没有再就业，但仍与单位保留劳动关系的职工，包括发放生活费的下岗职工和不发放生活费的下岗职工。②其他不在岗职工：调查时期（点）不在本单位从事任何工作，与本单位保留了劳动关系但不参加本单位职工人数统计的职工，如企业的内部退养人员，长病、伤、产假人员

4. 职工人数变动统计

（1）增加职工人数：指报告期内，因企业招收、录用和调入等原因增加的全部职工，包括从农村和城镇招收的人员，录用复员转业军人，大、中专学校，技工学校毕业生，停薪留职人员复职、调入人员等。

（2）减少职工人数：指在报告期内，离开本单位并不再由本单位支付工资的全部职工，包括因离休、退休、退职、参军、停薪留职、开除、除名、辞退、死亡、调出等原因减少的人员。

（3）期末职工人数：

$$\text{期初职工人数} + \text{本期增加工人数} - \text{减少职工人数} = \text{期末职工人数} \quad (8-4)$$

8.1.2 劳动时间使用情况统计

劳动时间统计包括社会劳动时间的核算和企业劳动时间的核算。

1. 劳动时间的核算单位

劳动时间是衡量劳动量的尺度，是指劳动者从事有酬社会劳动所花费的时间。

在人力资源统计中，一般是以工时和工日作为劳动时间的计量单位的。在某些特定的条件下，如在制定劳动定额时也用工分作为劳动时间的计量单位。

一个工时是指一个劳动者工作一个小时的时间。

一个工日是指一个劳动者工作一个轮班的时间。

2. 企业劳动时间的构成指标

（1）日历时间（工日数，工时数）。这是用工日或工时表示的生产工人在一定时期内可供利用的劳动时间最大自然界限。

$$\text{报告期日历工日数} = \text{报告期工人平均人数} \times \text{日历天数} \quad (8-5)$$

$$\text{报告期日历工时数} = \text{报告期日历工日数} \times \text{制度工作日长度} \quad (8-6)$$

（2）制度公休时间（工日数，工时数）。制度公休工日是指按照国家规定工人在报告期应休息的节假日的时间，包括双休日。

$$\text{报告期制度公休工日数} = \text{报告期平均人数} \times \text{报告期制度规定的节假日数} \quad (8-7)$$

报告期公休工时数 = 报告期公休工日数 × 制度工作日长度 (8-8)

(3) 制度工作时间（工日数，工时数）。它是指按照国家或企业规定，工人在报告期内应该工作的时间。

报告期制度工作工日数 = 报告期工人平均人数 × 报告期制度规定工作天数 (8-9)

报告期制度工作工时数 = 报告期制度工作工日数 × 制度工作日长度 (8-10)

(4) 实际公休时间（工日数，工时数）。实际公休时间是指工人在制度规定公休的时间中实际休息的时间。

实际公休工日数等于制度公休日内每天实际休息的人数之和；或等于制度公休工日数减去加班工日数。

若用工时表示的话，不能直接用公休工日折算，（或扣除）公休日中加班不满一个轮班的时间还应考虑

实际公休工时数 = 全日公休工时数 + 公休日非全日公休工时数 (8-11)

(5) 加班时间。在制度规定的工休时间内，工人没有休息，而从事工作满一个轮班的称为加班；若加班不满一个轮班，或工人工作满一个轮班后又延长的工作时间称为加点。

公休加班工日数等于在公休日加班工人人数之和。

公休加班加点工时数包括公休加班工时数与工休日加点工时数之和。

(6) 出勤时间（工日数，工时数）。出勤是指在制度规定应该工作的时间内工人实际到岗的时间。工人只要上了班，不论是否工作，或工作时间长短都算出勤。（出勤工日数包括非全日的出勤时间）

出勤工日数是指在制度规定应该工作的工日中，工人在报告期内实际出勤的工日总数，它是根据工人每天的考勤记录整理出来的。

出勤工日数 = 制度工作工日数 - 缺勤工日数 (8-12)

出勤工时总数是指报告期内工人实际出勤的工时总数。由于出勤工日数包括非全日的出勤时间，因此，出勤工时数不能用出勤工日数直接推算，它应包括全日出勤工时数和非全日出勤的工时数两部分。

(7) 缺勤时间。缺勤时间是指工人按照制度规定应该到岗参加生产但由于工人本身的原因（如：事假、病假、探亲假、产假及旷工等原因）未能到岗生产的时间。

缺勤工日数等于制度工日内每天全日缺勤的人数之和。缺勤工时数既包括全日缺勤的工时数，也包括非全日缺勤的工时数。

(8) 停工时间。停工时间是指工人出勤后，由于某种原因（如停电、停水、停气、待料、机器设备等故障等）未能从事自己岗位工作的时间。

停工工日数等于每天全日停工的工人数之和。

停工工时数等于全日停工的工时数与非全日停工的工时数之和。

停工后工人被调去从事其他生产性劳动的叫停工被利用时间。它既要统计在停工时间内，又要统计为实际工作时间。

(9) 非生产时间。非生产时间指工人执行国家或社会义务或经企业安排从事其他社会活动而未能参加本企业生产的时间。

非生产工日数是报告期内生产工人全日从事非生产活动的天数之和。

非生产工时数包括全日非生产活动工时数加非全日非生产活动工时数。

对于工人停工以后从事非生产性活动的时间，前面已统计在停工时间中，为了避免重复计算，不再统计为非生产时间中去。

（10）制度内实际工作时间。制度内实际工作时间是指工人在报告期制度规定的工作时间内实际从事生产活动的时间总数。

$$\text{制度内实际工日数}=\text{出勤工日数}-\text{全日停工工日总数}-\text{全日非生产工日总数}+\text{停工被利用工日数} \tag{8-13}$$

$$\text{制度内实际工作工时数}=\text{出勤工时总数}-\text{全日非全日停工工时数}-\text{全日非全日非生产工时总数}+\text{全日非全日停工被利用工时数} \tag{8-14}$$

（11）报告期实际工作时间。报告期实际工作时间是指企业工人在报告期实际工作的时间总数。

$$\text{报告期实际工作工日数}=\text{制度内实际工作工日总数}+\text{加班工日总数} \tag{8-15}$$

$$\text{报告期实际工作工时数}=\text{制度内实际工作工时总数}+\text{加班加点工时总数} \tag{8-16}$$

3．企业劳动时间利用情况分析指标

（1）出勤率。它是反映工人在制度规定的劳动时间内实际出勤的时间所占比重大小的指标。

$$\text{出勤率}=\frac{\text{出勤工日数（工时）}}{\text{制度工作工日数（工时）}}\times 100\% \tag{8-17}$$

出勤率的高低受缺勤时间的影响。

若按工日计，出勤率的高低只反映全日缺勤对它的影响；若按工时计，既反映全日缺勤工时，也反映非全日缺勤工时对出勤率的影响。

（2）出勤时间利用率，也称作业率。它直接反映工人出勤时间内直接用于本企业生产活动的时间所占的比重，即反映工人出勤时间的利用程度。

$$\text{出勤时间利用率}=\frac{\text{制度内实际工作工日（工时）数}}{\text{出勤工日（工时）数}}\times 100\% \tag{8-18}$$

它受停工与非生产时间多少的影响，因为工人出勤以后，不一定都实际参加生产劳动，由于各种原因，会产生停工、非生产性活动等情况，要提高出勤率，必须设法减少停工时间与非生产时间。

（3）制度时间利用率。它是反映在制度规定应该工作的时间内，实际工作的时间所占的比重有多大，它能全面反映缺勤时间、停工时间、非生产时间对劳动时间利用程度的影响，因此，它是反映劳动时间利用程度的综合性指标。

$$\text{制度工日（工时）利用率}=\frac{\text{制度内实际工作工日（工时）数}}{\text{制度工作工日（工时）数}}\times 100\% \tag{8-19}$$

$$\text{制度时间利用率}=\text{出勤率}\times\text{出勤时间利用率} \tag{8-20}$$

（4）制度工作日利用率。它是反映企业制度工作日利用程度的指标，用它也可以反映制度时间的利用情况。我国一般规定工作日长度为8小时，但在实际中，由于缺勤、停工及非生产时间的影响，在一个工作日中，实际工作的小时数不足8小时。

$$制度工作日利用率=\frac{制度内实际工作日平均长度}{制度工作日长度}\times 100\% \tag{8-21}$$

$$制度内实际工作日平均长度（小时/日）=\frac{制度内实际工作工时数}{制度内实际工作工日数} \tag{8-22}$$

（5）报告期实际工作日利用率。它也是反映工作日的利用程度的，与上个指标不同的是，它是用报告期实际工作日平均长度与制度工作日长度相对比的结果。

$$报告期工作日利用率=\frac{报告期实际工作日平均长度}{制度工作日长度} \tag{8-23}$$

$$报告期实际工作日平均长度=\frac{报告期实际工作工时数}{报告期实际工作工日数} \tag{8-24}$$

8.1.3 劳动生产率统计

劳动生产率，是反映生产效率提高和劳动力节约情况的一项重要指标。建筑业企业的劳动生产率，是指建筑业企业劳动消耗量与所生产的产品数量的比值，是以每一名从业人员在单位时间内平均生产的实物数量或价值数量来表示的。

劳动生产率是衡量企业经营管理水平的一个重要指标，提高劳动生产率，就可以降低单产品成本，增加企业盈利。因此，不断提高劳动生产率水平，就成为企业经营管理工作的一个重要任务。建筑业企业劳动生产率统计，就是要定期地及时地反映企业劳动生产率水平，分析劳动生产率的变动及其原因，并为不断提高劳动生产率提出积极的建议。

1. 以实物量计算的劳动生产率

（1）时劳动生产率。说明生产工人每一小时每人生产效率所达到的水平。

$$时劳动生产率=\frac{产品产量}{实际作业工时数} \tag{8-25}$$

（2）日劳动生产率。反映生产工人平均每一天每人的生产率。

$$日劳动生产率=\frac{产品产量}{实际作业工日数} \tag{8-26}$$

（3）月劳动生产率。月劳动生产率，是反映生产工人平均每人每月的生产效率。由于一个工人一个月的作业时间，一般不称为“工月”，而直接就是人本身。

（4）季劳动生产率。季劳动生产率，反映每人平均每季度的生产效率。

（5）年劳动生产率。年劳动生产率，是说明每人全年的生产效率。

2. 以价值量计算的劳动生产率

劳动生产率的价值指标，就是用建筑业总产值与从业人员人数对比。它可以按全部从业人员计算，也可以按建安工人人数计算。

（1）全员劳动生产率。指建筑企业在一定时期内全部劳动成果与全部劳动消耗量之比，其计算公式为：

$$全员劳动生产率=\frac{建筑企业总产值或增加值}{建筑企业全部从业人员平均人数} \tag{8-27}$$

（2）建安工人劳动生产率。指建筑企业的建安工人在一定时期内创造的全部劳动成果与全部劳动消耗量之比，其计算公式为：

$$建安工人劳动生产率=\frac{建筑企业总产值或增加值}{建安工人平均人数} \quad (8-28)$$

3. 计算劳动生产率指标应注意的问题

(1) 劳动成果。劳动者的劳动成果应是指劳动者劳动生产的有效成果，不符合质量检验标准或合同技术要求，得不到社会认可的劳动成果不予计算。

(2) 实物量。在计算工种工人的实物量指标时，如产品品质较多，应折合为标准产品计算。

(3) 区分时间范围和要求。劳动生产率指标的计算应注意区分指标的时间范围和要求，使劳动成果的计算口径与指标要求相符。

(4) 区分不同指标含义。劳动生产率指标应注意区分从业人员、建安工人等指标的含义及计算口径。

8.1.4 从业人员劳动报酬和职工个人收入统计

1. 建筑业企业从业人员劳动报酬统计

建筑业企业从业人员的劳动报酬，是指建筑业企业在一定时期内直接支付给本单位全部从业人员的劳动报酬总额，包括在岗职工工资总额和本单位其他从业人员劳动报酬两部分。

(1) 从业人员工资总额。

1) 在岗职工工资总额的含义。从业人员工资总额，是指企业在一定时期内直接支付给本企业全部从业人员的劳动报酬总额。包括：计时工资、计件工资、奖金、津贴、补贴、加班加点工资和其他工资。目前情况下，不在岗职工生活费另作统计。

从业人员工资总额是计算国内生产总值的基础性指标，也是研究分配政策、居民个人收入和居民购买力的主要依据。

①对工资总额含义的理解：

a. 劳动报酬，非劳动者报酬性质的支付不能计入工资总额，如独生子女费等。

b. 劳动报酬总额，包括各种劳动报酬，如奖金、津贴、补贴等。

c. 在岗职工的劳动报酬，不是支付给在岗职工的劳动报酬就不应计入工资总额。

d. 全部职工的劳动报酬总额，包括支付给合同制职工、临时工等凡是统计为在岗职工的劳动者的劳动报酬。

e. 发给本单位在岗职工的劳动报酬总额，凡是由其他单位统计职工人数的，其工资也由其他单位统计。

f. 直接支付给本单位全部在岗职工的劳动报酬总额。

②不统计为工资总额的项目，包括以下内容：

a. 根据国务院发布的有关规定发放的创造发明奖、国家星火奖、自然科学奖、科学技术进步奖和支付的合理化建议奖、技术改进奖以及支付给运动员在重大体育比赛中的重奖。

b. 劳动保险和职工福利方面的费用。

c. 有关离休、退休、退职人员待遇的各项支出。

d. 支付给聘用或留用的离退休人员的各项补贴。

e. 劳动保护的各项支出。

f. 稿费、出差伙食补助费、午餐补助、调动工作的旅费和安家费。

g. 对购买本企业股票、债券的职工所支付的股息和利息。

h. 劳动合同制职工解除劳动合同时由企业支付的医疗补助费、生活补助费。

i. 因录用临时工而在工资以外向提供劳动力单位支付的手续费和管理费。

j. 计划生育独生子女补贴、支付给参加企业劳动的在校学生补贴。

2）工资总额的构成。

①计时工资：是指按计时工资标准（包括地区生活费补贴）和工作时间支付给个人的劳动报酬。包括：

a. 对已做工作按计时工资标准支付的工资。

b. 实行结构工资制的企业支付给从业人员的基础工资和职务（岗位）工资。

c. 新参加工作从业人员的见习工资（学徒的生活费）。

d. 运动员体育津贴。

e. 根据国家法律、法规和政策规定，因病、工伤、产假、计划生育假、婚丧假、事假、探亲假、定期休假、停工学习、执行国家或社会义务等原因按计时工资标准或计时工标准的一定比例支付的工资。

f. 合同制从业人员按规定缴纳的不超过本人标准3%的退休养老基金、从业人员受处分期间的工资等。

②计件标准工资：是指实行计件工资制的企业按照批准的计件单价和规定的劳动定额或工作量支付给计件工人的劳动报酬。

③奖金：是指支付给从业人员的超额劳动报酬和增收节支的劳动报酬。包括：

a. 生产（业务）奖：包括超产奖、质量奖、安全（无事故）奖、考核各项经济指标的综合奖、提前竣工奖、年终奖（劳动分红）等。

b. 节约奖：包括各种动力、燃料、原材料等节约奖。

c. 劳动竞赛奖：包括发给劳动模范、先进个人的各种奖金和实物奖励。

d. 机关、事业单位的奖励工资。

e. 其他奖金：包括从兼课酬金和业余医疗卫生服务收入提成中支付的奖金，运输系统的堵漏保收奖，学校教师的教学工作量超额酬金，运动员、教练员的年度训练奖，从各项收入中以提成的名义发给从业人员的奖金等。

④津贴和补贴：津贴和补贴，是指为了补偿从业人员特殊或额外的劳动消耗和因其他特殊原因支付给从业人员的津贴，以及为了保证从业人员工资水平不受物价影响支付给从业人员的物价补贴等。其中：

a. 年工性津贴：包括工龄津贴、教龄津贴和护士工龄津贴。

b. 物价补贴：是指为保证从业人员工资水平不受物价上涨或变动影响而支付的各种补贴，如副食品价格补贴（含肉类等价格补贴）、粮价补贴、煤价补贴、房贴、水电贴以及提高煤炭价格后，部分地区实行的民用燃料和照明电价格补贴等。

⑤加班加点工资：是指对法定假日和公休假日工作的职工以及在正常工作日以外延长工作时间的职工按规定支付的加班工资和加点工资。

⑥其他工资：是指根据国家规定支付的工资，如附加工资、保留工资、调整补发的上

年工资等。

(2) 其他从业人员劳动报酬。其他从业人员劳动报酬，是指建筑企业在一定时期内直接支付给本企业其他从业人员的全部劳动报酬。

2. 职工工资外收入统计

职工工资外收入指职工在工资总额以外从本单位及本单位外得到的各种现金和实物，包括：保险福利费、劳动保护方面的费用、按规定未列入工资总额的各种劳动报酬、实物折款、财产性收入、转移性收入以及其他收入。

3. 不在岗职工生活费统计

不在岗职工生活费指用人单位对不在岗职工支付的生活补贴费用。包括：下岗职工生活费、其他离开本单位仍与单位保留劳动关系的职工的生活费。

8.1.5 统计资料整理

统计资料的整理就是根据统计研究任务与要求，对统计调查得来的各项原始资料进行科学的加工与汇总，使其系统化，从而得出能反映被研究现象整体特征的综合资料；或对已加工过的综合资料进行再加工的过程。

统计资料整理是统计调查的继续，也是统计分析的前提，在整个统计工作过程中具有重要作用。

1. 统计资料的审核

在统计调查时，由于各种原因，统计资料可能会出现差错。因此，为了保证统计资料的质量，就必须在资料整理一开始，就对资料进行一次全面的审核，这样才能保证整理后的资料正确无误。

对统计资料进行审核，主要是审核原始资料的准确性、及时性、全面性、系统性。审核资料的准确性，就是检查所有总体单位的资料是否准确无误；审核资料的及时性，就是检查所有报告单位的资料是否都按规定的时间上报；审核资料的全面性，就是检查所有报告单位的资料是否齐全；审核资料的系统性，就是检查有关指标是否反映事物的内在联系，有无互相矛盾的现象，统计资料在时间上是否前后联系。

审核数字资料的正确性，主要是从逻辑方面的计算进行。

(1) 逻辑审查。检查资料是否合理。如库存物资不能出现负值；平均单价不能过大过小；客观条件变化不大而本期数字与上期、去年同期相差悬殊等不符合逻辑的现象。

(2) 计算审查。通过重新计算，审查表内数字是否有错误，计量单位是否与规定相符，计算方法是否符合规定等。

2. 统计分组

统计分组是根据统计研究的任务和对象的特点，将所研究的问题按照某种分组标志，把统计总体分为若干组成部分。

(1) 统计分组的作用。统计分组的作用可以归纳为以下三个方面：

1) 可以将复杂的社会经济现象划分为性质不同的各种类型。社会经济现象是错综复杂的，各现象之间有共同性的一面，也有特殊性的一面。如将建筑企业按经济成分不同划分为公有经济、非公有经济两大类别或国有经济、集体经济、私有经济、港澳台经济、外商经济五种类型，以便分析各类建筑企业在建筑经济中的地位和作用。

2）可以分析总体中各个组成部分的结构情况。总体是由大量总体单位组成，总体的构成可以表明事物的内部各部分比重和比例基础上，计算出各种类型在总体中所占的比重，用以反映总体的内部结构和发展变化。

3）可以揭示现象之间的依存关系。任何事物总是相互联系、互相依存的，一个现象的变化常是另一现象的变化原因或结果。统计要研究这种依存关系，就必须运用统计分组的方法。例如，劳动生产率的提高可以使成本降低；施肥量多少、耕作深度影响农作物产量等。一般按相关现象中的影响因素进行分组，然后分别计算出每组被影响因素的综合指标。

（2）统计分组的类型。统计分组是否科学，能否正确反映总体的性质和特征，关键在于正确选择分组的标志。因为，任何事物都有许多标志可以表现，如果标志选择不当，分组整理的结果必然不能正确反映总体的性质特征。

前面讲过，标志按其特征不同，可以分为品质标志和数量标志两类，而统计分组又是根据某一标志进行的。所以，统计分组可分为按品质标志分组和按数量标志分组两个基本类型。

1）按品质标志分组，是选择反映事物属性差异的品质标志为分组标志，并在品质标志的变异范围内划定各组界限，将总体划分为若干个性质不同的组成部分。有的比较简单，比如职工按“性别”标志分成男、女两组；按“岗位性质”分成生产人员和非生产人员两组等。有的就比较复杂，比如部门分组，产品分组，就要综合考虑产品用途、使用材料和生产技术等多个标志来进行分组，我们通常把这种分组称为分类。

2）按数量标志分组，是选择反映事物数量的标志，也就是选择变量，并用变量值划分各组来进行统计分组的，这是统计分组研究最常用的方法。

3．统计汇总

统计资料的汇总，是按照汇总方案的要求，把总体单位分别归纳到所确定的各组内，并计算出总体单位数和标志总量的一项工作。

统计资料的汇总，是一项繁重而细致的工作，必须有一定的组织形式并不断改进汇总技术，以保证统计资料汇总的准确性和及时性。汇总技术主要有手工汇总和电子计算机汇总。

手工汇总常用的方法有划记法、过录法、折叠法、卡片法；运用电子计算机汇总大致有如下步骤：编程序、编码、数据录入、数据编辑、计算与制表。

4．统计表

统计表是表现统计资料的一种重要形式。因为，统计汇总后得到的统计数字是分散的，数字之间不能直接观察到它们之间的联系。为此，把汇总的资料，根据研究任务的需要，填写到适当的表格内，这种表现统计资料的表格，叫作统计表。

统计表能有条理地排列统计资料，使人们阅读时一目了然；容易检查数字的完整性和正确性，便于阅读；与文字叙述相比简明易懂，节省篇幅；便于积累统计资料。为了能更好地发挥统计表的作用，在编制统计表时，应注意以下几点：

（1）统计表的标题一定要能概括表中的内容，字简意赅。总标题下方，一般应表明统计表资料所属的时间。

(2) 统计表的内容应当简明扼要，层次清楚，使人一目了然，便于观察分析。

(3) 统计表中各栏内容的编排应当合理，或按时间先后顺序，或按局部到整体顺序，便于计算。

(4) 填写数字资料时，一定要对准数位，一则排列整齐，二则便于汇总。遇有相同资料时，要一一写出数字，不能用“同上”、“同左”或“''''”等表示。没有数字的空格，可以用短横线“—”填充。

(5) 统计表的格式设计，一般采用长方形。上下基线一般用粗实线，左右两端一般不画线，以使表格开阔舒展。

5. 统计图

统计图是统计资料的又一重要表现形式。它是利用几何图形、形象图等表明统计指标及其对比关系，从而显示出统计指标所反映社会经济现象的规模、结构、发展趋势和依存关系等。用统计图表现统计资料具有通俗易懂、具体、生动、形象的特点，所以它很受欢迎。

常用的统计图有条形图、平面图、曲线图和象形图等。

(1) 条形图。条形图是以相同宽度的纵条形或横条形的长短来比较统计指标数值大小的统计图。条形图又分为横式条形图（带形图）和纵式条形图（柱形图）两类。条形图制作简单，便于比较，所以应用也最广泛。

(2) 平面图。平面图是以圆形、正方形、长方形等几何图形面积的大小，来表示统计指标数值和总体内部结构情况的一种统计图。平面图绘制不如条形图简单，但平面图在表达总体内部结构以及反映面积资料时，显得对比鲜明而生动。

(3) 曲线图。曲线图是利用曲线的升降来表明指标变化形态的统计图。它是表明生产计划进度、动态和发展趋势的主要图形，对于反映事物发展变化的规律性，有着重要的作用。

(4) 象形图。象形图是根据实物形象绘制几何图形的基本方法，选用实物形象，经过美术加工，来表示统计资料的一种统计图。它生动活泼，引人入胜，使观者容易得到鲜明而深刻的印象，给人以直觉感。象形图的种类也很多，比如单位象形图、长度象形图、平面象形图和形象化指标图等。象形图常用来对比资料和用于劳动竞赛评比方面。

6. 统计地图

统计地图是以地图为背景，利用各种不同的几何图形和不同线纹或色彩，表明和比较事物在各地区的分布状况的一种图形。它是一般的图与统计图形的结合，能反映现象的地理位置以及与其他自然条件的关系。其绘图方法是，先画一张简明地图作背景，然后根据统计资料在地图上的位置绘出点、圆和线纹等相应的统计图形。

常用的统计地图有单圆统计地图和多点统计地图。单圆统计地图是以圆点的大小来表示指标数值大小及其在地区分布状况的一种图形，绘制时在各地区画一个圆，圆面积的大小由该地区的指标数值决定；多点统计地图是以圆点的多少来表示事物数量在各地区的分布状况的一种图形，特点是所有圆点的大小相同。注意在图例中注明一个圆点所代表的指标数值。

8.1.6 统计分析

统计分析，是根据统计研究的目的，透过统计指标之间的联系，综合运用各种分析方法和统计指标，对已取得的统计资料和具体情况进行综合而深入地分析研究，从而揭示事物的内在联系及其规律性的一项重要工作。它是统计工作中非常重要的阶段，是提供统计研究成果的阶段。

1. 明确分析目的，确定分析题目

确定统计分析的目的，是为了有的放矢，防止为分析而分析。任何统计分析的进行，都服从于研究问题的需要，都有着具体的目的和要求；同时，只有明确了统计分析的目的和要求，才能具体地确定分析研究中所要解决的主要问题，以便决定所需资料和采用的指标，从而能对统计分析的目的和要求做出正确的回答。因此，确定统计分析的目的和要求，是进行统计分析工作必须要解决的一个首要问题。

2. 拟定分析提纲

拟定分析提纲，是指事先预料一下可能涉及的问题以及围绕这些问题需要准备哪些资料。统计分析提纲具体表现为统计分析的题目。如果不拟定提纲，分析工作就不知从何处入手。问题抓不准，就不能集中而全面地说明要研究问题的情况，也就达不到统计分析的目的和要求。拟定分析提纲，一般包括：分析研究的对象、内容；确定所需资料的来源；分析的重点内容；利用哪些统计指标；采用什么分析方法；整个分析过程的实际步骤和分工。做到有的放矢，防止盲目性。

3. 搜集资料、整理资料，对统计资料进行审核鉴别和再加工，并编制统计分析表

根据统计分析的要求，采用多种分析方法搜集资料。资料是多方面的，包括日常积累的历史资料和专门搜集的新资料，本单位以及与分析问题相关的外单位资料，同行业、国内外的先进水平资料等。统计资料的准确性，是保证统计分析质量的关键。因此，必须对搜集的统计资料进行整理、审查和评价，鉴定资料是否真实，是否具有可比性和代表性。最后编制统计分析表。

4. 对统计资料进行比较分析

在统计资料进行鉴别的基础上，进行深入细致的对照比较，探明问题的症结，从事物的内在联系中寻求现象发展的规律性及现象之间的相互联系与差别，使统计分析达到由量到质的目的。

5. 做出结论、提出建议，并形成统计分析报告

统计分析的结论是统计分析结果的概括说明，必须正确、完整，具有充分的依据，所提的建议必须切实可行。统计分析的结论，建议用书面形式来表现，形成统计分析报告，它是统计分析的最后程序。统计分析报告的内容，取决于分析的题目和内容。什么问题是分析报告的重点，就侧重写什么问题。例如，分析计划完成情况，就要分析超额完成计划的原因，未完成计划的原因和存在的问题，并提出改进措施；分析劳动生产率提高的情况，就需要说明劳动生产率提高的水平，影响劳动生产率提高的因素及其作用程度以及如何进一步挖潜革新，提高劳动生产率的建议等。做到紧扣主题，从分析现象总体的基本数量入手，结合有关情况和事实，进行科学归纳、总结，做到有材料、有事例、有观点、有建议，中心突出，简明扼要、层次清晰、观点和材料统一。

写统计分析报告时，还应注意以下几点：

1）报告内容，要根据分析的目的要求，抓住问题的关键，重点突出。

2）报告中的观点与材料要统一，要用充分必要的材料说明观点，不能空泛议论而没有材料，也不能罗列大堆数字而没有观点。

3）报告要层次分明，概念清楚，内容充实，前后一致，顺理成章，简练明了。

4）语言要通俗生动，言简意明，避免烦琐冗长，反对说空话、大话和假话。

8.2 劳务资料管理

8.2.1 劳务管理资料的种类和内容

1. 总承包公司管理资料和基本内容

总承包公司管理资料和基本内容见表8－3。

表8－3 总承包公司管理资料和基本内容

序号	资料的种类	内　容
1	劳务分包合同	1. 劳务分包合同应当由双方企业法定代表人或授权委托人签字并加盖企业公章，不得使用分公司、项目经理部印章； 2. 劳务分包合同不得包括大型机械、周转性材料租赁和主要材料采购内容； 3. 发包人、承包人约定劳务分包合同价款计算方式时，不得采用“暂估价”方式约定合同总价
2	中标通知书和新队伍引进考核表	项目部劳务员必须按照下述规定，保存好中标通知书和新队伍引进考核表备查： 1. 单项工程劳务合同估算价50万以上的须进行招投标选择队伍； 2. 新劳务企业、作业队伍引进须进行项目推荐、公司考察、综合评价和建筑集团公司审批手续
3	劳务费结算台账和支付凭证	劳务费结算台账和支付凭证是反映总承包方是否按规定及时结算和支付分包方劳务费的依据，也是检查劳务分包企业劳务作业人员能否按时发放工资的依据； 发包人、承包人就同一劳务作业内容另行订立的劳务分包合同与经备案的劳务分包合同实质性内容不一致的，应当以备案的劳务分包合同作为结算劳务分包合同价款的依据
4	人员增减台账	项目部劳务管理人员根据劳务分包企业现场实际人员变动情况登记造册，是保证进入现场分包人员接受安全教育、持证上岗、合法用工的基础管理工作，必须每日完成人员动态管理，建安总承包施工企业、项目经理部应当按照“八统一”标准做好施工人员实名管理

续表 8-3

序号	资料的种类	内 容
5	农民工夜校资料	总承包单位必须建立“农民工夜校”，将农民工教育培训工作纳入企业教育管理体系，其管理资料有： 1．“农民工夜校”组织机构及人员名单； 2．“农民工夜校”管理制度； 3．农民工教育师资队伍名录及证书、证明； 4．“农民工夜校”培训记录
6	日常检查记录	1．项目部劳务员对分包方进场人员日常检查记录，是判定分包方该项目实际使用人员与非实际使用人员的重要资料； 2．各项目经理部日常用工检查制度和劳务例会记录
7	劳务作业队伍考评表	1．《劳务作业队伍考评表》； 2．对作业队伍相关月度检查、季度考核、年度评价、分级评价的相关资料及报表
8	突发事件应急预案	1．项目部突发事件应急预案； 2．定期检测、评估、监控及相应措施的资料记录
9	建筑集团公司和本公司管理文件汇编	—
10	劳务员岗位证书	—
11	行业和企业对劳务企业和施工作业队的综合评价资料	—

2．分包企业管理资料和基本内容

分包企业管理资料和基本内容见表 8-4。

表 8-4 分包企业管理资料和基本内容

序号	资料的种类	内 容
1	劳务作业人员花名册和身份证明	1．劳务分包企业提供的进入施工现场人员花名册，是总承包单位掌控进场作业人员自然情况的重要材料。花名册必须包含姓名、籍贯、年龄、身份证号码、岗位证书编号、工种等重要信息。花名册也是总承包方在处理分包方劳务纠纷时识别是否参与发包工程施工作业的依据。因此，劳务员必须将劳务分包企业人员花名册和身份证明作为重要文件收集保管。 2．劳务分包企业提供的进入施工现场人员花名册，必须由劳务分包企业审核盖章，必须由劳务分包企业所属省建管处审核盖章，必须由当地建设主管部门审核盖章，必须与现场作业人员实名相符。 3．《中华人民共和国劳动合同法》第七条规定：用人单位自用工之日起即与劳动者建立劳动关系，用人单位应当建立职工名册备查

续表 8-4

序号	资料的种类	内容
2	劳务作业人员劳动合同	—
3	劳务作业人员工资表和考勤表	1. 劳务作业人员工资表和考勤表，是劳务分包企业进场作业人员实际发生作业行为工资分配的证明，也是总承包单位协助劳务分包企业处理劳务纠纷的依据。因此，劳务作业人员工资表和考勤表应该作为劳务管理重要资料存档备查。 2. 建筑施工企业应当对劳动者出勤情况进行记录，作为发放工资的依据，并按照工资支付周期编制工资支付表，不得伪造、变造、隐匿、销毁出勤记录和工资支付表
4	施工作业人员岗位技能证书	—
5	施工队长备案手册	劳务企业在承揽劳务分包工程时，应当向劳务发包企业提供《建筑业企业档案管理手册》（以下简称《手册》），《手册》中应当包括拟承担该劳务分包工程施工队长的有关信息。劳务企业也可自愿到建设行政主管部门领取《建筑业企业劳务施工队长证书》。劳务发包企业不得允许《手册》中未记录的劳务企业施工队长进场施工
6	劳务分包合同及劳务作业人员备案证明	1. 劳务分包合同备案证和劳务作业人员备案证是建设行政主管部门和总承包企业对总承包单位发包分包工程及进场作业人员的管理证明，凡是未办理合同备案和人员备案的分包工程及人员，均属违法分包和非法用工。 2. 发包人应当在劳务分包合同订立后 7 日内，到建设行政主管部门办理劳务分包合同及在册施工人员备案
7	劳务员岗位证书	劳务员岗位证书是总承包单位和劳务分包企业施工现场劳务管理岗位人员经培训上岗从事劳务管理工作的证明。各项目部必须按照建设行政主管部门和总承包企业要求设置专兼职劳务员，经培训持证上岗
8	行业和企业对劳务企业和施工作业队的信用评价资料	1. 建筑行业劳务企业施工作业队信用评价等级名录。 2. 行业协会颁发的《建筑业施工作业队信用等级证书》

3. 劳务管理资料日常收集、整理要求

（1）总承包企业各单位劳务管理部门是劳务档案资料的职能管理部门，应配备档案管理人员。

（2）在劳务管理工作中形成的各项资料，应由档案人员按各类档案归档范围的要求做好日常的收集、整理、保管工作。

（3）档案管理人员应按照年度档案要求进行整理在次年的5月底前根据归档计划，将上一年度档案资料按时存档。

8.2.2 现场劳务管理详细流程

1. 工人进场管理

（1）工人进场。

工人进场管理流程如图8－1所示。

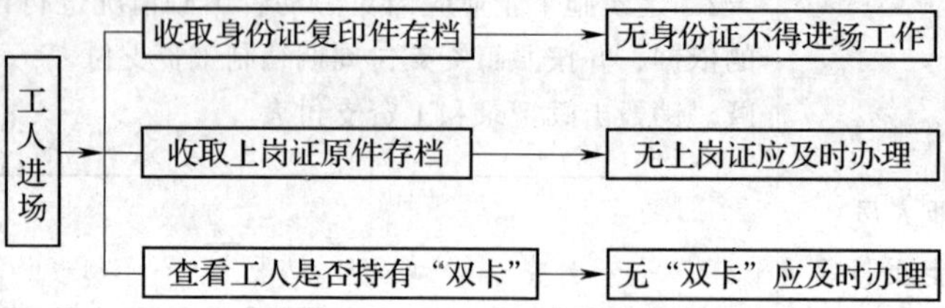

图8－1 工人进场管理流程

（2）工人进场工作。

工人进场工作管理流程如图8－2所示。

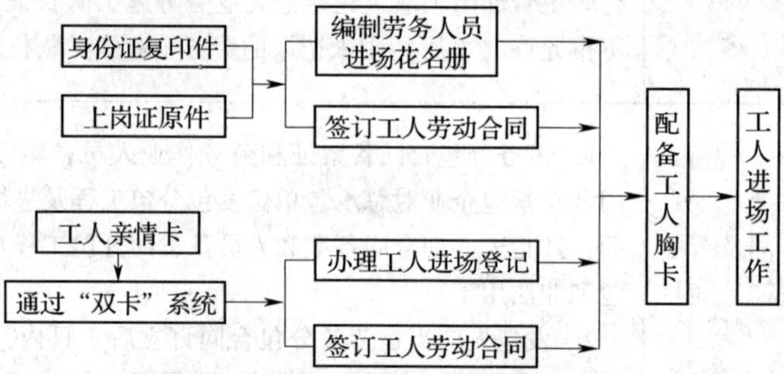

图8－2 工人进场工作管理流程

2. 工人工资管理

（1）现场工资管理。

现场工资管理流程如图8－3所示。

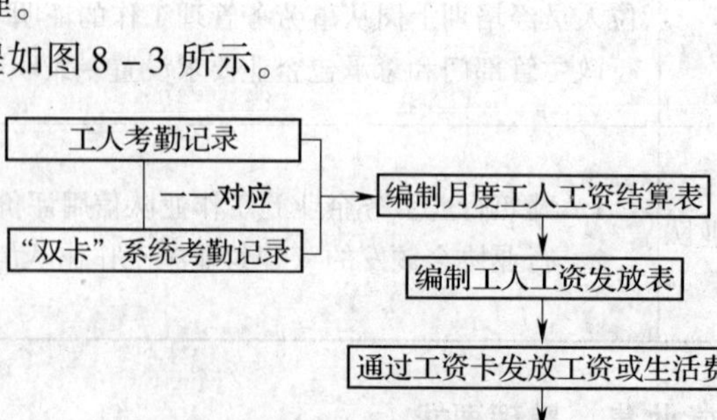

图8－3 现场工资管理流程

(2）退场工资管理。

退场工资管理流程如图 8－4 所示。

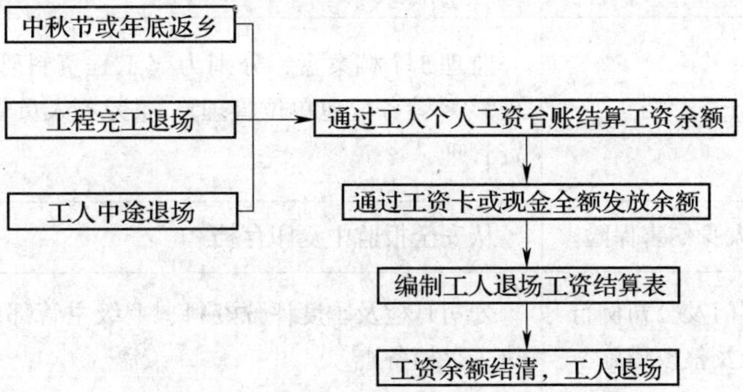

图 8－4　退场工资管理流程

3. 工人退场管理

工人退场管理流程如图 8－5 所示。

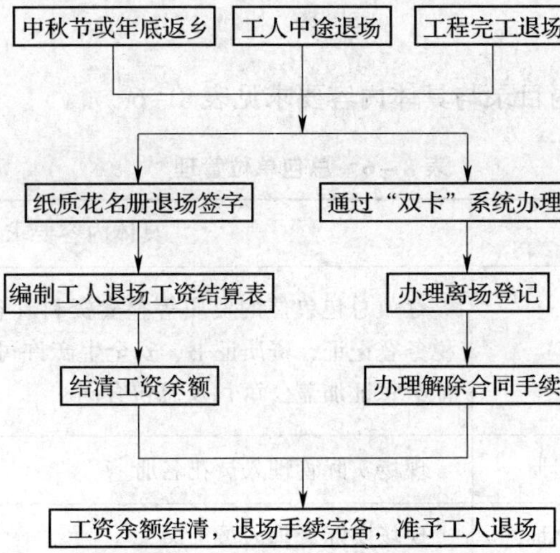

图 8－5　工人退场管理流程

注：工人退场时，先将退场工资结清，再办退场手续，一切程序完备后，方可退场，退场后所有劳务资料项目应存放两年备查。

8.2.3　劳务资料管理方法

劳务资料的管理，应建立《工程资料管理》、《总包单位管理》、《劳务分包单位管理》、《劳务人员管理》以及《劳务人员工资管理》五个档案盒。

1. 工程资料管理

工程资料管理档案盒内目录与具体内容要求见表 8－5。

表 8－5 工程资料管理

序号	档案盒内目录	具体内容要求
1	资料分类存档	监理5个档案盒，分别为《工程资料管理》、《总包单位管理》、《劳务分包单位管理》、《劳务人员管理》、《劳务人员工资管理》
2	工程团体人身伤害保险	从安全报监中复印存档
3	上级主管部门及公司例行检查记录及整改措施	公司月检及季度评分资料、上级主管部门检查资料及整改回执，存档备查
4	项目部对分包方例行检查记录及整改措施	项目周检中应包含劳务检查内容，将周检资料存档
5	项目劳务月报	公司的劳务月报

2．总包单位管理

总包单位管理档案盒内目录与具体内容要求见表 8－6。

表 8－6 总包单位管理

序号	档案盒内目录	具体内容要求
1	总包单位管理	存放总包单位的资质等整套资料（包括总包企业营业执照、税务登记证、资质证书、安全生产许可证、外地企业信用登记证，每证加盖公章）及总包合同
2	现场管理人员花名册	现场实际管理人员花名册
3	现场管理人员上岗证	现场实际管理人员上岗证
4	现场管理人员劳动合同、社保	现场实际管理人员的劳动合同及社保（加盖公章）（人力资源）
5	现场管理人员身份证复印件	现场实际管理人员身份证复印件（人力资源）
6	现场管理人员考勤	现场实际管理人员考勤
7	其他	分包款拨付证明等

3．劳务分包单位管理

劳务分包单位管理档案盒内目录与具体内容要求见表 8－7。

表 8-7 劳务分包单位管理

序号	档案盒内目录	具体内容要求
1	劳务分包登记表、劳务分包公示牌	劳务分包登记表为监理单位对劳务分包单位的认可证明，此表须加盖劳务单位、总包单位、监理或甲方公章，劳务分包公示牌，应由监理单位填写，内容工整齐全
2	劳务分包单位资料	存放分包单位的资质等整套资料［包括分包企业营业执照、税务登记证、资质证书、安全生产许可证、法人证明书（法人授权委托书）、外地企业信用登记证，每证加盖公章］及劳务分包合同
3	劳务分包管理人员管理	分包管理人员花名册
		身份证复印件存档
		劳动合同——劳务公司与管理人员签订的合同（应由劳务公司法人签字），劳动合同加盖劳务公司公章
		社保——劳务公司为其管理人员所投社保证明复印件加盖公章存档
		管理人员岗位证书（五大员）原件、复印件盖公章存档
		劳务工长证书原件存档，数量不足应及时办理

4. 劳务人员管理

劳务人员管理档案盒内目录与具体内容要求见表 8-8。

表 8-8 劳务人员管理

序号	档案盒内目录	具体内容要求
1	劳务人员花名册登记	劳务人员花名册登记表
2	劳动合同、身份证	劳动合同需 100% 签订，一式三份，（分包单位须盖公章、委托代理人签字，农民工签字摁手印），身份证复印件存档
3	持证上岗管理、考勤记录管理	上岗证办理（100% 办理），考勤表格
4	宿舍信息卡	宿舍信息卡（标准化示范工地）

5. 劳务人员工资管理

劳务人员工资管理档案盒内目录与具体内容要求见表 8-9。

表 8-9 劳务人员工资管理

序号	档案盒内目录	具体内容要求
1	农民工工资管理制度	发放制度、监控制度、应急预案（建立公司级及项目部级）
2	总、分包企业及项目部清欠机构电话公示	应将总、分包企业及项目部清欠机构电话进行公示
3	月度农民工工资结算	月度农民工工资结算
4	工资发放表	工资发放表（工资发放表须附“银行返盘文件”）
5	个人工资台账	个人工资台账
6	退场工资结算	退场工资结算
7	农民工工资公示	公示加盖劳务公司公章的“银行返盘文件”；无返盘文件，公示工资发放表

8.2.4 劳务管理资料档案编制要求

劳务管理资料档案的编制要求见表 8-10。

表 8-10 劳务管理资料档案编制要求

序号	编制要求
1	劳务资料必须真实准确，与实际情况相符。资料尽量使用原件，为复印件时需注明原件存在位置
2	劳务资料要保证字迹清晰、图样清晰、表格整洁，签字盖章手续完备。要印版的资料，签名栏需手签。照片采用照片档案相册管理，要求图像清晰，文字说明准确
3	归档的资料要求配有档案目录，档案资料必须真实、有效、完整
4	按照“一案一卷”的档案资料管理原则进行规范整理，按照形成规律和特点，区别不同价值，便于保管和利用

8.2.5 劳务管理资料档案保管

劳务管理资料档案的保管要求见表 8-11。

表 8-11 劳务管理资料档案的保管要求

序号	保管要求
1	劳务管理资料档案最低保存年限：合同协议类 8 年，文件记录类 8 年，劳务费发放类 8 年，统计报表类 5 年
2	档案柜架摆放要科学和便于查找。要定期进行档案的清理核对工作，做到账物相符，对破损或变质的档案要及时进行修补和复制

续表 8－11

序号	保 管 要 求
3	要定期对保管期限已满的档案进行鉴定，准确地判定档案的存毁。档案的鉴定工作，应在档案分管负责人的领导下，由相关业务人员组成鉴定小组，对确无保存价值的档案提出销毁意见，进行登记造册，经主管领导审批后销毁
4	档案管理人员要认真做好劳务档案的归档工作。劳务档案现代化管理应与企业信息化建设同步发展，列入办公自动化系统并同步进行，不断提高档案管理水平
5	档案资料应使用统一规格的文件盒、文件夹进行管理保存

附录一　现场所用到的各种表格

建筑施工现场所用到的各种表格式样见附表1～附表14。

附表1　劳务人员需求计划表

项目名称（章）：__________　　　　编制时间：　年　月　日

序号	工种	单位	作业时间____年									备注
			__月	__月	__月	__月	__月	__月	__月	__月	__月	
1												
2												
3												
4												
	合计											

项目经理：　　　　审核人：　　　　编制人：

附表2　劳务队伍进场通知书

__________项目部：

根据你项目施工进度计划和劳动力使用计划安排以及劳务招投标结构，现安排中标单位________劳务公司________人（详见进场工种、人数一览表）进入你工地配合施工，请做好工作安排。

项目地址：

项目联系人：

________________（单位）

年　月　日

附表 3　进场工种、人数一览表

进场单位：＿＿＿＿＿劳务公司

序号	工种	人数	进场日期		班组长	联系方式	备　注
			月	日			
	合计						

填表人：　　　　　　　　　　　　　　日期：　　年　月　日

附表 4　总包单位现场管理人员登记表

总包单位名称：　　　　　　工程名称：　　　　　　制表日期：　年　月　日

序号	姓名	性别	身份证号	岗位	岗位证书编号	社会保险编号	进场时间	退场时间	签字备案	备注

总包单位负责人：　　　　　　总包单位项目负责人：　　　　　　制表人：

附表5　分包单位现场管理人员登记表

分包单位名称：　　　　工程名称：　　　　制表日期：　　年　月　日

序号	姓名	性别	文化程度	身份证号	家庭住址	岗位	岗位证书编号	社会保险编号	进场时间	退场时间	签字备案	备注

分包单位负责人：　　　　分包单位项目负责人：　　　　制表人：

附表6　劳务人员进场花名册登记表

分包单位名称：　　　　工程名称：　　　　制表日期：　　年　月　日

序号	姓名	性别	文化程度	身份证号	家庭住址	工种	技术等级	上岗证书编号	劳动合同编号	进场		退场		备注
										进场时间	签字摁手印	退场时间	退场摁手印	

分包单位负责人：　　　　分包单位项目负责人：　　　　制表人：

附表 7　劳动队伍退场通知书

______劳务公司：

因______原因，现通知你在______工程的施工队伍___人退场。请办理各项退场手续，于___年___月___日前退场。

附表 8　退场工种、人数一览表

退场单位：______劳务公司

序号	工种	班组名称	班组长	退场日期		退场人数	备　注
				年	日		
				合计			

______项目部

年　月　日

附表9 工人退场工资结算表

项目名称： 工资发放单位（章）： 填表日期： 年 月 日

姓名		性别		身份证号		工种	
进场时间		退场时间		现场停留天数		实际出勤天数	
工资计算方式		工作量					
工资总额		已发工资		本次应发工资	￥________元，大写		

__________（工人姓名），请你于____年____月____日凭此工资结算表到______省______市______区/县________路/街号________________（结算地点名称）______部门进行领取工资______元，若本人不能前来，请签署委托书委托他人持你身份证（原件）前来结算。联系电话：

分包单位负责人： 分包单位项目经理： 经办人： 本人签字：

监督人： 总包单位项目经理： 总包单位劳务管理员：

附表10 农民工个人工资台账表

工程名称：________ 施工总承包单位：__________ 劳务分包单位：________

姓 名：________ 身 份 证 号：__________ 职 工 编 号：________

年	月	应发工资（元）	实发工资（元）	本月余额（元）	累计剩余（元）	当月本人确认		备注
						签字及摁手印	日期	

分包单位项目经理： 分包单位财务： 分包项目经理：

总包劳务管理人员：

附表 11　月度农民工工资结算表

<table>
<tr><td rowspan="2">序号
（工号）</td><td rowspan="2">姓名</td><td rowspan="2">工种</td><td colspan="4">按天数计算</td><td colspan="3">按已完工程量计算</td><td rowspan="2">工人
签字
及
摁手印</td><td rowspan="2">备注</td></tr>
<tr><td>本月
天数</td><td>出勤
天数</td><td>单价
（元/日）</td><td>总价</td><td>计量单位
（元）</td><td>已完
工程量</td><td>总价</td></tr>
<tr><td></td><td></td><td></td><td></td><td></td><td></td><td></td><td></td><td></td><td></td><td></td><td></td></tr>
<tr><td></td><td></td><td></td><td></td><td></td><td></td><td></td><td></td><td></td><td></td><td></td><td></td></tr>
<tr><td></td><td></td><td></td><td></td><td></td><td></td><td></td><td></td><td></td><td></td><td></td><td></td></tr>
<tr><td></td><td></td><td></td><td></td><td></td><td></td><td></td><td></td><td></td><td></td><td></td><td></td></tr>
</table>

分包单位项目经理：　　　　　　　　分包单位财务：　　　　　　　　分包项目经理：
总包劳务管理人员：

附表 12　建筑工程（专业、劳务）分包登记表

发包企业：　　　　　　　　填表人：　　　　　　　　年　月　日

<table>
<tr><td>工程名称</td><td colspan="2">分包内容</td><td>分包工程量</td><td colspan="2">分包工程造价（万元）</td></tr>
<tr><td></td><td colspan="2"></td><td></td><td colspan="2"></td></tr>
<tr><td>分包单位名称</td><td colspan="2">资质范围</td><td>资质证书编号</td><td colspan="2">分包工期（天）</td></tr>
<tr><td></td><td colspan="2"></td><td></td><td colspan="2"></td></tr>
<tr><td>分包方项目经理姓名</td><td></td><td>证书登记
编号</td><td></td><td>社会保险
编号</td><td></td></tr>
<tr><td>分包方项目管理人员（人）</td><td colspan="2">持有岗位证书（人）</td><td>劳动合同（份）</td><td colspan="2">社会保险（人）</td></tr>
<tr><td></td><td colspan="2"></td><td></td><td colspan="2"></td></tr>
<tr><td rowspan="2">分包单位工人（人）</td><td colspan="2">其中</td><td rowspan="2">持岗位证书人数（人）</td><td colspan="2" rowspan="2">劳动合同（份）</td></tr>
<tr><td>技工（人）</td><td>普工（人）</td></tr>
<tr><td></td><td></td><td></td><td></td><td colspan="2"></td></tr>
<tr><td>发包企业审查意见
（盖章）</td><td colspan="2"></td><td>建设（监理）单位
审查意见（签字）</td><td colspan="2"></td></tr>
</table>

附表13 工程项目分包公示牌

建设单位： 驻工地代表： 联系电话： 施工地点：

总承包单位： 项 目 经 理： 联系电话： 施工许可证号：

序号	分包单位	资质类别及等级	项目经理及联系电话	合同			监理是否确认	建设单位单独发包项目		发包单位
				分包项目主要内容	造价（万元）	开、竣工日期		施工许可证号	质量安全手续	

注：1. 表中发包单位是指建设单位、总承包企业或其他发包工程的建筑业企业。

2. 分包项目施工许可证号是指建设单位单独发包，且分包合同造价超出30万元以上的工程须办理的施工许可证证号。

3. 质量安全手续是指建设单位单独发包，且分包合同造价超出30万元以上的工程须办理的质量安全手续。

附表14 农民工工资发放表

工程名称：______施工总承包单位：______劳务分包单位（公章）：______发放时间： 年 月 日

序号（工号）	姓名	工种	本月应发工资	本月实发工资或生活费	通过何种方式发放		本月未发余额（计入个人工资台账）	工人签字（需摁手印）	备注
					现金	工资卡			

分包项目经理： 分包财务人员： 总包项目经理： 总包劳务管理人员：

注：1. 农民工工资应通过“爱心工资卡”发放，将“银行返盘文件”附于此表后。

2. “银行返盘文件”应加盖劳务公司公章。

附录二 《劳务分包合同》示例

合同编号：______________

建设工程施工劳务分包合同

工 程 名 称：______________

工程承包人：______________

劳务分包人：______________

工程承包人（全称）______________（以下简称甲方）
劳务分包人（全称）______________（以下简称乙方）

依照《中华人民共和国合同法》、《中华人民共和国建筑法》及其他有关法律、行政法规，遵循平等、自愿、公平和诚实信用的原则，为明确双方在劳务分包合作中的责任、权利和义务，双方就劳务分包事项达成一致，订立本合同。

1. 劳务分包人的资质情况

1.1 资质证书号码：____________________

1.2 发证机关：________________________

1.3 资质专业及等级：__________________

1.4 复审时间及有效期：________________

2. 劳务分包工程概况及分包工作内容

2.1 工程名称：______________________________

2.2 工程地点：______________________________

2.3 暂定分包范围为：______________________（具体以实际施工范围为准）

2.4 劳务分包方式，实行____________、____________、____________。

2.5 劳务分包工作内容：__________________

3. 作业人员的配备

3.1 乙方派遣施工作业人员，必须是男性，年龄在18～55周岁，身体健康，能胜任本职工作，能独立操作的技术熟练人员，不得使用涉嫌违法犯罪人员。

3.2 乙方派遣的施工作业人员中技术工人比例必须满足施工项目的需求，其中技术工人岗位技能证持证率为100%；特种作业人员特种作业操作证要求持证率100%。如发现乙方工人技术不能满足甲方的需要，甲方可随时清退。

3.3 乙方派遣施工作业人数____名。其中____工____名；____工____名；____工____名；____工____名；____工____名；____工____名；其他____名。（具体人员详见附件一）

4. 合同价款

4.1 本工程的合同价款采用下列____种方式计算：（在确定的方式□内画√）

(1) □预算定额直接费比例；

具体按照____________其中分项价格定额直接费中人工费____%、辅材费____%、机械费____%。

合同价款中包括____________________。

暂定合同价款共计为__________元（人民币）。

大写__________元。具体以甲方上级审核部门最终审核数量为准。

(2) □固定合同价款；

合同价款中包括________________________等一切费用。

合同价款共计__________________________元（人民币）。

大写__________________________元。

(3) □实物量单价；

分项工程劳务作业分包合同价格为：________________________

________________________：________________________

________________________：________________________

合同价款中包括____________。

暂定合同价款共计为__________元（人民币）。

大写__________元。具体以甲方上级审核部门最终审核数量为准。

（4）□其他；

合同价款中包括______________________________。

暂定合同价款共计为__________元（人民币）。

大写__________元。具体以甲方上级审核部门最终审核数量为准。

4.2 本工程合同价款，除经甲乙双方书面确认的工程变更以外，不再调整，本工程合同单价一经签订一律不予调整。

4.3 对分包工程范围或工作内容外发生的零星计时工：普工单价为：____元/工日，技工单价为____元/工日，以实际发生并经书面签证的确认资料为准。其中计时工费用不得超过总费用的10%，确因甲方原因造成的窝工，窝工费用为：普工____元/工日，技工____元/工日。

4.4 对合同价款内容的明确。

4.4.1 现场设备材料（周转材料）的二次倒运超过____米及装卸费用__________。

4.4.2 乙方现场施工的水电费______________________。

5. 分包工作期限

开始工作日期：____年____月____日

结束工作日期：____年____月____日

总日历工作天数为：____天

6. 质量标准

工程质量：按总（分）包合同有关质量的约定、国家现行的《建筑施工及验收规范》和《建筑安装工程质量评定标准》，本工作必须达到质量评定__________等级。

7. 合同文件及解释顺序

组成本合同的文件及有限解释顺序如下：

（1）本合同；

（2）本合同补充条款；

（3）本合同附件；

（4）图纸及工程量清单；

（5）双方有关分包的洽商变更等书面协议或文件。

8. 标准规范

除本工程总（分）包合同已约定外，本合同另约定增加适用标准规范如下：

（1）____

（2）____

9. 图纸

甲方应在劳务分包工作开工____天前，向乙方提供与分包工程有关的图纸____套。

10. 项目经理

10.1 甲方委派的担任驻工地履行本合同的项目负责人为________，职务：________，职称：________。委托权限为：____。

10.2 乙方委派的担任驻工地履行本合同的负责人为________，职务：________，职称：________。委托权限为：____。

11. 材料（周转材料）、机具设备供应使用

11.1 工程所需主材及根据甲方规定由甲方采购供应的辅材一律由甲方供应，质量由甲方负责。乙方按照施工图和相关设计文件并经甲方审定的数量开料票，从甲方仓库中分批领取及保管。若因丢失、浪费、被盗等造成超计划用量部分，一律按当时材料实际进价（包括业主对超领材料加价），另加____%采保费，从乙方分包款中扣除。

11.2 乙方承包范围内包含辅材、机具设备的分包项目。

11.2.1 辅材供应。

实行乙方自行供应辅材的，乙方应按照设计图纸和有关标准规范要求采购，需提供产品合格证，并对采购辅材的质量负责，甲方认为有必要进行的复试，乙方应提供复试合格证明，费用由乙方自负。同时乙方采购的辅材必须经甲方现场设材料负责人实地验收合格后方可使用。乙方采购的辅材与设计、标准规范要求不符或经甲方验收不合格时，乙方应按照甲方要求的时间运出施工场地，重新采购符合要求的产品，并承担由此发生的费用，由此延误的工期不予顺延。

甲方供应辅材时，乙方应在接到施工图纸后3天内，根据施工图纸和相关设计文件提出需用计划，经甲方审定后到甲方仓库领取，其费用按照甲方实际采购价加____%采保费，每月从乙方分包款中扣除。若乙方丢失、浪费、被盗或超额消耗造成超过已核定计划用量部分，一律按照甲方采购价另加____%采保费从乙方分包款中扣除。

本工程需要甲方采购供应的辅材及价格见《工程发包人提供辅材一览表》。

11.2.2 机具设备供应。

实行乙方供应机具设备的，其乙方用于工程施工的设备机具进入现场前，需按照甲方有关规定进行报验合格后方可使用，经报验不合格的机具设备，一律不得进入施工现场。

甲方供应机具设备的，乙方应根据施工图纸、相关设计文件做出使用计划，并经甲方审定后，乙方按照甲方审定计划到甲方办理租赁手续，其租赁费用可按照甲方内部租赁价格执行，每月从乙方分包款中扣除，使用结束后应完好退回甲方。若乙方使用不善、丢失、被盗或损坏，一律按照扣除折旧后的现价赔偿。

11.3 乙方承包范围内不包含辅材、机具设备的分包项目，甲方根据施工图纸、相关设计文件和定额标准，对乙方实行一次性包干使用。

11.3.1 辅材使用，乙方按照上述标准经甲方核定，使用时从甲方办理领用手续，若丢失、浪费或超包干用量部分，一律按照甲方采购价加____%的采保费从乙方分包款中扣除。

11.3.2 机具设备使用，乙方按照上述标准经甲方审定后到甲方办理领用手续，使用结束后，应完好的退还甲方。若因丢失或损坏（除正常消耗外），由乙方按扣除折旧后的现价赔偿。

11.4 甲乙双方均要对所提供设备材料的质量负责，材料质量要符合工程设计要求，并有相应的合格证等质保资料；机具设备要观感良好，性能良好，符合安全管理规定，满足施工生产要求，否则不得进入现场使用。

11.5 若施工过程中变更或终止合同，乙方承包范围内包含辅材、机具设备的分包项目，其辅材和机具设备均需经甲方认可，乙方自行组织在规定的时间内退场，不得移交甲方（租赁甲方设备机具除外）。

属于甲方提供的所有物资，包括边角废料乙方都必须无偿移交甲方。

11.6 设备材料供应未尽事项双方另行约定。约定内容作为合同附件。

12. 合同价款的结算与支付

12.1 劳务分包过程进度款的结算。由乙方在每月30日前按照其实际完成的工作量和合同约定的计算方式，并根据甲方的结算要求做出月份结算资料报甲方审核确认。对乙方未经甲方认可，超出设计图纸范围、累计完成的工作量超过业主结算时审批的工作量或因乙方原因造成返工的工程量，甲方不予计量和审核。

12.2 甲方每月核定认可乙方当月实际完成实物量计算出月进度款的____%在次月底前支付分包进度款，如果总包/业主月份进度款拨付滞后，劳务分包进度款支付也相应予以顺延，乙方必须保证进行正常有序施工，并保证绝对不会出现停工、闹事、围堵业主、总包商等行为。剩余款待工程完工并经验收合格后办理分包费用结算，再付至____%，预留____%质量保证金，保修期满，保修责任履行完毕后，无息付清。

12.3 劳务分包费用支付一律按费用结算单的形式实行打卡或转账支付。其中作业人员的工资部分须附工资表。

12.4 劳务分包项目完工后，经甲方及甲方项目所属的分公司（项目经理部）和监理单位验收合格后，乙方向甲方递交完整的结算资料，经甲方上级部门审核合格后，双方按照本合同约定的计价方式，进行合同价款的最终结算支付。

12.5 甲乙双方对合同结算价款发生争议时，按本合同关于争议的约定处理。

12.6 甲方按合同价款支付劳务分包费用时，乙方必须首先保证现场作业人员的工资，并负责每月进行工资造表和负责办理银行工资卡，工资表经现场作业人员本人和乙方现场负责人签字后，报甲方进行审核由甲方打卡支付。属薪金以外的管理费等款项，通过银行转账至乙方劳务分包合同约定的账户。乙方不得发生拖欠工人工资的现象，若发生因费用拖欠造成的群体上访或闹事事件，甲方有权停止支付乙方所有的工程款并将合同内未完工程任意切除给第三方施工，乙方无条件自行承担一切损失。

12.7 乙方委托现场作业人员工资分配和支付负责人为________、性别________、身份证号码__________、家庭住址为______________________。

12.8 乙方须在签订本合同时按照合同额的____%缴纳分包工程综合履约保证金____元，作为乙方履行合同的一种保证。如乙方有违约行为甲方可根据双方的约定相应扣除履约保证金，工程完工并经甲方及甲方项目所属的分公司（项目经理部）和监理单位验收合格，甲方确认无违约行为后综合履约保证金无息退还。

13. 甲方的权利和义务

13.1 甲方负责对乙方进行必要的业务工作指导、日常行政管理及入场教育。

13.2 甲方负责提供场地、道路、水电等具备施工条件的施工现场。

13.3 甲方根据项目需要在施工中需要增减人员时应提前三天通知乙方。

13.4 甲方负责对乙方人员进场后组织技术、安全、质量、文明施工等方面工作交底，并在施工过程中进行监督检查。

13.5 甲方负责解决施工中存在或发生的技术问题。

13.6 甲方负责对乙方施工的项目统一进行指挥、安排、管理、监督及检查。

13.7 甲方负责对乙方每月完成的实物量进行审查审核，按规定办理费用结算付款等有关手续。

13.8 由于乙方生产要素不能满足本工程合同要求，甲方有权向乙方下达限期整改指令，逾期不整改或整改未达到甲方要求时，甲方有权没收全部或部分履约保证金、有权终止合同。乙方应在接到甲方终止合同通知3天内将人员、机械等撤离现场，撤离费用由乙方承担，如果3天内不能撤离，乙方还须承担由此发生的治安责任和经济责任。乙方在按照甲方要求进行撤离的同时，应全力配合甲方确认自身已完工程量，如以种种理由不配合或不签认，最终以甲方的盘点确认并送达给乙方的工程量为准。

14. 乙方的责任、权利和义务

14.1 乙方派出的现场代表，应全权负责乙方施工现场组织指挥管理，行使合同约定的权利，履行合同约定的职责。

14.2 乙方人员进场后，应服从甲方的领导，听从指挥，服从安排及工作协调，并接受甲方的管理、教育培训及监督检查。

14.3 乙方人员进场后，应遵守业主、监理和甲方管理规章制度，特别要严格执行安全管理、质量管理、现场标准化管理、治安管理中的有关规定。

14.4 乙方人员进场后要保持相对稳定，不能随意增减及更换人员，需要增减更换时必须征得甲方同意，尤其是夏种秋收农忙季节及节假日（包括春节、中秋节、黄金周）现场劳动力不低于实际需求计划的90%，低于90%的须向甲方赔偿因劳动力流失影响工期或甲方采取应急措施所造成的一切经济损失。

14.5 乙方在进入施工现场三天内必须将进场作业人员花名册报甲方登记备查（包括个人银行工资卡），过程人员的增减也须随时上报，并负责到有关行政管理部门进行人员登记备案。施工现场必须实行实名制管理，并严格执行甲方电子考勤制度，做好工人出勤记录、任务完成记录，随时接受甲方的检查。乙方作业人员未经甲方主管部门进行登记备案甲方一律不予支付费用，由此引起的一切纠纷与损失全部由乙方自行承担；乙方不执行甲方电子考勤制度或发现代刷卡现象，一经发现予以每人每次100元的违约金。

14.6 乙方人员在工作时间、施工现场、生活营地及业余活动中发生的违纪违规事件或任何疾病、伤残等责任一律由乙方自负（包括因此造成的甲方损失损害）。

14.7 乙方在每月30日前将当月实际完成的实物量进行统计、上报、办理费用结算付款等有关手续。

14.8 乙方应严格按照设计图纸、施工验收规范、有关技术要求及施工组织设计精心组织施工，确保工程质量达到约定的标准，科学安排作业计划，投入足够的人力，物力，保证工期；加强安全教育，落实安全措施，确保施工安全；加强现场管理，做到文明施工，承担由于自身责任造成的质量整改、返工、工期拖延、安全事故、现场脏乱造成的损失及各种罚款。

14.9 乙方应自觉接受甲方随时检查，设备、机具、材料堆放保管及使用，按甲方标准化工地要求设置标牌，搞好生活区的管理，做好自身责任区的环境卫生及治安保卫工作；操作人员要持有效证件上岗；与现场其他单位协调配合，照顾全局。

14.10 乙方必须认真执行国家有关环境法律、法规和甲方环境管理的程序文件，对自己施工现场的环境保护负责。施工现场必须排水通畅，场地平整无积水，污水排放必须经过沉淀处理；对产生的噪声的机械设备，应采取有效措施，将噪声控制在国家规定的标准范围内；各类有毒有害物资应放在通风良好的专用库房内；及时清除施工现场的建筑垃圾和生活垃圾，并按规定地点堆放，始终保持施工现场的清洁卫生。

14.11 按时提交报表、完整的原始技术经济资料，配合甲方办理交工验收。

14.12 乙方应做好施工现场周围建筑物、构筑物和地下管线和已完工程的成品保护工作，因乙方责任发生损坏，自行承担由此引起的一切经济损失及各种罚款。

14.13 妥善保管、合理使用甲方提供或租赁给乙方使用的机具、周转资料及其他设施。

14.14 乙方必须按照国家的相关法律法规和有关规定与自行使用的每位劳务作业人员签订劳动合同，参加有关社会综合保险，并提供有关书面证明材料上报甲方备案，自觉接受当地政府有关部门或甲方的监督检查。不得私招乱雇、使用零散工。

15. 安全施工与检查

15.1 甲方应严格按照建设工程安全生产管理有关规定，负责施工现场整体安全施工的组织工作。

15.2 乙方应遵守建设工程安全生产有关管理规定及甲方有关安全生产的各种规章制度，尤其是要严格遵守甲方《安全生产禁令》并按安全标准及规定进行施工，随时接受甲方、业主及监理等单位安全检查人员依法实施的监督检查，无条件地服从甲方安全施工管理。同时乙方必须配备专（兼）职安全员配合甲方工作。操作人员达到50人以上时必须配备专职安全员。

15.3 在合同约定期间，由于乙方不服从管理、违章指挥或违章作业造成发生的任何人身伤亡、伤残、疾病或财产的损失，包括因发生事故造成的有关政府部门的罚款等一切责任和损失均由乙方自行负责。

15.4 乙方在动力设备、输电线路、地下管道、密封防震车间、易燃易爆地段以及临街交通要道附近施工时，施工开始前应向甲方提出安全防护措施，经甲方认可后实施。

15.5 乙方在施工现场内使用的安全保护用品（如安全帽、工作服、安全带及其他保护用品），由乙方提出使用计划，经甲方批准后，由甲方负责供应，其安全保护用品费用由乙方承担。

15.6 乙方应为其全部施工人员购买社会工伤保险，并按照甲方要求提供社保证明予以备案。如发生安全事故，由乙方自行负责处理和承担一切费用。

16. 施工变更

16.1 施工中如需对原工作内容进行变更由甲乙双方书面确认，经监理签字并经总包和业主书面确认的变更可作为劳务价款结算的依据。

16.2 由非乙方原因造成的变更导致合同价款的增加及造成乙方的损失，由甲方承担，延误的工期相应顺延；因变更减少工程量，合同价款应相应减少，工期相应调整。

16.3 由乙方原因造成的变更费用及由此给甲方造成的直接损失，由乙方承担，延误的工期不予顺延。

17. 施工验收

17.1 乙方应确保所完成施工的质量，符合本合同约定的质量标准。乙方分包的项目施工完毕，应向甲方提交完工报告，通知甲方验收，甲方应当在收到乙方的上述报告后对乙方施工成果进行初步预验收，预验收合格并经甲方项目所属的分公司（项目经理部）和监理单位组织的验收合格后，方可视为乙方已经完成了本合同约定的工作，如验收结果表明乙方施工质量不合格时，乙方应负责无偿修复，并承担由此导致的甲方的相关损失。

17.2 全部工程完工后，乙方在质量保修期内应承担质量保修责任。本劳务分包工程质保期为半年。

18. 违约责任

18.1 甲方违约责任。

18.1.1 甲方违约的，赔偿因其违约行为给乙方造成的经济损失，顺延延误的工期。

18.1.2 甲方施工任务不足或因故不能继续履行合同时，双方商定后可提前解除合同。

18.1.3 由于甲方供应的材料质量问题给乙方造成因工程质量问题而返工、返修，由乙方提出书面签证经甲方确认，其发生的费用由甲方承担。

18.1.4 甲方超过约定时间不支付劳务分包费用或结算余款的，应主动和乙方进行商定延期付款时间。

18.2 乙方违约责任。

18.2.1 乙方违约，给甲方造成经济损失，应给予经济赔偿。

18.2.2 乙方因自身原因不能按合同工期完工的，每拖延一天，应向甲方支付违约金______元。

18.2.3 乙方在施工中，工程质量不符合要求的，乙方应负责无偿修理或返工，由于修理或返工造成工期延误的，一律按上述规定支付违约金。如返修后仍达不到质量标准时，甲方可以委派其他单位完成，产生的一切费用由乙方承担；由此给甲方造成损失的，乙方应向甲方支付违约金______元。

18.2.4 当发生下列情况之一的，乙方应承担违约责任并向甲方赔偿经济损失10000元：

（1）乙方作业人员因盗窃、斗殴、赌博等触犯法律，受到处理的；

（2）乙方作业人员不遵守甲方纪律及规章制度，经教育不改的；

（3）乙方作业人员发生打架斗殴、聚众闹事、集体上访等严重影响甲方声誉或阻挠现场正常施工秩序的；

（4）乙方作业人员不服从甲方管理，经教育不改的。

19. 索赔

甲方根据总（分）包合同向业主递交索赔清单或其他资料时，乙方应予以积极配合，保留并出示相应资料。按合同规定应由乙方所得的部分，在甲方获得相应的索赔款项成功后，支付给乙方。

20. 争议

本合同在执行过程中发生争议时，双方应协调解决。协商不成时，向××仲裁委员会申请仲裁。

21. 禁止转包或再分包

乙方不得将本合同项下的劳务作业转包或再分包给他人。否则，甲方有权随时解除合同，同时乙方将无条件承担因合同解除造成甲方的一切经济损失。

22. 不可抗力

发生不可抗力按照甲方与业主或总包的合同相关规定执行。

23. 合同解除

23.1 甲乙双方协商一致的，可以解除本合同。

23.2 如因乙方在施工人员数量、施工人员能力等方面的欠缺，致使工程质量、安全与工期无法达到要求时，甲方可以向乙方发出通知解除合同。乙方在接到通知后应做好善后处理并尽快撤离现场。乙方不按要求退场，给甲方造成的经济损失由乙方承担。

23.3 如在乙方没有完全履行本合同义务之前，甲方的承包合同解除的，甲方应通知乙方解除本合同。乙方在接到通知后应尽快撤离现场，乙方已完工程的价款经甲方审核确认后由甲方支付。

23.4 如因不可抗力致使本合同无法履行或因业主原因造成工程停建或缓建，致使本合同无法履行的，甲方和乙方可以解除合同。

23.5 合同解除后，乙方应妥善做好已完工程和剩余材料、设备的保护和移交工作，按甲方要求撤出施工场地。甲方应为乙方撤出提供必要条件，并按合同约定支付相应劳务报酬。

24. 合同份数

本合同一式四份，甲乙双方各一份，甲方分公司（项目部）一份，甲方单位主管部门（分包管理部）一份。

25. 合同生效

本合同由双方法定代表人或委托代理人签字盖章后生效。

26. 合同终止

双方履行完合同全部义务，乙方向甲方交付劳务作业成果，并经甲方和甲方项目所属分公司（项目经理部）和监理单位验收合格，合同价款按规定支付完毕后，本合同即告终止。

27. 补充条款：________________________________

28. 合同附件

附件1：劳务人员花名册

附件2：劳务发包人提供辅材一览表

合同订立时间：______年______月______日

合同订立地点：

甲　　方：（盖章）　　　　　　　　　乙　　方：（盖章）

法定代表人（签字）：　　　　　　　　法定代表人（签字）：

委托代理人（签字）：　　　　　　　　委托代理人（签字）：

开户银行：　　　　　　　　　　　　　开户银行：

账　　号：　　　　　　　　　　　　　账　　号：

住　　所：　　　　　　　　　　　　　住　　所：

电　　话：　　　　　　　　　　　　　电　　话：

传　　真：　　　　　　　　　　　　　传　　真：

邮政编码：　　　　　　　　　　　　　邮政编码：

附件1：

劳务人员花名册

单位：

序号	姓名	年龄	工种	技能等级	家庭住址	身份证号	有关技术证件号码	特种作业证号

附件2：

劳务发包人提供辅材一览表

序号	品种	规格型号	单位	数量	价格	供应时间	送达地点	备注

附录三　《劳动合同》示例

企业档案编号：＿＿＿＿＿＿

劳动合同书

甲方（单位）：＿＿＿＿＿＿＿＿＿＿＿＿＿＿＿＿＿＿＿＿

乙方（劳动者）姓名：＿＿＿　性别：＿＿＿　民族：＿＿＿　文化程度：＿＿＿

居民身份证号码：＿＿＿＿＿＿　联系电话：＿＿＿＿＿＿

家庭住址：＿＿＿＿＿＿＿＿＿＿＿＿＿＿＿＿＿＿

一、双方在签订本合同前，应认真阅读本合同。甲乙双方的情况应如实填写，本合同一经签订，即具有法律效力，双方必须严格履行。

二、签订劳动合同，甲方应加盖单位公章；法定代表人（负责人）或委托代理人及乙方应签字或盖章，其他人不得代为签字。

三、本合同中的空栏，由双方协商确定后填写，并不得违反法律、法规和相关规定；

四、工时制度分为标准工时、不定时、综合计算工时三种。实行不定时、综合计算工时工作制的，应经劳动保障部门批准。

五、本合同的未尽事宜，可另行签订补充协议，作为本合同的附件，与本合同一并履行。

六、本合同应使用钢笔或签字笔填写，字迹清楚，文字简练、准确，并不得擅自涂改。

七、本合同签订后，甲、乙双方各执一份备查。

为建立劳动关系，明确权利义务，根据《中华人民共和国劳动法》、《中华人民共和国劳动合同法》和有关法律、法规，甲乙双方遵循诚实信用原则，经平等协商一致，自愿签订本合同，共同遵守执行。

第一条　劳动合同期限

（一）劳动合同期

本合同期限采用下列方式。

1. 有固定期限：本合同期限为＿＿年，自＿＿年＿＿月＿＿日起至＿＿年＿＿月＿＿日止。

2. 无固定期限：本合同期限自＿＿年＿＿月＿＿日开始履行，至法定条件出现时终止履行。

（二）试用期

双方同意按以下第1种方式确定试用期（试用期包含在劳动合同期内）：

1. 试用期从自____年____月____日起至____年____月____日止。

2. 无试用期。

第二条 工作内容

1. 甲方根据生产（工作）需要，安排乙方在______生产（工作）岗位，并为乙方提供必要的生产（工作）条件。

2. 乙方应按照甲方对本岗位生产（工作）任务和责任制的要求，完成规定的数量、质量指标。

第三条 劳动保护、劳动条件和职业培训

1. 甲方必须建立健全劳动安全卫生制度和操作规程、工作规范，并对乙方进行安全卫生教育，杜绝违章操作和违章指挥。

2. 甲方必须为乙方提供符合国家规定的劳动安全卫生条件和必要的劳动防护用品，必须告知乙方所从事的工作（生产）岗位，存在职业危害因素的名称、可能产生的职业病危害及后果。按国家规定定期安排从事职业危害工作的乙方进行健康检查。

3. 实行对女工和未成年工的特殊保护和女职工在孕期、产期、哺乳期间，甲方按国家规定为其提供劳动保护。

4. 甲方应根据需要对乙方进行必要的职业培训或为乙方接受职业培训提供必要的条件。

第四条 劳动纪律

1. 甲方应当依法制定和健全内部规章制度和劳动纪律，依法对乙方进行规范和管理。

2. 乙方应严格遵守甲方依法制定的各项规章制度，服从甲方的管理。

第五条 工作时间和休息、休假

1. 甲方安排乙方实行第________项工作制。

（1）标准工作制：甲方安排乙方每日工作时间不超过8小时，每周不超过40小时。甲方保证乙方每周至少休息一日。甲方由于工作需要，经与工会和乙方协商后可以延长工作时间，一般每日不得超过一小时。因特殊需要延长工作时间的，在保障乙方身体健康的条件下，延长工作时间每日不得超过3小时，每月不得超过36小时。

（2）综合计算工时工作制。

（3）不定时工作制。

2. 甲方按规定给予乙方享受法定休假日、年休假、婚假、丧假、探亲假、产假、看护假等带薪假期。

第六条 劳动报酬

1. 甲方按照本市最低工资结合本单位工资制度支付乙方工资报酬。

具体标准工资为________元/月，乙方试用期工资为________元/月。

2. 甲方每月____日支付乙方（当月/上月）工资。如遇法定休假日或休息日，则提前到最近的工作日支付。

3. 甲方安排乙方加班加点工作，应按国家规定的标准安排补休或支付加班加点工资。加班加点工资的发放时间为________。

第七条 保险福利

1. 甲方必须依照国家和地方有关规定，参加社会保险，按时足额缴纳和代扣代缴乙方的社会保险费（包括养老、失业、医疗、工伤、女工生育等保险）。

2. 甲方可以根据本企业的具体情况，依法制定内部职工福利待遇实施细则。乙方有权依此享受甲方规定的福利待遇。

第八条 合同的变更

具有下列情形之一的，双方可以变更本合同：

1. 双方协商同意的。

2. 由于不可抗力或合同订立时依据的其他客观情况发生重大变化致使本合同无法履行的。本项所称重大变化主要指甲方调整生产项目，机构调整、撤并等。

第九条 合同的终止

具有下列情形之一，本合同应即终止：

1. 本合同期限届满。

2. 乙方达到法定退休条件的。

3. 法律法规规定的其他终止情形。

第十条 合同的解除

1. 甲乙双方协商一致可以解除本合同。

2. 乙方具有下列情形之一的，甲方可以解除本合同：

（1）在试用期内被证明不符合录用条件的。

（2）严重违反劳动纪律或甲方依法制定的规章制度的。

（3）严重失职，营私舞弊，给甲方利益造成重大损害的。

（4）《劳动合同法》第三十九条规定的其他情形。

3. 具有下列情形之一的，甲方提前30日以书面形式通知乙方，或者额外支付乙方______个月工资后，可以解除本合同。

（1）乙方患病或者非因工负伤的，医疗期满后不能从事原工作也不能从事由甲方另行安排的工作的。

（2）乙方不能胜任工作，经甲方培训或调整工作岗位后仍不能胜任工作的。

（3）双方不能依本合同第八条第3项的规定就变更合同达成协议的。

4. 乙方具有下列情形之一的，甲方不得依据前款的规定解除本合同。

（1）患职业病或因工负伤并被劳动鉴定委员会确认丧失或部分丧失劳动能力的。

（2）患病或非因工负伤，在规定医疗期内的。

（3）《劳动合同法》第四十二条规定的其他情形。

5. 乙方提前30日（试用期提前3日）以书面形式通知甲方可以解除本合同。但乙方担任重要职务或执行关键任务并经双方约定乙方不得解除本合同的除外。

6. 具有下列情形之一的，乙方可以随时解除本合同：

（1）未按照劳动合同约定提供劳动保护或者劳动条件的。

（2）甲方以暴力、威胁或者非法限制人身自由的手段强迫劳动的。

（3）《劳动合同法》第三十八条规定的其他情形。

第十一条　本合同终止或解除

甲方应当在解除或者终止本合同时出具解除或者终止劳动合同的证明，并在15日内为乙方办理档案和社会保险关系转移手续，不得无故拖延或拒绝。

第十二条　合同的续订

1. 本合同期限届满后，经双方协商本合同可以续订。

2. 连续订立2次固定期限劳动合同，除乙方提出订立固定期限劳动合同外，应当签订无固定期限劳动合同。

第十三条　经济补偿和违约责任

1. 合同期内，有《劳动合同法》第四十六条规定的情形之一，甲方应当向乙方支付经济补偿。补偿办法按《劳动合同法》及国家和地方有关规定执行。

2. 合同期内，乙方提前解除本合同的，除本合同第十条第6款规定的情形外，甲方有权要求乙方赔偿甲方为乙方所实际支出的培训费用和招聘费用。赔偿办法按国家和地方有关规定执行。

第十四条　劳动争议的处理

双方因履行本合同发生争议，可以向本企业劳动争议调解委员会申请调解，或者自劳动争议发生之日起60天内向有管辖权的劳动争议仲裁委员会书面申请仲裁。对仲裁裁决不服的，可以向人民法院起诉。

第十五条　双方约定的其他事项

第十六条　本合同未尽事宜，由双方协商约定。

有国家规定的，按国家规定执行。合同期内，如所定条款与国家新颁布的法律、法规、规章和政策不符的，按新规定执行。

第十七条　双方事后就有关事宜达成补充或者变更协议的，由双方签订书面补充或者变更协议确定。

第十八条　本合同一式2份，双方各执1份，具有同等效力，自双方签字盖章之日起生效。

甲方（盖章）：________________　　乙方（签字）：________________

法定代表人：________________

联系方式（电话）：________________　　联系方式（电话）：________________

签订日期：______年______月______日　　签订日期：______年______月______日

参 考 文 献

[1] 中华人民共和国住房和城乡建设部. JGJ/T 250—2011 建筑与市政工程施工现场专业人员职业标准 [S]. 北京：中国建筑工业出版社，2012.

[2] 魏文静. 人力资源管理使用必备全书 [M]. 北京：经济科学出版社，2012.

[3] 彭剑锋. 人力资源管理概论（第2版）[M]. 上海：复旦大学出版社，2011.

[4] 全国一级建造师执业资格考试用书编写委员会. 建设工程项目管理 [M]. 北京：中国建筑工业出版社，2010.

[5] 吴涛，王彤宙，尤完等. 建筑劳务管理 [M]. 北京：中国建筑工业出版社，2012.

[6] 路焕新，李科蕾. 劳动法概论与实务 [M]. 天津：天津大学出版社，2010.

[7] 剧宇宏. 劳动与社会保障法实务 [M]. 北京：中国法制出版社，2012.

[8] 韩世远. 合同法总论（第二版）[M]. 北京：法律出版社，2008.

[9] 宋勇，齐景华. 建筑企业财务管理 [M]. 北京：北京理工大学出版社，2009.

[10] 唐广庆. 工程项目招标投标与合同管理实践 [M]. 北京：机械工业出版社，2010.

[11] 詹德强. 最新劳动争议处理实务指引 [M]. 北京：中国法制出版社，2012.

[12] 林义. 社会保险（第3版）[M]. 北京：中国金融出版社，2010.